LEÇONS SUR LA
CRITIQUE DE LA RAISON PURE
DE KANT

DU MÊME TRADUCTEUR
À LA MÊME LIBRAIRIE

JACOBI F.H., *David Hume et la croyance. Idéalisme et réalisme*, introduction, traduction et notes L. Guillermit, 320 pages, 2000.

KANT E., *Les progrès de la métaphysique en Allemagne depuis Leibniz et Wolf*, traduction L. Guillermit, 144 pages, 1973.

– *Logique*, traduction L. Guillermit, 208 pages, 1997, réédition 2007.

– *Première introduction à la Critique de la faculté de juger* (1789). *D'un ton grand seigneur adopté naguère en philosophie* (1796). *Annonce de la proche conclusion d'un traité de paix perpétuelle* (1796), traduction L. Guillermit, 144 pages, 1997.

– *Prolégomènes à toute métaphysique future qui pourra se présenter comme science*, traduction L. Guillermit, 184 pages, 1997.

– *Théorie et pratique. Droit de mentir. Sur un prétendu droit de mentir par humanité*, traduction L. Guillermit, 104 pages, 1988.

BIBLIOTHÈQUE D'HISTOIRE DE LA PHILOSOPHIE

Fondateur H. GOUHIER Directeur J.-F. COURTINE

Louis GUILLERMIT

LEÇONS SUR LA *CRITIQUE DE LA RAISON PURE* DE KANT

Éditées et présentées
par
Michel FICHANT

PARIS
LIBRAIRIE PHILOSOPHIQUE J. VRIN
6, Place de la Sorbonne, V^{e}
2008

Imprimé en France

ISBN 978-2-7116-1967-2

www.vrin.fr

PRÉSENTATION

Au début des années 1960, Louis Guillermit, alors professeur de khâgne au Lycée Henri IV, donnait régulièrement à la Sorbonne un cours d'une heure, habituellement consacré à Kant. Au même moment, le « Groupe Philo » de la Fédération des Groupes d'Études de Lettres, qui représentait l'Union Nationale des étudiants de France (UNEF) à la Faculté des Lettres de Paris, publiait des fascicules ronéotypés mettant à la disposition des étudiants des cours ou fragments de cours, avec bien entendu l'autorisation des professeurs, qui, en général, confiaient leurs propres manuscrits ou du moins révisaient les notes prises par un auditeur. C'est ainsi que furent publiés des cours de professeurs déjà célèbres, comme Paul Ricœur, ou de jeunes assistants inconnus qui s'appelaient Gilles Deleuze ou Alexis Philonenko, et d'autres encore. Louis Guillermit, qui rédigeait avec le plus grand soin et presque intégralement tous ses cours, confiait généreusement ses cahiers.

Au « Groupe Philo », Michel Sales, qui allait devenir ensuite maître assistant aux Facultés jésuites de Paris (Centre Sèvres) et professeur à la Faculté Notre-Dame du diocèse de Paris, veillait avec dévouement à la réunion des textes et à la fabrication des fascicules. La qualité du résultat eut pour effet un succès qui fit que les *Cahiers de philosophie* purent abandonner le procédé archaïque de la ronéotypie pour devenir une véritable revue imprimée, dont la parution dut être interrompue après 1968.

*

À la suite de l'heureuse initiative de Jackie Pigeaud, à qui nous sommes redevables d'une belle édition des cours de Guillermit sur Platon[1], il était souhaitable de faire connaître l'autre grand versant de son enseignement, celui qui portait sur Kant. La conservation des fascicules jadis publiés en fournissait le matériau. Il faut remercier la Librairie Vrin, qui a accueilli les magistrales traductions que Guillermit a données d'œuvres de Kant, d'avoir accepté de publier des leçons qui confirmeront qu'il était l'un des meilleurs connaisseurs et interprètes de la philosophie critique[2].

Laissant provisoirement de côté un commentaire suivi des *Prolégomènes à toute métaphysique future*, nous avons choisi de réserver cette publication à des études portant sur la seule *Critique de la raison pure*. Nous avons donc retenu :

– une *Introduction à la lecture de la* Critique de la raison pure, cours qui a manifestement fait l'objet d'une rédaction préalable particulièrement soignée. Ce texte aurait mérité à lui seul, depuis longtemps, une publication.

1. L. Guillermit, *L'enseignement de Platon*, A. Pigeaud (éd.), présentation J. Pigeaud, 2 vol., Nîmes, Éditions de l'Éclat, 2001.

2. Comme l'atteste l'ouvrage posthume, publié par les soins d'E. Schwartz et J. Vuillemin, *L'élucidation critique du jugement de goût selon Kant*, Paris, Éditions du CNRS, 1985.

– Un *Commentaire de quelques textes de la* Dialectique transcendantale. Là aussi, il s'agit surtout d'une introduction, qui propose une méthode de lecture de la deuxième grande partie de la Logique transcendantale, dont Guillermit s'attache à montrer qu'elle n'a rien de superflu dans l'économie de la *Critique*, comme si tout était déjà joué avec l'Esthétique et l'Analytique.

– Une étude serrée des *Paralogismes de la raison pure*, comportant deux parties d'inégale ampleur, respectivement consacrées au texte de la première et à celui de la seconde édition de la *Critique*. Dans son ouvrage sur *L'Œuvre de Kant* (t. 1, Paris, Vrin, 1969, Alexis Philonenko faisait état de ce « remarquable *Commentaire* …, qui hélas n'a pas été édité ailleurs » (p. 239 note).

*

Comment Guillermit lit-il et explique-t-il Kant ? La première observation qui frappera le lecteur de ces leçons est le parti pris de respect scrupuleux du texte, abordé à la fois à partir de la vision d'ensemble de son ordonnancement discursif (son architectonique) et de l'attention aux détails de son argumentation et de sa langue propre. On reconnaît à cela la conviction qu'il y a une objectivité de l'histoire de la philosophie, qui consiste précisément à reconnaître le texte comme un objet spécifique, dont il s'agit de mettre en évidence, au travers de son vocabulaire, de ses enchaînements logiques, de ses dispositions structurales, l'intelligibilité intrinsèque. En cela, le texte est en effet *connu*, et l'histoire de la philosophie est un savoir transmissible. De ce point de vue, Guillermit s'inscrit dans la ligne de ceux qu'il considérait comme ses modèles ou ses pairs, Martial Gueroult, Victor Goldschmidt, et son ami Jules Vuillemin. Il souscrivait assurément aux propos par lesquels celui-ci clôt la Préface de son livre sur Kant : « C'est donc une seule et même chose de dire que l'étude de Kant doit être scientifique et objective, que la philosophie kantienne est elle-même une connaissance scientifique, et que son étude est une propédeutique à la philosophie actuelle dont elle prépare l'idée »[1].

Mais cette préparation à son tour suppose, avec le même souci de précision, la prise en compte des problèmes philosophiques dont la permanence essentielle ouvre à une confrontation où l'irréductible originalité de Kant trouve aussi ses résonances et ses correspondances, principalement, selon Guillermit, avec Platon, Descartes, Leibniz, Hegel, Husserl. Si cet aspect de l'histoire de la philosophie est plus manifeste, pour des raisons qui tiennent au thème de l'étude, dans l'*Introduction à la lecture de la* Critique de la raison pure, il est présent dans tous les cours, qu'il s'agisse de spécifier l'acception proprement kantienne de la dialectique à partir de Platon et d'Aristote, ou de mesurer l'écart entre le *cogito* cartésien et le *Ich denke* qui est « l'unique texte » sur lequel la Psychologie rationnelle construit son paralogisme.

C'est en cela encore que le savoir qu'est l'histoire de la philosophie est philosophie en exercice : l'élève ou l'étudiant doit s'approprier ce que l'enseignement transmet. Précisément parce qu'il s'agit de leçons, l'auditeur, bien loin d'être dispensé de tout travail personnel, a le devoir de se rendre en permanence à la lecture directe et à l'examen attentif des textes expliquées. Ces leçons sont d'abord un instrument de travail, une médiation, qui trouve son accomplissement dans le recours au livre même de la *Critique de la raison pure*,

1. *Physique et métaphysique kantiennes*, Paris, PUF, 1955, p. 3.

qui doit toujours être à portée de lecture. Si cela ne servirait à rien, sinon à une vaine érudition, d'apprendre la philosophie sans apprendre à philosopher, il serait tout à fait illusoire de prétendre qu'on pourrait apprendre à philosopher sans apprendre la philosophie. Et l'histoire de la philosophie, telle que Guillermit l'a enseignée, est la voie royale de cet apprentissage, ne serait-ce que parce qu'elle dissuade de la naïveté qui prend pour argent comptant la prétention à l'originalité, qui ne consiste qu'à déguiser en découvertes nouvelles des arguments qui ont pu être formulés avec davantage de rigueur et d'authenticité dans les grandes œuvres du passé.

*

En présentant les cours de Guillermit sur Platon, Jackie Pigeaud évoque avec justesse « une pensée qui se retenait d'être séduisante, mais qui l'était infiniment par cette retenue même »; il ajoute que « pour beaucoup d'entre nous », tels de ces cours « sont des moments fondamentaux de notre vie, intégrés à notre existence » [1]. Et de fait, les six heures hebdomadaires de l'enseignement de Guillermit en khâgne m'ont aussi appris l'essentiel. De là que la publication de ces Leçons soit aussi, bien modestement, la reconnaissance, qui comme trop souvent vient trop tard, d'une dette. Puissent les élèves d'aujourd'hui retrouver ici la parole austère d'un maître dont la voix grave et lente peut et doit être encore entendue comme un modèle d'exigence intellectuelle.

Michel FICHANT

1. *L'enseignement de Platon*, *op. cit.*, p. 22.

NOTE DE L'ÉDITEUR

Les textes publiés sous forme ronéotypée comportent quelques difficultés de lecture dues aux imperfections du procédé de fabrication, à des fautes de frappe et à des erreurs diverses. L'éditeur s'est efforcé de rétablir, autant qu'il était possible, un texte correct et lisible. Ses interventions sont mises entre crochets droits [ ].

La plupart des notes en bas de page, numérotées, sont aussi de l'éditeur. Elles visent à faciliter et prolonger l'usage de ces leçons par des compléments de référence.

Les rares notes de Louis Guillermit sont signalées comme telles et notées alphabétiquement.

*

Les traductions des œuvres de Kant aujourd'hui les plus aisément accessibles en librairie ne sont plus celles qui étaient utilisées et citées par Guillermit. Les éditeurs ont donc, tout en conservant la littéralité des citations figurant dans les cours, donné les références aux traductions actuelles.

Pour la *Critique de la raison pure*, Guillermit citait, en prenant d'ailleurs quelques libertés, la traduction de

Tremesaygues et Pacaud, d'après l'édition originale, Paris, Félix Alcan, 1905. La pagination de cette édition devenue rare ne correspond pas à celle de l'édition de 1944, ultérieurement reproduite et toujours disponible. Il est vrai que l'identification des passages cités est souvent facilitée par la mention détaillée de leur localisation dans le chapitre, la section, l'alinéa, dont ils sont tirés.

Les autres traductions utilisées par Guillermit sont respectivement :

Critique du jugement, trad. fr. J. Gibelin, Paris, Vrin, 1946.

Prolégomènes, trad. fr. J. Gibelin, Paris, Vrin, 1941.

Premiers principes métaphysiques de la science de la nature, trad. fr. Ch. Andler, Paris, Félix Alcan, 1891.

Fondements de la métaphysique des mœurs, trad. fr. V. Delbos, Paris, Delagrave, 1907.

Réponse à Eberhard, trad. fr. R. Kempf, Paris, Vrin, 1959.

Pour les textes dont il n'existait pas de traductions, Guillermit donnait les siennes. Il lui arrivait aussi de les emprunter à d'autres auteurs, notamment, pour ce qui est de l'*Opus postumum*, à *L'idéalisme kantien*, de Lachièze-Rey (1931, 3e éd., Paris, Vrin, 1972).

À l'exception de celle de la *Critique de la raison pure*, les traductions citées n'ont plus été rééditées et ont été remplacées par de nouvelles. Pour rendre plus aisée l'utilisation pratique des leçons de Guillermit, c'est donc à ces traductions, aisées à se procurer, que nous renvoyons.

Références données dans la présente publication :

Critique de la raison pure, trad. fr. Tremesaygues et Pacaud, « Quadrige », Paris, PUF, 2004.

N.B. La référence à la page de cette traduction est suivie de l'indication de la pagination des deux éditions originales de la *Critique*, A (1781) et B (1787). Celle-ci est aussi reproduite dans les traductions plus récentes : celle de Barni revue par F. Marty et A.-L. Delamarre (*Œuvres philosophiques*, « Bibliothèque de la Pléiade », et « Folio », Paris, Gallimard, 1980 et 1990), et celle d'A. Renaut (Paris, Flammarion, 2006) ; le lecteur pourra ainsi aisément se reporter aux textes dans les principales traductions disponibles.

Critique de la raison pratique, trad. fr. Picavet, « Quadrige », Paris, PUF, 2003.

Critique de la faculté de juger, trad. fr. A. Philonenko, Paris, Vrin, 1965.

Prolégomènes, trad. fr. L. Guillermit, Paris, Vrin, 1986.

Fondements de la métaphysique des mœurs, trad. fr. V. Delbos, revue par A. Philonenko, Paris, Vrin, 2004.

Premiers principes métaphysiques de la science de la nature, trad. fr. J. Gilbelin, Paris, Vrin, 1952.

Progrès de la métaphysique, trad. fr. L. Guillermit, Paris, Vrin, 1968.

Réponse à Eberhard, trad. fr. J. Benoist, Paris, Vrin, 1999.

Logique, trad. fr. L. Guillermit, Paris, Vrin, 1966.

Opus postumum, trad. fr. F. Marty, Paris, PUF, 1986.

Correspondance, Paris, Gallimard, 1986.

INTRODUCTION À LA LECTURE DE LA *CRITIQUE DE LA RAISON PURE*

I. Avènement et achèvement critique

1/ *La notion de critique*

Tout se passe comme si on donnait souvent à ce terme qui reparaît dans le titre des trois œuvres les plus célèbres de Kant le sens exclusivement *négatif* que lui donne l'usage courant où la critique passe avant tout pour être *destruction* (*cf.* Auguste Comte opposant la période « organique » de l'histoire à sa période « critique »). Ainsi, on dit que Kant a ruiné la métaphysique et montré qu'elle est impossible (rappelons que, de son vivant, Kant fut surnommé le « Hume prussien »[1] et sa philosophie comprise comme un scepticisme). Une telle proposition n'est évidemment défendable que si, récusant les conclusions de l'œuvre kantienne, on estime légitime et nécessaire le retour à une ambition de la philosophie dont Kant estimait avoir montré la démesure et le caractère chimérique : celle d'une connaissance au-delà de toute référence possible à l'expérience, du « substantiel » de toute chose telle qu'elle est

1. Le mot est de J.G. Hamann, dans une lettre à Herder de 1781.

en soi (expression employée par exemple en *Prolégomènes*, § 46), des transcendantaux ou attributs communs à tous les êtres, bref de l'être en tant qu'être, c'est-à-dire d'une ontologie. En ce sens, il est si vrai que Kant a cru ruiner une telle métaphysique que dans l'*Architectonique* (chapitre 3 de la *Méthodologie transcendantale*, 565, A845/B873) il propose de donner un sens tout nouveau au mot : ontologie, – celui qui définit la philosophie transcendantale elle-même en tant qu'elle « ne considère que l'entendement et la raison même dans un système de tous les concepts et de tous les principes qui se rapportent à des objets en général, sans admettre des objets qui seraient donnés » (ces concepts et principes devenant, à la suite de la transposition effectuée par l'idéalisme et le renversement copernicien, l'équivalent des transcendantaux de l'ancienne ontologie). De cette philosophie transcendantale la Critique est « le plan intégral et systématique » (Introduction II [selon A], 47, A13/B27). Mais, à la façon dont on peut dire de la Logique générale qu'elle n'est que le « vestibule » des sciences, cette Critique n'est que la « propédeutique », l'exercice préliminaire (définition même des « prolégomènes ») de la métaphysique, comme « physiologie » de la raison pure « considérant la nature telle qu'elle nous est donnée, mais seulement selon les conditions *a priori* sous lesquelles elle peut nous être donnée en général », c'est-à-dire comme « Physique rationnelle », ou mieux « *Métaphysique de la Nature* », d'une part, – et d'autre part, métaphysique de l'usage non plus spéculatif mais « pratique » (c'est-à-dire « possible par liberté ») de la raison ou « *Métaphysique des Mœurs* ». Kant publiera cette dernière en 1797, en deux parties : *Premiers principes métaphysiques de la Doctrine du Droit*, et *Premiers principes métaphysiques de la Doctrine de la Vertu*; dès 1786, il avait publié les *Premiers principes méta-*

physiques de la Science de la Nature, et s'occupait à achever sa métaphysique de la Nature comme « passage (*Übergang*) des premiers principes métaphysiques de la nature à la physique » lorsqu'il mourut (1804).

Tout ceci suffirait à montrer, s'il en était besoin, que lorsque Kant « critique » la raison ce n'est nullement, de façon toute simple et univoque, en vue d'établir son impuissance à faire œuvre métaphysique. Il vaut donc mieux supposer que Kant est parti du sens, traditionnel chez les logiciens, du terme « critique » désignant la partie de la Logique qui traite du jugement (c'est à cette partie que Kant se réfère très allusivement dans l'Introduction de l'*Analytique des Principes*, 148, B 173 note : *Secunda Petri*, qu'il faut entendre : *secunda (pars Artis logicae) Petri (Rami, quae est de Judicio)*[1]. De fait, le centre de cette logique transcendantale qu'est la Critique est bien une doctrine du jugement. On souligne souvent l'importance dans cette œuvre de l'équation fondamentale : penser = juger, mais on peut également attirer l'attention sur le fait que dans l'une de ses parties, l'œuvre se dépasse elle-même en quelque sorte, déborde le cadre qui la définissait initialement : la seconde partie de l'Analytique est d'abord intitulée (par symétrie avec la première, celle des Concepts) : Analytique des Principes,

1. « La seconde partie de la Logique de Pierre La Ramée, qui traite du Jugement ». La Ramée (1515-1572) est l'auteur notamment de *La Dialectique*, parue en 1555, premier ouvrage de logique publié en français (rééd. Paris, Vrin, 2003). L'enseignement de L. Guillermit faisait donc justice des explications fantaisistes proposées par les traductions françaises de la *Critique*, et ce, bien avant la juste mise au point faite par R. Brague, « Kant et la *secunda Petri*. Un contresens fréquent », *Revue de métaphysique et de morale*, sept. 1999. Guillermit suivait probablement H. Cohen dans son *Kommentar zu Immanuel Kants* Kritik der reinen Vernunft, Berlin, 1907, p. 69 (trad. fr. É. Dufour, Paris, Le Cerf, 2000, p. 110).

mais, au terme de son Introduction, Kant fait de cette expression un sous-titre et lui préfère le titre : *Doctrine transcendantale du Jugement*. Changement bien remarquable si on se souvient que l'Introduction VII distinguait nettement *critique* et *doctrine* : « Une science qui se borne à rendre compte de la raison pure, de ses sources et de ses limites est une propédeutique du système de la raison pure. Une telle science devrait être appelée non pas une *doctrine* mais seulement une *critique* de la raison pure et son utilité au point de vue de la spéculation ne serait réellement que négative ; elle servirait non pas à étendre, mais uniquement à clarifier notre raison qu'elle préserverait d'erreurs » (46, A11/B25, voir également la suite du texte). Et de fait, les alinéas 2 et 3 de l'Introduction à cette Doctrine du Jugement exposent nettement qu'elle est bien le lieu du triomphe le plus éclatant de la philosophie transcendantale : « Si la logique générale ne peut donner de préceptes au jugement, il en est tout autrement de la logique transcendantale à tel point que celle-ci semble avoir pour affaire propre de rectifier et d'assurer le jugement par des règles déterminées dans l'usage qu'il fait de l'entendement pur… La philosophie transcendantale a ceci de particulier que, outre la règle (ou plutôt la condition générale des règles) qui est donnée dans le concept pur de l'entendement, elle peut indiquer aussi et en même temps *a priori* le *cas* où la règle doit être appliquée » (149-150, A135-136/B174-175).

Mais il est également certain que Kant a usé du mot « critique » au sens le plus large que l'étymologie permet de retrouver à la notion de jugement dans le verbe grec *krinein* : c'est-à-dire :

a) celui d'un *examen* qui discerne, sépare des éléments, discrimine : la première grande subdivision de la Critique s'intitule : *Elementarlehre*, « théorie des éléments », et la philosophie kantienne fut très tôt désignée comme *Elementarphilosophie*. « Il est de la plus haute importance d'isoler des connaissances qui sont distinctes des autres par leur espèce et par leur origine, et de les empêcher soigneusement de se mêler et de se confondre avec d'autres, avec lesquelles elles sont ordinairement liées dans l'usage. Ce que fait le chimiste dans la séparation des matières, le mathématicien dans sa théorie pure des grandeurs, le philosophe est encore plus tenu de le faire afin de pouvoir déterminer sûrement la part d'un mode particulier de la connaissance dans l'usage courant de l'entendement, sa valeur et son influence propres » (Architectonique, 563, A842/B870);

b) celui d'une *décision* qui *apprécie*. Ici on peut songer d'abord aux expressions : critique historique, critique d'art, esprit critique (comme aspect essentiel de l'esprit scientifique), mais il faut surtout songer au sens juridique, car le jugement judiciaire est examen analytique et appréciation d'un *fait* à la lumière d'un *droit*, et tel est précisément le traitement auquel Kant soumet la manifestation métaphysique de la raison : examen ou mise à l'épreuve (*Prüfung*) et justification ou validation (*Berichtigung*), c'est là le programme général de la Critique. « Notre siècle est particulièrement le siècle de la critique à laquelle il faut que tout se soumette ... religion, législation ... la raison ne peut accorder son estime qu'à ce qui a pu soutenir son libre et public examen » (*freie und offentliche Prüfung*, Préface à la 1re édition, 6, AXI note). – « Ces recherches que nous ne pouvons pas proprement appeler *doctrine*, mais seulement *critique*, puisqu'elles ont pour but non l'extension des connaissances mêmes, mais seulement leur *justification* (*Berichtung*) et qu'elles doivent fournir la pierre de touche qui décide de la valeur ou de la non-valeur de toutes les connaissances *a priori*, sont ce qui nous occupe maintenant» (Introduction VII, 46-47, A12/B26).

Le fréquent recours à la terminologie et au mode de pensée juridiques chez Kant, loin d'être accidentel et superficiel, est étroitement lié à la nature de son entreprise et en signale l'originalité. Certes la philosophie antérieure avait déjà créé un précédent à ce «juridisme» et d'importance si considérable qu'il pouvait la définir; il avait nom: «*Théodicée*», et de Platon à Leibniz en passant par Descartes le procès de Dieu institué par la réflexion humaine conduisait au verdict d'acquittement: Dieu est innocent, disait Platon, il est vérace et l'erreur est humaine, disait Descartes, il n'est pas responsable d'un Mal qui n'est rien, disait Leibniz. Mais Kant semble avoir eu nettement conscience de l'originalité dont il faisait preuve en faisant succéder au procès de Dieu celui de l'homme défini par sa raison, à «l'insuccès de toutes les tentatives de Théodicée» (titre de l'œuvre qu'il publia en 1791) une «Logodicée» ouvrant la voie «toute métaphysique future qui voudra se présenter comme science» (titre complet des *Prolégomènes*, 1783). Il s'est senti porté par son siècle, «siècle des Lumières» (*Aufklärung*), «siècle de la critique à laquelle il faut que tout se soumette», siècle révolutionnaire (*cf* révolution copernicienne) qui lui permettrait, à ce qu'il a vu, semble-t-il, de renouer avec l'humanisme païen. Ainsi, par exemple, dans le texte concernant la première Analogie de l'Expérience (principe de substance, 180, A185-186/ B228-229), prenant conscience du fait que sa révolution philosophique apportait enfin une solution aux apories que le créationnisme théologique avait constamment suscité au substantialisme (de Descartes et de ses successeurs), après avoir cité l'anecdote du philosophe Démonax, personnage de Lucien, sur le poids de la fumée, il écrit: «*Gigni de nihilo nihil, in nihilum nil posse reverti*, c'étaient là deux propositions que les *Anciens* liaient inséparablement et que l'on sépare parfois aujourd'hui par mésintelligence » (*cf.* encore *Remarque générale sur le système des Principes* : « on peut facilement concevoir la non-existence de la matière, mais les *Anciens* n'en concluaient cependant pas sa contingence », 213, B290 note). Ainsi encore dans la Préface de la 1re édition, il déclare avoir trouvé un sens positif à « l'indifférence » que son temps, délivré de la crédulité par le progrès des sciences, en est venu à manifester à l'égard de la métaphysique : celui d'une invitation faite à la raison « d'entreprendre *à nouveau* la plus difficile de toutes les tâches, celle de la *connaissance de soi-même* » (7, AXI).

2/ *L'événement critique*

Le ton qui caractérise la Préface de la première édition (1781) est donné par ses premiers mots : *besondere Schicksal*, destinée singulière. Destinée, c'est l'histoire mais pourvue d'un sens et même d'une fin. Destinée de la raison et de la métaphysique, son œuvre la plus éminente : c'est une philosophie de l'histoire de la philosophie qui introduit la Critique comme événement de l'histoire et comme véritable avènement de la métaphysique. L'*Ursprung*, c'est une condition dramatique de la raison engendrant la métaphysique comme « état de guerre ». En effet, sa nature lui impose de se poser des questions qu'elle est hors d'état de résoudre : elle ne peut manquer :

1) de se mettre à faire usage de *principes* dans l'expérience,

2) de continuer à s'en servir indéfiniment,

3) de tenter un achèvement en donnant un terme à cet infini,

4) de tomber dans un embarras inextricable, faute de cette pierre de touche qu'est l'expérience qu'elle a quittée.

De là ces combats sans fin dont le terrain se nomme métaphysique (*Kampfplatz*).

L'Introduction (36, A5/B8-9), qui exprimera ce mouvement par la célèbre image de l'illusion de la colombe qui croit qu'elle volerait mieux dans le vide, précise la motivation de ce saut dans le vide : d'une part la séduction par l'aventure des mathématiques, connaissance *a priori*, indépendante de l'expérience, qu'on croit pouvoir imiter parce qu'on ne s'aperçoit pas qu'elle jouit d'un privilège, qu'elle conserve un « garde-fou » : l'intuition dans laquelle elle construit ses concepts ; d'autre part on a l'illusion de la solidité au moment même où on construit dans le vide, à coups de concepts vides parce que la raison est enhardie par la pratique de son usage simplement *logique* et qu'elle ne s'aperçoit pas que dans cet usage elle se contente d'*analyser* des concepts, alors que lorsqu'elle passe à l'usage *pur* de concepts qu'elle tire de son propre fonds et qu'elle rapporte aux objets (*cf.* Introduction de la *Dialectique transcendantale* II, c, 258, A305/B362) elle se risque à des *synthèses* sans avoir le point d'appui qui lui permettrait de les effectuer réellement : « Elle se laisse prendre à ce leurre ».

Tel étant donc l'état de guerre qui caractérise l'état de nature de la métaphysique, son histoire, qui en l'espèce est plutôt sa préhistoire, se laisse écrire dans le langage de la philosophie politique :

a) une période *dogmatique*, celle du pouvoir « despotique », simple pouvoir de fait, fondé sur la force (on peut songer, par exemple, à l'argument d'autorité) ;

b) engendra son contraire, c'est-à-dire l'*anarchie* : le « nomadisme » des sceptiques rompant le lien de la société philosophique et ne s'arrêtant à aucune thèse ;

c) une lueur d'espoir vint avec ce qu'annonçait de *juridique* la tentative de *Locke* pour « légitimer les prétentions » du pouvoir de la raison. Mais cela n'aboutit qu'à un « faux » : la « physiologie » de l'entendement était une fausse « *généalogie* » (comme on verra plus tard § 13, 100-101, A86-87/B119, et § 14, B127-128), – paradoxalement, parce que ce n'était qu'une généalogie, c'est-à-dire une « *dérivation* » *chronologique* au niveau de l'expérience et qui de ce fait ne pouvait prétendre en être la « fondation » (*Grundlegung*) logique ;

d) rechute dans le *dogmatisme* « vermoulu », l'arbitraire ;

e) cette fois générateur d'un « *indifférentisme* » à propos duquel va se manifester la philosophie de cette histoire. En effet, l'indifférentisme est ambivalent : promu en doctrine (philosophie populaire de Eberhard et Mendelssohn), il est générateur de chaos et de ténèbres dans les sciences ; manifestation d'une prétention déçue mais irréductible, il est annonciateur d'une « renaissance » (*Aufklärung*) : une raison à la fois instruite par le succès et la sévère discipline des sciences ne s'en laisse plus conter et ne se contente plus d'une « apparence » de savoir (le sens vulgaire de « faux semblant » annonce le sens technique que lui donnera l'Introduction I de la *Dialectique transcendantale*). L'indifférence (cf. *Prolégomènes*, p. 149 : « toutes les transitions passent par l'état d'indifférence ») ne peut que se dépasser elle-même : comment rester indifférent devant le scandaleux contraste entre le succès de la philosophie de la nature de Newton et l'état d'abandon de la métaphysique, Hécube délaissée, mais qui n'en demeure pas moins reine, la ζητουμένη, comme l'avait appelée Aristote, besoin irrépressible de la nature humaine et connaissance la plus précieuse de toutes. De là, un certain « messianisme » chez Kant qui annonce celui qu'exprimera Hegel dans la célèbre Préface de sa *Phénoménologie de l'esprit* : les temps sont venus, dira-t-il, pour la philo-sophie de cesser d'être ce qu'elle a été jusqu'ici : simple « amour du savoir », pour devenir science, savoir « effectivement réel » [1]. À défaut d'en être là, Kant interprète l'indifférentisme comme invitation (cf. *Prolégomènes*, p. 149) instante faite à la raison de procéder à son « auto-critique », et c'est un style *juridique* qui va réactiver l'invitation faite à Socrate : connais-toi. Que la raison apprenne à se connaître elle-même, elle sortira de son « *état de nature* » pour se donner un « *état civil* » ; elle démêlera la part des connaissances qu'elle a « *usurpées* » et celle de ces connaissances auxquelles elle peut prétendre « *légitimement* ». Il y a là, en principe, une tâche parfaitement conforme à sa destination, car, par notre nature, elle est un pouvoir *normatif*, c'est une puissance *législative* (*Gesetzgebung*), elle est la source même de « lois éternelles et immuables ». Elle n'aura donc, en principe, aucune difficulté à se transformer en « tribunal » à la barre duquel il lui suffira de se faire comparaître elle-même. C'est ce tribunal que Kant appelle la *Critique de la raison pure*, et ce que la raison y « examine » en vue de le « légitimer » dans de certaines « limites », c'est son propre *pouvoir*.

Pas en général cependant, ni sans précision : il s'agit de son pouvoir en matière de *connaissance* et même de connaissance bien définies : celles qu'elle peut prétendre atteindre indépen-

1. *Phénoménologie de l'esprit*, trad. fr. B. Bourgeois, Paris, Vrin, 2007, p. 60.

damment de toute expérience. On peut ici recueillir une première indication sur le sens de l'épithète « pure » appliquée à la raison : d'une part, il hérite d'une longue tradition qu'on peut faire remonter jusqu'au νοῦς καθαρός [esprit pur] d'Anaxagore, à travers une tradition néo-platonicienne et scolastique où « connaissance pure » signifie : sans image sensible (*cf.* Descartes : *intellectio pura, quae circa nullas imagines corporeas versetur*[1]), – sens que Wolff avait repris dans l'expression : *reiner Verstand*, mais à laquelle il avait ajouté l'expression : *reine Vernunft*[2], qui tenait compte d'une *opposition* à l'expérience que Leibniz le premier avait introduite dans la notion d'*a priori* (« connaître *a priori et non* par expérience »[3]) : « *ratio pura* est, si ratiocinando non admitti-

1. « Une intellection pure, qui ne s'applique à aucune image corporelle ». L'expression figure dans les *Notæ in programma*, AT VIII-2, p. 363. La phrase complète est : « Postea, inter species perceptionis, non enumerat, nisi sensum, reminiscentiam, et imaginationem : unde colligi potest, eum nullam intellectionem puram, hoc est, intellectionem quæ circa nullas imagines corporeas versetur, admittere; ac proinde ipsum sentire, nullam de Deo, nec de mente humana, vel aliis incorporeis rebus, cognitionem haberi ».

2. « Lorsque nous avons des connaissances complètement distinctes, l'entendement est séparé des sens et de l'imagination ; au contraire, là où indistinction et obscurité se trouvent encore dans notre connaissance, il est encore uni aux sens et à l'imagination. Dans le premier cas, l'entendement s'appelle pur, mais dans le second impur », Wolff, *Vernünftige Gedanken von Gott, der Welt und der Seele des Menschen, auch allen Dingen uberhaupt*, (1re éd., Leipzig, 1719), plus simplement cité comme *Métaphysique allemande*, § 282. – Au § 382, Wolff définit ainsi une raison pure (*lauter*, et non *reine*, *Vernunft*) : « Si l'on perçoit la connexion des choses de telle sorte que l'on puisse relier les unes aux autres les vérités, sans recevoir aucune proposition de l'expérience, alors la raison est pure ». *Cf.* J.-P. Paccioni, *Cet esprit de profondeur. Christian Wolff, l'Ontologie et la Métaphysique*, Paris, Vrin, 2006, p. 13 *sq.*

3. Formule qu'on trouve dans le *Discours de métaphysique*, article VIII : « Dieu voyant la notion individuelle ou hecceïté d'Alexandre, y voit en même

mus nisi definitiones ac propositiones a priori cognitas »[1] (définition où l'on peut remarquer qu'on en reste à ce que Kant appellera l'usage *logique* de la raison (raisonnante); nous verrons que l'affirmation de son usage pur signalera justement l'originalité de Kant par rapport à Leibniz sur la notion d'*a priori*); – d'autre part on soulignera le sens *négatif*, ou mieux, *exclusif* de la notion de « pur » (qu'on retrouve chez Bergson : qualité pure (de toute quantité), durée pure (de toute spatialité), etc. ... *Cf.* Introduction VII : « On appelle : *pure* toute connaissance à laquelle *n'est mêlé rien d'étranger*. Mais une connaissance est surtout dite absolument pure quand on n'y trouve en général *aucune expérience* ou sensation, quand elle est possible par suite complètement *a priori*. Or la *raison* est le pouvoir qui nous fournit les principes de la connaissance, *a priori*. Aussi la *raison pure* est celle qui contient les principes qui servent à connaître quelque chose absolument *a priori* » (46, A11).

Cette critique à laquelle la raison, tranchant en dernière instance, soumettra son propre pouvoir sera, « *par conséquent* » enchaîne Kant, la solution d'une question radicale : la métaphysique est-elle *possible* oui ou non ? Ce « par conséquent » qui peut surprendre d'abord est susceptible de tirer provisoirement son sens d'une simple reprise par Kant de la définition reçue de la Métaphysique : « En ce qui concerne le

temps le fondement et la raison de tous les prédicats qui se peuvent dire de lui véritablement, comme par exemple qu'il vaincrait Darius et Porus, jusqu'à y connaître *a priori* (et non par expérience) s'il est mort d'une mort naturelle ou par poison ». Il faut cependant remarquer que Kant ne pouvait pas connaître ce texte (qui ne sera publié qu'en 1839).

1. Wolff, *Psychologia empirica* (1re éd., Leipzig, 1732), § 495 : « La raison est pure si nous n'admettons en raisonnant que des définitions et des propositions connues *a priori* ».

nom de la métaphysique, il n'y a pas lieu de croire qu'il soit né du hasard puisqu'il correspond exactement au contenu de la science ; si on appelle : *physis*, la nature, et si nous ne pouvons parvenir à la connaissance des concepts de la nature que par l'expérience, alors la science qui fait suite à celle-ci s'appelle méta-physique (de *meta* = *trans* et *physica*). C'est une science qui se trouve en quelque sorte *hors*, c'est-à-dire *au delà* du domaine de la physique »[1]. Interprétation confirmée par le § 1 des *Prolégomènes* où Kant traitant des « sources » de la métaphysique dit que c'est par définition, métaphysique signifiant au-delà de l'expérience, que les principes et concepts fondamentaux de cette science ne doivent jamais être empruntés à l'expérience.

3/ *Criticisme et scepticisme*

Outre la détermination des *sources*, Kant assigne à la Critique celle « de l'*étendue* et des *limites* de la métaphysique, tout cela suivant des principes » (AXII). La critique doit en effet à la nature de la raison et au fait qu'elle n'y ait affaire qu'à elle-même un double privilège qu'on peut appeler de l'*intégral* et du *systématique* ; Kant insiste à maintes reprises sur ces deux privilèges et sur le fait qu'ils soient liés en les fondant sur une sorte de conception « organiciste » de la raison : voir le début de l'Architectonique (558, A833/B861) : « Le tout [systématique] est un système *organique* (*articulatio*) et non un ensemble désordonné (*coacervatio*) ; il peut à la vérité croître par le dedans (*per intus susceptionem*) mais

1. L. Guillermit cite ici les *Leçons sur la métaphysique de Kant* ; le texte et sa référence dans l'édition de Heinze (1894), p. 666, sont donnés par lui en note à sa traduction des *Progrès de la métaphysique en Allemagne depuis Leibniz et Wolff*, Paris, Vrin, 1968, p. 119. Référence désormais : AKXXVIII, 174.

non par le dehors (*per appositionem*), semblable au corps de l'animal» ; – «La raison pure étant une unité tout à fait à part et qui se suffit à elle-même, dans laquelle chaque membre, comme dans un corps *organisé* existe pour les autres et tous pour chacun… la métaphysique a le rare bonheur qui ne saurait être le partage d'aucune autre science rationnelle ayant affaire à des objets de pouvoir embrasser pleinement tout le champ des connaissances qui lui appartiennent, *achever* ainsi son œuvre… Elle est tenue à cette perfection en tant que science fondamentale et c'est d'elle qu'il faut pouvoir dire *nihil actum reputans si quid superesset agendum* (= estimant qu'il n'y a rien de fait s'il reste quelque chose à faire)» (Préface 2e édition, 21, BXXIII-XXIV) ; – «La métaphysique suivant les idées que nous en donnerons ici est la seule de toutes les sciences qui puisse se permettre une exécution si complète… » (Préface 1re édition, 10, AXX).

Ainsi le caractère *organique* et *systématique* de la rationalité fonde le privilège de *perfection* (au sens d'achèvement complet : *Vollständigkeit*) dont la science métaphysique pourra [se prévaloir], et justifie une présentation «*radicale*» de la Critique. La raison doit pouvoir se juger elle-même «une *bonne fois*» (*Prolégomènes*, Introduction, p. 14, à rapprocher de la formule leitmotiv de Descartes : nécessité pour quiconque veut parvenir à la sagesse d'examiner *une fois dans sa vie – semel in vita* – toutes les vérités pour la connaissance desquelles la raison humaine suffit, «de chercher ce qu'est la connaissance humaine et jusqu'où elle s'étend», Règle VIII [1]),

1. Texte complet : « Sed demus omnium nobilissimum exemplum. Si quis pro quæstione sibi proponat, examinare veritates omnes, ad quarum cognitionem humana ratio sufficiat (quod mihi videtur semel in vita faciendum esse ab iis omnibus, qui serio student ad bonam mentem pervenire), ille profecto

et une telle tâche apparaît en principe conforme à sa nature de « puissance législatrice » : le code dont elle peut se servir pour se juger elle-même renferme le système intégral de la législation possible ; ce système de lois délimite *à priori* la compétence du tribunal et définit les limites de sa juridiction. De là cette affirmation maintes fois répétée par Kant que la Critique est « *la science des limites* »

L'importance de ce point est bien mise en lumière dans un texte de la fin de la 2e section de la *Discipline de la raison pure*, où Kant, montrant « l'impossibilité pour la raison pure en désaccord avec elle-même de trouver la paix dans le scepticisme », oppose son criticisme au scepticisme de Hume (518 *sq.*, A758/B786 *sq.*). Comme il y insiste dans l'Introduction des *Prolégomènes*, Hume a manqué de peu l'entreprise critique : c'est le caractère partiel de son enquête qui l'a fait dévier sur le scepticisme, il a eu le tort de s'en tenir à l'examen d'un seul concept métaphysique, si important soit-il, celui de causalité. D'autre part, « il détache inconsidérément du champ entier de la connaissance pure *a priori* une province entière et la plus importante : les mathématiques pures », s'imaginant qu'elles dépendaient du seul principe de contradiction [*Prolégomènes*, § 2, c II, p. 30]. Erreur grave, aux conséquences fâcheuses et décisives pour la suite. S'il ne l'avait pas commise, il aurait *élargi* sa question de l'origine des jugements synthétiques. Il n'aurait pas pu fonder ses propositions métaphysiques sur la seule expérience, car il aurait alors soumis également à la seule expérience les axiomes de la mathématiques pure, et il était « bien trop clairvoyant » pour le

per regulas datas inveniet nihil prius cognosci posse quam intellectum, cum ab hoc cæterorum omnium cognitio dependeat, et non contra », *Regulae ad directionem ingenii*, AT X, p. 395.

faire. En mettant la métaphysique « dans la bonne compagnie des mathématiques », il ne l'aurait pas traitée indignement comme il l'a fait. Kant avoue que le criticisme est sorti d'une *généralisation* du problème de Hume, la généralité étant prise au sens que les mathématiciens donnent à ce mot : de façon *suffisante* dans *tous* les cas. C'est ainsi qu'à ses yeux le mérite principal de sa Déduction transcendantale est là : Aristote s'était contenté d'une *liste* énumérant des catégories recueillies *empiriquement*. Kant ayant trouvé « le fil conducteur » (*Leitfaden*) du jugement a pu en dresser une *table*, *systématique* et *intégrale*.

Hume s'était arrêté au concept de causalité, et, de là, avait conduit son enquête de façon « *rhapsodique* », croyant pouvoir se contenter de statuer sur les faits de la raison pure pris un à un et considérés *séparément*. Kant a critiqué la faculté *entière* de la raison. Hume s'était arrêté à une « censure », Kant a poussé jusqu'à la « critique ». Hume s'est conduit en « explorateur » parcourant le globe, qui, voyant l'horizon reculer sans cesse devant lui, en conclut que sa connaissance de la terre a des *bornes* (*Schranken*) sans être cependant capable de les fixer. Kant a procédé en « géomètre » qui a pu concevoir *a priori* la surface *entière* du globe en calculant son diamètre à partir d'un degré ; il a ainsi déterminé scientifiquement les limites (*Grenzen*) de toute description possible de la terre. Au lieu du scepticisme que faisait naître la simple *perception* de bornes, le criticisme nous a donné la vraie *science* des limites. C'est donc avant tout le caractère *scientifique* de la critique qui se trouve garanti par ces caractéristiques de l'*intégralité* (*Vollständigkeit*) et du *systématique* : « Une Critique n'offre jamais toute garantie à moins d'être *complètement achevée* jusque dans les moindres éléments de la raison pure et dans la sphère de cette faculté c'est *tout ou rien* (*entweder alles oder nichts*) qu'il faut déterminer et régler » (*Prolégomènes*, Introduction, p. 22).

Enfin, on remarquera que le modèle de cette science, c'est incontestablement la physique mathématique et expérimentale de Newton (sa « philosophie naturelle »). Hume « introduisant la méthode expérimentale dans les sujets moraux » (sous-titre du *Traité de la Nature Humaine*) s'était vanté de devenir « le Newton de la vie mentale »[1]. Kant devait penser que c'était lui-même qui y était parvenu. Terminant sa Préface à la 1re édition par des considérations sur la *certitude* et la *clarté* auxquelles il avait atteint, il souligne (8, AXV) qu'en métaphysique les simples opinions sont proscrites (comme au début et à la fin des *Prolégomènes*, il insiste sur le fait que le simple « sens commun », si grand soit sa valeur, est un juge insuffisant en cette matière [*Prolégomènes*, p. 17-18 et p. 152-153]), et il reprend à son compte en la transposant la célèbre formule du Scolie général des *Principes* de Newton : « *Hypothèses non fingo* (= je n'imagine point d'hypothèses), car tout

1. Le *Traité de la nature humaine* de Hume (1739) a pour sous-titre : *Essai pour introduire la méthode expérimentale dans les sujets moraux*. Il ne semble pas que Hume ait de lui-même utilisé l'expression de « Newton de la vie mentale ». Mais la comparaison entre sa méthode et celle de Newton est suggérée dans la Préface du *Traité*, et plus explicitement encore assumée dans l'*Enquête sur de l'entendement humain*, de 1748 : « Les astronomes se sont longtemps contentés de prouver, à partir des phénomènes, les véritables mouvements, l'ordre et la grandeur des corps célestes; jusqu'au moment où enfin un philosophe parut qui, semble-t-il, par le plus heureux raisonnement, a aussi déterminé les lois et les forces qui gouvernent et dirigent le mouvement des planètes. Il y a eu de semblables réalisations pour d'autres parties de la nature. Il n'y a pas de raison de désespérer d'obtenir un égal succès dans nos enquête sur les pouvoirs et l'économie de l'esprit, si on les poursuit avec une égale capacité et une égale prudence », section I, trad. fr. A. Leroy, revue par M. Beyssade, Paris, GF-Flammarion, 1983, p. 57.

ce qui ne se déduit point des phénomènes est une hypothèse et les hypothèses ne doivent pas être reçues dans la philosophie expérimentale »[1].

Kant écrit en écho : « Tout ce qui ressemble seulement à une hypothèse est une marchandise prohibée qu'on ne doit pas vendre même à vil prix, car toute connaissance qui a son fondement *a priori* s'annonce par ce caractère qu'elle veut être tenue d'avance pour absolument nécessaire » (8, AXV).

II. La critique comme science et comme tribunal

Dans le cadre général de cette philosophie de l'histoire de la métaphysique que nous propose la Préface à la 1re édition, nous avons vu comment l'indifférentisme annonce le criticisme : l'indifférentisme est sensibilisé au scandale d'une métaphysique qui n'est pas parvenue à devenir une *science*, alors que d'autres disciplines rationnelles (mathématiques, physique) y sont parvenues et ont atteint à un véritable épanouissement, alors que cependant, si précieuses qu'elles soient, elles ne répondent pas à un besoin aussi profond de la raison. Le temps est venu de mettre fin à ce scandale. Mais comment ? Il faut d'abord y voir clair, découvrir les raisons cachées de ce scandaleux contraste : comment est-il possible que la raison puisse atteindre à une connaissance scientifique en certains domaines et échouer en un autre ? Il faut le *savoir*, et il y a donc « quelque part » sur ce point matière à une *science*. C'est sans doute de cette façon que l'on peut remonter aussi haut que possible à la source du projet qui va prendre

1. Newton a ajouté ce scolie général à la fin de la deuxième édition, publiée en 1713, de ses *Philosophiae naturalis principia mathematica* de 1687.

corps sous la forme de cette nouvelle *science* que sera la *Critique*.

Toutefois il est clair que nous sommes encore bien loin du compte, car à ce niveau profond rien ne nous garantit même que le projet d'une telle science soit réalisable. Revenons vers *ce qui* fait problème pour nous : il nous semble que la *raison* devrait pouvoir parvenir à donner une satisfaction de caractère *scientifique* à son *besoin* métaphysique. Nous sommes tentés de dire : il n'y a pas de raison pour qu'elle n'y parvienne pas. Mais qu'est ce au juste qui nous fait dire cela et avons-nous le droit de le dire ? La question n'est pas encore d'*ajouter* simplement une science à la liste des autres ; si tel est bien le vœu final (voir par exemple le titre et le plan des *Prolégomènes à toute métaphysique future qui pourra se présenter comme science*) il y a d'abord beaucoup à faire avant de commencer à s'attacher à la réalisation d'un tel vœu. Si l'on veut un point de comparaison pouvant servir de repoussoir, on pourra songer à la hâte naïve et sans critique de certains de ceux qui participèrent à la réalisation du grand rêve du XIXe siècle : faire une science de l'homme ; n'y voyant qu'une lacune à combler dans le programme encyclopédique des sciences, ils ne songèrent qu'à soumettre l'homme au traitement dont la réussite était éprouvée dans son application à la nature : calcul et expérience. D'où les impasses et apories qui ne sont que trop connues : l'histoire-science ? où sont les faits ? La sociologie physique sociale ? il faut donc traiter les faits sociaux comme des choses ; la psychologie, science de l'âme sans âme, etc. … Contre des risques de ce genre, la pensée kantienne est prémunie : Kant sait que la métaphysique est :

1) irréductible à la *physique* puisque celle-ci est science d'une expérience au delà de laquelle celle-là prétend passer ;

2) irréductible à la mathématique, puisque l'indépendance à l'égard de l'expérience ne s'y réalise pas dans les mêmes conditions, la première pouvant construire les concepts dans l'intuition, la deuxième devant uniquement procéder par concepts;

3) Kant sait enfin que ce n'est pas la *logique* non plus qui peut donner satisfaction au besoin métaphysique, puisque l'affranchissement à l'égard de l'expérience ne s'y effectue que par l'abandon de tout contenu qu'y consent la pensée pour s'attacher à la seule *forme*.

Il sait donc déjà beaucoup de choses sur ce que la métaphysique *n'est pas* et *ne peut pas être*. Mais peut-être même ne peut-elle pas être *du tout*? En effet il faut admettre en principe le « *radicalisme* » de « la question de la possibilité ou de l'*impossibilité* d'une métaphysique en général » (Préface 1re édition, 7, AXII, et *Prolégomènes* §4, p. 35: « ... question critique: une métaphysique est-elle possible? Cette question ne saurait admettre comme réponse des objections sceptiques à certaines assertions de quelque métaphysique réelle, car nous n'en admettons encore aucune; la réponse doit se tirer du concept encore *tout problématique* d'une telle science », texte dont on pourra rapprocher d'une part la déclaration liminaire de Rousseau au *Contrat social*: « je dispute non des faits, mais du *droit* »[1], et d'autre part le début des

1. On ne trouve pas cette formule dans le *Contrat social*. Au chapitre 2 du Livre 1, Rousseau critique Grotius en lui reprochant: « Sa plus constante manière de raisonner est d'établir toujours le droit par le fait » (*Œuvres complètes*, « Bibliothèque de la Pléiade », Paris, Gallimard, t. III, 1964, p. 353). Guillermit pensait sans doute aussi au passage célèbre du début du *Discours sur l'origine de l'inégalité*: « Commençons donc par écarter tous les faits, car ils ne touchent point à la question. Il ne faut pas prendre les recherches, dans

Méditations cartésiennes de Husserl à la recherche de l'idée de science refusant comme « préjugé » toute conception préalable de cette science (par exemple le modèle déductif de la mathématique chez Descartes)[1].

Toutefois, il faut reconnaître que Kant n'est jamais allé vraiment jusqu'à cette limite extrême : il n'a jamais cru que l'aspiration humaine à la métaphysique était de l'ordre de ce qu'il appelle lui-même (*Critique de la faculté de juger*, Introduction III, note, p. 26) les « désirs vains », impossibles à satisfaire ; il en a toujours été détourné par une conviction d'ordre « téléologique » qu'il exprime très clairement dans la *Méthodologie* (*Discipline de la raison au point de vue polémique*, 510, A743-744/B771-772) : « Tout ce que la raison établit elle-même est bon à quelque chose (même les poisons sont des remèdes). Les objections à faire contre les entraînements et les prétentions de notre raison simplement spéculative sont données par la nature même de cette raison et par conséquent elles doivent avoir une bonne destination et une bonne fin que l'on ne doit pas dédaigner… Dans tous les cas et sans aucun doute il est utile de donner une complète liberté à la raison investigatrice aussi bien qu'à la raison critique pour qu'elle puisse s'occuper sans entraves de son propre intérêt, qui veut qu'elle mette des bornes à ses vues comme il exige qu'elle les étende, et qui souffre toujours quand des mains

lesquelles on peut entrer sur ce sujet, pour des vérités historiques, mais seulement pour des raisonnements hypothétiques et conditionnels, plus propres à éclaircir la nature des choses qu'à en montrer la véritable origine, et semblables à ceux que font tous les jours nos physiciens sur la formation du monde » (*ibid.*, p. 132-133).

1. *Cf.* Husserl, *Méditations cartésiennes*, trad. fr. G. Peiffer et E. Lévinas, Paris, Vrin, nouvelle éd. 1992, notamment § 4 et 5.

étrangères se mêlent de la détourner de sa marche naturelle pour la pousser vers des fins imposées ».

Est-ce à dire qu'il faille renouveler contre Kant l'accusation de feintise et d'insincérité parfois portée contre le doute de Descartes ? En fait, la psychologie d'une croyance subjective chez Kant en la possibilité d'une métaphysique paraît aussi dépourvue d'intérêt que la question de savoir s'il y a un désespoir réel de Descartes doutant avec angoisse s'il va pouvoir prouver Dieu et la réalité du monde extérieur. Bien plutôt ce qui serait comparable, c'est l'existence chez les deux philosophes d'une *présomption* qui anime leur entreprise : Descartes dit tout net que c'est l'expérience qu'il avait « des longues chaînes de raison dont les géomètres ont coutume de se servir … qui lui ont *donné occasion de s'imaginer* que … toutes choses s'entresuivent en même façon » [1]. – Kant :

1) constate l'existence de ce qu'il appelle une « *metaphysica naturalis* » qui s'est prolongée dans la technique d'une « *metaphysica scolastica* ». « *Dans un certain sens*, cette espèce de connaissance doit être considérée comme *donnée* et la métaphysique, quoiqu'elle ne soit pas réelle en tant que science, l'est cependant en tant que *disposition naturelle*… Chez tous les hommes, dès qu'en eux la raison s'est élevée jusqu'à la spéculation, il y a eu réellement une métaphysique et c'est pourquoi aussi il y en aura toujours une » (Introduction VI, 44, B21) ; – « Plus ancienne que toutes les autres sciences, elle subsisterait quand bien même toutes les autres ensemble seraient englouties dans le gouffre d'une barbarie entièrement dévastatrice » (Préface à la 2e édition, 18, BXIV) ; – « On ne cessera jamais d'en réclamer une » (*Prolégomènes*, Introduction, p. 15) ;

1. *Discours de la méthode*, Deuxième Partie, AT VI, p. 19.

2) De là Kant présume que ce besoin et cette exigence doivent avoir un sens et tendre à quelque chose qui, « si l'on en juge au résultat » (Préface à la 2e édition, 15, B VII) non-scientifique n'est pas ce qui a été atteint jusqu'ici ;

3) De cette présomption en découle une autre qui prend forme *d'hypothèse* : il doit y avoir une « *méprise* », un « *malentendu* » de la raison avec elle-même (*Missdeutung*, *Missverstand* sont des termes qui reviennent constamment sous la plume de Kant). Comment le passage de l'une à l'autre s'effectue-t-il ? À partir de ce qu'on pourrait nommer un diagnostic : si l'on considère la maladie dont la métaphysique parait atteinte, on découvre les symptômes suivants : embarras, hésitation (incessants changements de direction), conflit (Préface à la 2e édition, 18, B XIV-XV, reprenant les premières lignes 15, B VII, où ces critères permettent de définir le statut scientifique comme santé). Bref la maladie se nomme *Dialectique* et plus précisément *Antinomie*, au sens large du conflit entre les lois de la raison elle-même (Kant a précisé lui-même que la méditation qui l'avait conduit à la découverte critique s'était déroulée sous le signe de l'antinomie[1]). Nous sommes donc en présence d'un organisme dont le fonctionnement s'empêche lui-même, ou, pour reprendre un langage plus kantien, d'une législation qui met entrave à son propre exercice.

Dès lors nous pouvons enfin préciser ce qui devient l'objet immédiat de la problématique kantienne.

1) Il y a d'une part un problème d'*arbitrage* : la métaphysique étant un « champ clos » (*Kampfplatz*), il s'agit de mettre fin à un « état de guerre », – guerre intestine puisque

1. Ce qu'atteste la lettre à Garve du 21 septembre 1798. *Cf.* Kant, *Correspondance*, Paris, Gallimard, 1986, p. 705.

c'est la raison qui est en conflit avec elle-même, et de remplacer cet « *état de nature* » par un « statut juridique » ; remplacer l'état de guerre par la *procédure*, – victoires et défaites par une « sentence arbitrale ». Et voilà la Critique comme *tribunal*.

2) Il y a d'autre part un problème de *déchiffrage* d'un sens caché : le « dogmatisme vermoulu » relève non d'une *tératologie* qui ferait considérer la métaphysique comme un monstre mort-né, mais de la simple pathologie ; il s'agit non d'éliminer mais de soigner (ainsi les « remèdes » cartésiens aux passions visent à contenir leur « excès », non à extirper ces « institutions de nature » qui en elles-mêmes sont « toutes bonnes »[1]). Il s'agit donc de découvrir la *vraie destination* de penchants naturels, en l'espèce d'exigences rationnelles sur le sens desquelles on s'est jusqu'alors mépris. Et voilà la Critique comme *science*.

Il nous faut donc ressaisir une alliance du *juridique* et du *scientifique* qui fait l'*originalité* et aussi la *difficulté* de l'entreprise critique : que la Critique soit à la fois un *tribunal* et une *science*, ce sont là deux définitions dont la cohérence fait question. Nous proposons d'en chercher la source dans la conception kantienne de la *raison*, et l'aboutissement dans la qualification kantienne de la philosophie comme *transcendantale*.

Delbos a fait remarquer que Kant ne s'est jamais mis beaucoup en frais d'argumentation pour définir et défendre son rationalisme, se contentant « d'arguments d'école »[2], dont on pourrait trouver le type dans tel texte de la Préface de la *Critique de la raison pratique* (p. 9) : « Ce qui pourrait arriver

1. *Cf.* Descartes, *Les Passions de l'âme*, article 211, AT XI, p. 485-486.
2. V. Delbos, *La philosophie pratique de Kant*, Paris, Félix Alcan, 1905.

de plus fâcheux pour mon entreprise, ce serait que quelqu'un fit cette découverte imprévue qu'il n'y a nulle part et qu'il ne peut y avoir aucune connaissance *a priori*. Mais il n'y a aucun danger de ce côté. Ce serait tout à fait comme si quelqu'un voulait prouver par la raison qu'il n'y a pas de raison. Car nous disons que nous connaissons une chose par la raison seulement quand nous avons conscience que nous aurions pu la connaître même si elle ne nous avait pas été présentée ainsi dans l'expérience ; partout connaissance rationnelle et connaissance *a priori* sont choses identiques. D'un principe d'expérience vouloir tirer de la nécessité (*ex primice aquam*) et avec celle-ci aussi vouloir donner à un jugement la véritable universalité … c'est une contradiction évidente ». Mais c'est que d'abord ces arguments d'école trouvent un fondement solide dans ce courant de pensée qui, de Rousseau à Husserl, instruit la réfutation permanente de tout *naturalisme* : un fait ne fera jamais, ne fondera jamais un droit, et « droit du plus fort » restera toujours « *galimatias* »[1], c'est-à-dire non-sens, toute forme de naturalisme (psychologisme, historicisme, sociologisme, économisme, etc.) retrouvera toujours cette récurrence qui condamne le sceptique au silence lorsqu'il s'aperçoit qu'il ne peut même pas poser comme vrai que le vrai est inaccessible, puisque le naturalisme s'interdit tout privilège de vérité et se condamnant par son propre principe à n'être que le produit d'une nature. Ainsi pour Kant, l'affirmation de la raison par elle-même, c'est l'instauration du domaine du *sens* par exclusion du non-sens. Rien ne le montrerait mieux peut-être que sa célèbre théorie du « mal radical » (1re partie de la *Religion dans les limites de la simple raison*) : bien qu'il s'agisse pour lui de rendre compte, après l'insuccès de toute Théodicée,

1. *Le Contrat social*, *op. cit.*, Livre I, chap. 3, p. 354.

d'une irréductible positivité du mal, il lui paraît impossible de trouver un motif de détermination du libre-arbitre symétrique, dans le registre du négatif, si l'on peut dire, de ce qu'est dans le registre du positif le «respect» qui est la moralité même se faisant mobile, – par exemple ce qu'on serait tenté d'appeler une révolte contre la loi morale: «Le principe du mal ne peut-être cherché dans une dépravation de la raison législatrice morale, car il lui faudrait alors pouvoir extirper en soi l'autorité de la loi même et nier l'obligation qui en dérive, ce qui est impossible. Se considérer comme un être agissant librement et dégagé cependant de la loi qui lui est conforme (loi morale) reviendrait à concevoir une cause agissant en dehors de toute loi (puisque la détermination suivant des lois naturelles ne joue plus du fait de la liberté) – ce qui se contredit»[1]. Ainsi pour Kant, la volonté peut être *bonne* (autonomie); elle peut être *mauvaise* (hétéronomie: la faute est exception et transgression de la loi par affaiblissement de son universalité en généralité); il faut montrer ainsi que la volonté peut être *méchante* (Kant dit: «*perverse*»), car il y a une positivité du mal qui n'est pas seulement un moindre bien; mais il faut nier qu'il puisse exister une volonté *maligne* (Kant dit «*dépravée*») qui serait volonté du mal. C'est en somme parce que pour lui toute volonté est rationnelle et qu'il ne peut y avoir «d'anti-raison»: au-delà de l'alternative de l'*autonomie* et de l'*hétéronomie*, une pure dépravation serait «*anomie*», puisque d'une part, étant l'œuvre d'une liberté, on ne pourrait pas dire qu'elle serait déterminée suivant des lois naturelles, et que d'autre part, étant l'œuvre d'une liberté en révolte contre la loi morale, on ne pourrait pas dire non plus qu'elle serait

1. *La Religion dans les limites de la simple raison*, trad. fr. J. Gibelin, Paris, Vrin, 1952, Première partie, § III, p. 56.

déterminée suivant cette dernière. Or les lois de la nature et de la liberté sont toutes les lois possibles. Bref, la raison étant législatrice ne saurait se mettre en dehors de toute législation.

C'est dans la profondeur de cette notion de « *loi rationnelle* » que peuvent se fondre les deux aspects, *juridique* et *scientifique*, dont nous avons vu que l'alliance définissait la spécificité de la philosophie critique. Le titre même de « *Critique de la raison pure* » tolère deux interprétations :

a) en un sens *objectif*, Kant annoncerait qu'il s'intéressera seulement à une raison coupée de tout *a posteriori*. *Cf.* Introduction VII : « Une connaissance est dite absolument *pure* quand on y trouve, en général aucune expérience ou sensation, quand elle est, par suite, possible complètement *a priori* » (46, A11); dans le même sens, *Critique de la faculté de juger*, Préface : « On peut appeler *raison pure* la faculté de la connaissance par des principes *a priori* » (p. 17). D'autre part, cependant, cette élimination de tout *a posteriori*, à la différence de ce qui se passe lorsque la logique générale (formelle) fait abstraction de tout contenu de la pensée, n'a pas pourtant pour résultat de nous laisser en face d'une raison « faculté subalterne destinée à fournir à des connaissances données une certaine forme, la forme logique »; elle nous découvre une raison qui même ainsi isolée « demeure une source propre de concepts et de jugements qui ne viennent que d'elle », donc susceptible d'un usage que Kant appelle « *pur* » par opposition à « logique » (*cf.* Dialectique transcendantale, Introduction II C, 258, A305/B362). Ainsi « la raison étant le pouvoir qui nous fournit les principes de la connaissance *a priori*, la raison pure est celle qui contient les principes qui servent à connaître quelque chose absolument *a priori* » (Introduction VII, 46, A11/B24);

b) en un sens *normatif* : la raison une fois critiquée sera par là même *rendue pure*, épurée. Mais si l'on parvient ainsi à la rendre à elle-même dans sa pureté, il faut bien que de quelque façon on ait commencé par la trouver « impure ». Kant eut l'occasion, sinon de prendre conscience de cette difficulté, du moins de s'expliquer sur ce point au début de la Préface et de l'Introduction de la *Critique de la raison pratique*, en justifiant le titre de cet ouvrage, titre ou l'épithète de « pur » disparaît, bien qu'il arrive ensuite à Kant de parler de raison pure pratique. L'ouvrage doit en effet « uniquement établir qu'il y a une raison pure pratique et c'est dans ce but qu'il en critique le pouvoir pratique. S'il atteint ce but, il n'a pas besoin de critiquer le pouvoir [pur] [1] en lui-même pour savoir si la raison, en s'attribuant présomptueusement un tel pouvoir, ne s'outrepasse pas elle-même, comme cela lui arrive dans l'usage spéculatif. Si elle est réellement pratique, en tant que raison pure elle prouve par ce fait même sa réalité et celle de ses concepts » (Préface, p. 1). Donc « *la raison pure, quand on a montré qu'elle existe, n'a pas besoin de critique*, car c'est elle qui contient elle-même la règle pour la critique de tout son usage » (Introduction, p. 13-14).

La solution de cette difficulté va se lier à celle d'une autre aporie qu'on pourrait trouver dans la critique comme tribunal, où la raison sera nécessairement à la fois *juge et critique*.

1. Nous suppléons entre crochets le terme de pur omis dans la traduction Picavet (PUF) citée par Guillermit. Ce qui est en cause, ce n'est pas la raison pure comme telle, c'est que le pouvoir pratique de la raison puisse avoir aussi un usage pur. Ce pourquoi il convient de traduire par *raison pratique pure* et non par « raison pure pratique ». *Cf.* désormais la traduction de J.-P. Fussler, Paris, GF-Flammarion, 2003, p. 89 et la mise au point en note 1, p. 299.

a) La première forme que puisse prendre ce que nous avons appelé l'épuration critique, la plus proche du sens objectif que nous avons distingué, c'est, comme on peut s'y attendre, la *discrimination* du domaine de l'*a priori* et de celui de l'*a posteriori*. Ce qui allait déplaire à certains de ses contemporains et successeurs, de Hamann vilipendant le « Purismus » kantien à Hegel clamant les méfaits de l'entendement diviseur[1], Kant en fait le point essentiel de toute entreprise philosophique : « Il est de la plus haute importance d'isoler des connaissances qui sont distinctes des autres par leur espèce et leur origine et de les empêcher soigneusement de se mêler et de se confondre avec d'autres avec lesquelles elles sont ordinairement liées dans l'usage. Ce que fait le chimiste dans la séparation des matières, le mathématicien dans la théorie pure des grandeurs, le philosophe est encore plus tenu de le faire afin de pouvoir déterminer sûrement la part qu'un mode particulier de la connaissance a dans l'usage courant de l'entendement, sa valeur et son influence *propres*. La raison humaine depuis qu'elle a commencé de réfléchir n'a jamais pu se passer d'une métaphysique, bien qu'elle n'ait pas su la *dégager* suffisamment de tout élément *étranger*. Il faut avouer que la distinction des deux éléments de notre connaissance dont l'un est pleinement *a priori* en notre puissance, tandis que l'autre ne peut être tiré qu'*a posteriori* de l'expérience est toujours demeurée très obscure même chez les penseurs de profession et que *par conséquent* la *délimitation* d'un mode particulier de connaissances, ni *par suite* la juste idée d'une science qui ne cesse de hanter la raison

1. J.G. Hamann a publié en 1784 une *Metakrtitk über den Purismum der Vernunft* (Métacritique, sur le purisme de la raison).

humaine n'ont jamais pu être réalisées» (Architectonique, 563-564, A842/B870).

b) Mais surtout cette épuration constituera ce que Kant appelle le passage de « l'état de nature » à « l'état juridique ou civil » de la métaphysique. Ce passage est dans l'ordre des choses et de l'histoire : le sublime de la voûte étoilée a d'abord donné l'essor à une astronomie qui ne tarda pas à sombrer dans les ténèbres de l'astrologie, celui de la loi morale dans le cœur à une moralité qui dégénéra en fanatisme et superstition : « Il en est ainsi de toutes les tentatives encore frustes où l'essentiel du travail dépend de l'*usage de la raison*, qui ne s'acquiert pas de lui-même, comme celui des pieds, par la seule fréquence de l'exercice » (*Critique de la raison pratique*, p. 174). (De là se tirerait une réponse par anticipation à l'objection que fait Hegel dans l'*Encyclopédie* (§ 10, Remarque) au projet kantien de commencer par l'examen du pouvoir et des limites de l'instrument de connaître, projet aussi sage que celui du scolastique qui voulait apprendre à nager avant de se risquer dans l'eau [1] (rapprocher de ceci la comparaison tirée des arts mécaniques, où les outils grossiers que l'homme fabrique d'abord lui permettent d'en forger d'autres, que fait Descartes en la Règle VIII pour expliquer que « rien n'est plus utile que, de chercher ce qu'est la connaissance humaine et jusqu'où elle s'étend … et de déterminer les limites de l'esprit », – la comparaison se retrouve chez Spinoza, *Réforme de l'entendement*, § 26-27 [2]). Ainsi la raison à l'état de nature légifère déjà,

1. *Encyclopédie des sciences philosophiques*, I, *La science de la logique*, trad. fr. B. Bourgeois, Paris, Vrin, 1979, p. 174.

2. Descartes, *Regulae ad directionem ingenii*, AT X, p. 397-398. – Spinoza, *Traité de la réforme de l'entendement*, trad. fr. Ch. Appuhn, Paris, GF-Flammarion, 1964, p. 189 *sq*.

comme c'est sa fonction : produisant principes et lois, elle se manifeste comme pouvoir de connaître et source de toute science possible. Mais ce dont, dans cet état de nature, elle n'a pas encore la science, c'est de l'*usage* de ce pouvoir, de ces principes et de cette législation. Inculte, non critiquée, impure, elle ne se connaît pas encore elle-même. De là vient qu'elle commet des *confusions* de pouvoir, des *abus* de pouvoir, qu'elle tombe dans des « méprises » et des « malentendus ». Source de toute science, il lui manque encore d'avoir celle d'elle-même. Faisant les lois, elle ne s'est pas encore inquiétée de connaître les conditions de leur légitime application. Mais qui pourrait en juger et trancher les litiges que fait surgir l'application, sinon elle-même ? Il s'agit là de ce que la section IV de l'Antinomie appelle « *quaestio domestica* » : « Aucune des questions qui concernent un objet donné à la raison pure n'est insoluble pour cette même raison humaine … le même concept qui nous met en état de poser la question doit aussi nous rendre absolument capable d'y répondre » (365-366, A477/B505). Ici, en l'espèce, la raison étant législatrice suprême, c'est à elle qu'il revient de se constituer souverainement en juridiction suprême, en tribunal de dernière instance. Cour de cassation pourrait-on même dire, en ceci que cette dernière sans avoir à connaître du fond, doit seulement dire si le verdict a ignoré ou méconnu le droit ou le domaine de légitimité défini par la loi, car précisément : « La critique n'a proprement *aucun domaine* pour ce qui est des *objets* ; elle n'est pas en effet une doctrine, elle n'a qu'à rechercher *si* et *comment* étant donné la nature de nos facultés, on peut leur demander une doctrine » (*Critique de la faculté de juger*. Introduction III, p. 25). *Science* du *légitime* usage de ses propres principes législateurs, telle sera la critique de la raison. Donc *science a priori* de l'*usage* de l'*a priori*. Une telle formule souligne l'étrangeté et l'inévitable difficulté de l'entreprise, telle que peut-être Kant cherchait à la désigner à Marcus Herz en lui écrivant en 1781 qu'« une entreprise comme la Critique restera toujours pénible car elle contient la métaphysique de la métaphysique »[1], – telle qu'elle se concentre aussi, comme nous verrons, dans le redoutable terme technique employé par Kant pour qualifier sa philosophie, le terme « transcendantal ». De cette philosophie transcendantale, de cette science, la Critique est l'idée intégrale (Introduction, 47, A13/B27). Elle est qualifiée de transcendantale parce qu'elle se « propose non l'extension des connaissances mêmes, mais leur *justification* (*Berichtigung*) et qu'elle doit fournir la pierre de touche qui décide de la *valeur* ou de la *non-valeur* de toutes les connaissances *a priori* » (47, A12/B26), … « et j'appelle transcendantale toute connaissance qui en général s'occupe moins des objets que, de nos concepts *a priori* des objets (*variante de B* : que de notre *manière* de connaître les objets en tant que ce mode de connaissance doit être possible *a priori* » (*ibid.*, 46, A11-12/B25).

Textes qui nous font retrouver une fois encore l'alliance indissoluble dans la notion de Critique du *juridique* et du *scientifique* ; la Critique est indissolublement *connaissance* et *jugement*, *examen* (*Prüfung*) et *justification* (*Berichtigung*). Cette connaissance de soi à nouveaux frais est *conscience* au sens le plus plein du terme, puisque la raison s'y instaure comme norme de toutes les normes : « La philosophie transcendantale, peut-on lire dans l'*Opus postumum*, est la conscience de la faculté de se faire l'auteur du système de nos idées »[2].

1. Lettre d'après le 11 mai 1781, *Correspondance*, *op. cit.*, p. 181.
2. AKXXI, 91, traduction (un peu différente) dans *Opus postumum*, trad. fr., présentation et notes F. Marty, Paris, PUF, 1986, p. 232.

III. La méthode et le problème

Prenant maintenant appui principalement sur les deux textes de la Préface de la 2e édition et de l'Introduction, nous allons suivre dans ses spécifications fondamentales ce projet d'une Critique dont nous avons d'abord essayé de comprendre le double caractère juridique et scientifique. Les deux pôles de cette étude seront :

1) la méthode : révolution copernicienne ;

3) le problème général de la raison pure : possibilité des jugements synthétiques *a priori*.

Elle passera par :

2) l'examen des deux notions d'*a priori* et de *transcendantal*.

1/ *Le principe de la révolution copernicienne*

Ce que nous avons appelé précédemment le « diagnostic » de Kant le mettait déjà sur la voie d'une recherche concernant la méthode. Le refus de se résigner à admettre l'impossibilité de la métaphysique est animé chez lui non seulement, comme nous l'avons vu, par la conviction fondée sur une téléologie que « la nature n'a pas pu mettre en vain en notre raison cette tendance infatigable qui lui fait rechercher la trace de la métaphysique comme si c'était un de ses intérêts les plus considérables » [1], mais aussi par une sorte d'acte de foi dans la valeur (qui n'est pas sans rappeler celui de Socrate répondant à

1. L. Guillermit transpose en réponse ce que Kant formule d'abord, dans la Préface à la seconde édition, comme une question : « Pourquoi donc la nature a-t-elle mis dans notre raison cette tendance infatigable qui lui en fait rechercher la trace comme si c'était un de ses intérêts les plus considérables ? » (18, B XV). Mais il est exact que la réponse de Kant est bien que « ce n'est pas en vain ».

l'argument sophistique de Ménon concluant à l'impossibilité de la recherche scientifique par un acte de foi dans la valeur des croyances religieuses en une réminiscence, – ou encore mettant ses interlocuteurs en garde, à la fin du *Phédon*, contre le danger de *misologie*, terme que Kant reprendra dans les *Fondements de la Métaphysique des mœurs*[1]); une raison fallacieuse ne serait pas moins intolérable qu'un Dieu trompeur: « Combien peu de motifs nous avons de nous fier à notre raison si seulement elle nous abandonne dans un des sujets les plus importants de notre curiosité, mais si encore elle nous amorce par des illusions d'abord pour nous tromper ensuite ? » (Préface à la 2e édition, 18, BXV). Il *faut* donc *croire* que l'aberration de la métaphysique relève seulement d'une « méprise », d'un « malentendu » : on a dû se tromper de route, mais il doit y en avoir une autre. Ainsi s'impose déjà le projet d'un *changement de méthode*.

Mais ce n'est pas tout: croire à la fécondité d'un tel changement de méthode, c'est du même coup s'affirmer certain de la possibilité de la constitution d'une *nouvelle science*. Supposé, en effet, comme ce sera précisément le cas, que la Critique conclue à l'impossibilité de conférer un statut scientifique à la métaphysique ancienne, non seulement nous aurons la science de l'impossibilité d'une telle métaphysique, mais, par une corrélation nécessaire, nous aurons la science de la possibilité d'une nouvelle métaphysique, celle-ci dût-elle se borner à être science des limites de la raison. Ainsi se trouve reprise l'idée du Socrate du *Charmide*: toute science étant science de quelque chose et de son contraire, la science de la science sera aussi science de l'in-science[2]. Puisque « l'on ne

1. Trad. fr. V. Delbos, revue par A. Philonenko, Paris, Vrin, 2004, p. 84.
2. Platon, *Charmide*, 166e *sq.*

peut pas s'en tenir à la simple disposition naturelle pour la métaphysique, c'est-à-dire au pouvoir rationnel par lui-même … il faut qu'il soit possible d'arriver en ce qui la concerne à la certitude ou de la connaissance ou de l'ignorance des objets, c'est-à-dire de se prononcer ou sur les objets de ses questions, ou sur le pouvoir ou l'impuissance de la raison de rien juger par rapport à elle, et par suite, ou d'étendre avec confiance notre raison pure, ou de lui poser des bornes déterminées et sûres… *La critique de la raison finit donc nécessairement par conduire à la science* » (45, B22). Dans ces conditions, s'éclaire comme très naturelle la démarche que Kant retrace au début de la Préface à la 2e édition, qui le fait se retourner vers l'histoire des disciplines qui ont déjà trouvé leur statut scientifique, ou plutôt, comme il dit, « la voie sûre de la science ». Dans ces conditions également il peut s'arrêter à un critère descriptif assez sommaire de celles qui se trouvent dans ce cas, critère tout pragmatique : *le résultat*. Y a-t-il « embarras devant les conclusions », « retour en arrière et changements de route », « désaccord entre les chercheurs » ? Voilà des signes tout à fait suffisants de l'existence d'un « tâtonnement » qui exclut la qualification de scientifique. Soumises à cette pierre de touche, trois disciplines résistent à l'épreuve : la logique (mais elle est moins une science que « le vestibule » de toutes les sciences), la mathématique et la physique. Il n'est à aucun moment question d'y chercher un modèle au point de vue de la *structure*, ni même de la *méthode*, pour la nouvelle science métaphysique. Nous savons déjà comment Kant était préservé d'une telle tentation. Seule leur *histoire* l'intéresse ici, ou même plus précisément la façon dont elles sont sorties de leur « *préhistoire* », c'est-à-dire de leurs « tâtonnements » pour devenir des sciences.

Non qu'il soit davantage question de « répéter » ce passage pour le compte de la métaphysique, mais très précisément les « *avènements* » scientifiques de la mathématique et de la physique offrent une similitude assez remarquable pour qu'ils prennent valeur de « *paradigmes* », la fonction des exemples étant, selon une indication qu'on trouve à la fin de la *Critique de la Raison pratique*, « de servir à la fois d'*avertissement* et de *modèle* »[1]. C'est dans ces conditions et avec ces précisions essentielles, que Kant est conduit à « penser que l'exemple de la mathématique et de la physique qui par l'effet d'une révolution subite <la raison se détournant d'une expérience dont elle devrait attendre toute révélation pour se retourner vers elle-même et ses propres ressources, *L.G.*> sont devenues ce que, nous les voyons, était assez remarquable pour faire réfléchir sur le caractère essentiel de ce changement de méthode qui leur a été si avantageux et pour porter à l'imiter ici – du moins à titre d'essai – autant que le permet leur analogie en tant que connaissances rationnelles avec la métaphysique (Préface à la 2e édition, 18, BXV-XVI). Tels sont donc l'*avertissement* et la *leçon* : un changement de méthode assez profitable pour qu'il vaille la peine d'être *tenté*, d'autant que :

1) on peut s'y sentir autorisé puisqu'il s'agit dans les trois cas (mathématique, physique, métaphysique) d'œuvres de la raison.

2) On ne s'y risquera qu'à titre d'essai (*Versuch*).

3) Il ne s'agira que d'une hypothèse qu'après tout, il n'est pas absurde de mettre en concurrence avec ce qui n'est aussi après tout qu'une hypothèse : certes que la connaissance soit

1. Plutôt qu'une citation littérale, la formule est un condensé de l'exposé de la *Méthodologie de la raison pratique pure*, p. 164 sq, qu'on complètera par le § 51 (et la note) de la *Métaphysique des mœurs, Doctrine de la Vertu*.

subordonnée à son objet, qu'elle doive se régler sur lui comme on l'a jusqu'à présent admis, cela peut passer pour évidence de bon sens, mais n'en disait-on pas autant de « l'hypothèse » de Ptolémée considérant la terre immobile au centre de l'univers jusqu'à ce qu'on reconnaisse la supériorité de l'hypothèse de Copernic ?

C'est donc la prise en considération de *deux* paradigmes qui conduit Kant à faire l'essai de sa nouvelle méthode :

1) l'exemple remarquable de la *révolution* pas laquelle mathématique et physique sont sorties des tâtonnements pour entrer dans la voie de la science ;

2) l'exemple d'un changement d'hypothèse ayant pour résultat de permettre à une discipline de sortir d'une impasse et d'accomplir un progrès décisif.

Il est vrai que les deux paradigmes se trouvent finalement converger en une image unique : celle du *renversement*, de la *révolution* ; il n'est cependant pas sans intérêt de s'arrêter un peu à leur *distinction* et même à la subordination du second au premier.

A. Nous avons parlé de l'*avertissement* (de la leçon) que comportait le premier. Quel est-il ?

1) Dans sa forme générale on pourrait l'exprimer : du bon usage possible d'une *conversion*, c'est-à-dire lors même qu'on pourrait être tenté de croire que la bonne voie est celle qui s'impose d'abord (« se laisser conduire en laisse par cette nature » auprès de laquelle nous apprenons ce qu'elle est), les deux cas des mathématiques et de la physique nous montrent qu'il peut être profitable de suivre la voie exactement opposée. Et l'on peut remarquer que cet avertissement se trouve corroboré par l'autre paradigme, celui du succès de Copernic contre Ptolémée.

2) Mais plus précisément et plus profondément, l'avertissement porte sur le fond et le contenu, se traduisant alors ainsi par la reconnaissance du profit que l'on peut trouver à affranchir la *raison* de la tutelle de l'*expérience*; non qu'il s'agisse évidemment de l'illusion de la colombe s'imaginant qu'elle volera mieux dans le vide, mais bien de ceci : pour que la raison puisse entretenir de bons rapports avec l'expérience, il faut qu'elle commence par ne pas se mettre à sa remorque, qu'elle se rende à elle-même et conserve l'initiative.

Mais nous serions ainsi conduits à proposer de comprendre que la signification du premier paradigme est celle d'un acte de naissance du *pur*, de l'absolument *a priori*.

B. Le second paradigme ne parait pas se situer sur le même plan : il ne s'agit pas cette fois de la naissance d'une science, de son premier surgissement, mais, dans le cadre d'une recherche dont on peut admettre qu'elle a déjà trouvé la voie de la science, d'un problème qu'on pourrait dire d'ordre technique et épistémologique, celui dont on peut voir, à l'aube de la science moderne, un Descartes, par exemple, hériter sous le nom d'« *equipollentia hypothesum* » [1]. Il arrive que la science ait à choisir entre deux hypothèses, qui en tant que telles peuvent paraître également acceptables en principe (voir Poincaré justifiant ce qu'on appellera d'un mot malheureux son « commodisme » justement par l'exemple Ptolémée-Copernic [2]). Ce qui permet de les départager, ce n'est pas quelque chimérique

1. Sur l'origine et l'histoire de la formule de l'« équivalence des hypothèses », on se reportera encore à P. Duhem, ΣΩΖΕΙΝ ΤΑ ΦΑΙΝΟΜΕΝΑ, *Essai sur la notion de théorie physique de Platon à Galilée* (1908), Paris, Vrin, 1990.

2. *Cf.* H. Poincaré, *La science et l'hypothèse* (1902), Champs-Flammarion, Paris, 1968, troisième partie, chap. VII, « Le mouvement relatif et le mouvement absolu » (p. 132-133 pour la référence à Copernic).

« expérience cruciale », c'est ce qu'on appelle leur fécondité, c'est-à-dire le plus ou moins grand nombre de phénomènes qu'elles permettent d'expliquer et d'unir par des relations métriques. Mais, comme on voit, cela suppose qu'on ait déjà quelque chose à expliquer, – dans le langage platonicien, qu'on sache déjà ce qu'on ne sait pas, qu'on ait déjà une conception assez précise de ce dont il s'agit de rendre compte et de fonder en raison (λογόν διδοναι). Or, tel est bien le cas de Kant comme le révèle précisément la phrase capitale qui introduit à un extraordinaire raccourci de toute la Critique : « Supposons que les objets doivent se régler sur notre connaissance, ce qui s'accorde déjà mieux avec la *possibilité désirée* d'une connaissance *a priori* de ces objets qui établisse quelque chose à leur égard *avant* qu'ils nous soient donnés » (19, BXVI).

En sorte que nous nous proposons cette fois de comprendre que, de même que le premier paradigme ouvrait carrière à l'*a priori*, le second ouvre la voie à une *science* concernant cet *a priori* qui va définir la philosophie comme *transcendantale*.

Mais l'exploitation sinon la justification de ces vues appelle un examen de ces notions d'*a priori* et de *transcendantal*.

2/ *L'*a priori *et le transcendantal*

A/ *L'*a priori

C'est une notion que Kant hérite d'une tradition déjà longue et dont il renouvelle le sens. Sans chercher à esquisser une histoire de la notion, on se souviendra que la scolastique l'appliquait aux rapports de cause à effet, de principe à conséquence : connaître *a priori* c'est connaître par la cause, raisonner *a priori*, c'est aller de principes à conséquences. Pour prendre un exemple célèbre, saint Thomas niait qu'on pût connaître Dieu *a priori*, c'est-à-dire par sa cause [1].

Cet emploi se retrouve chez Descartes et ses successeurs. Avec Leibniz, on voit poindre une précision nouvelle : l'opposition de l'*a priori* et de l'*a posteriori* tend à devenir celle d'une connaissance par *pure raison* et d'une connaissance par expérience : « connaître *a priori* et non par expérience » dit le *Discours de Métaphysique*, article 8 [2] – et Wolff accrédite ce sens : on connaît une vérité *a priori*, dit-il, quand on la tire par le seul raisonnement de vérités déjà connues ; la connaître *a posteriori*, c'est l'établir au moyen des sens [3]. Il arrive à Kant de reprendre cette signification : lorsqu'il dit, par exemple que tous les jugements analytiques sont *a priori*, même si leurs concepts sont empiriques, il est visible qu'il songe seulement au mode de dérivation par la pensée. Mais nous avons déjà vu que Kant est loin de croire que la raison épuise ses ressources dans son usage « logique » de « raison raisonnante » : il lui découvre un usage « pur » en tant que « source propre de concepts et de jugements qui ne viennent que d'elle » [258, A305/B362]. Par là se trouve désignée pour la notion d'*a priori* une signification dont la nouveauté est assez attestée par les réactions de ses contemporains. C'est peut-être ce qui amena Kant à écrire dans la 2e édition de la Critique deux nouvelles sections pour le début de l'Introduction, consacrées

1. *Somme théologique*, Question 2, 2.

2. Texte cité *supra*, note 3, p. 27-28.

3. « Pour découvrir la vérité par nos propres forces, soit nous nous servons des sens seulement, soit nous tirons par le raisonnement des choses connues les choses non encore connues. Nous disons dans le premier cas découvrir la vérité *a posteriori*, mais dans le second *a priori* », Wolff, *Philosophia rationalis sive Logica*, Francfort-Leipzig, 1728, § 663.

à la distinction du pur et de l'empirique et à la présentation de l'*a priori* (31-34, B1-6). Ce texte nous paraît appeler deux ordres de remarques :

1) Kant y indique deux critères permettant de reconnaître l'*a priori* : la nécessité et l'universalité. Mais le mode d'emploi de ces critères leur confère un tour négatif d'exclusion, puisqu'ils permettent de reconnaître qu'une connaissance n'est pas empirique. Certes, il en résulte qu'ils deviennent « les marques sûres d'une connaissance *a priori* » ; encore est-il précisé que si « pris ensemble » ils sont bien tels, cependant « dans l'application, il vaut mieux en user séparément pour plus de sûreté, parce qu'il est parfois plus facile de montrer la limitation empirique que la contingence des jugements, et parfois il est aussi plus convaincant de faire voir l'universalité illimitée d'un jugement que d'en indiquer la nécessité » (33, B4), réserve qui prend d'autant plus d'importance que Kant vient de dénoncer la méprise d'une fausse universalité empirique, « élévation arbitraire de la valeur ».

2) D'autre part, on ne peut manquer de remarquer le caractère *psychologique* de la reconnaissance par ces critères de l'*a priori* : « On reconnaît qu'un concept a son siège *a priori* dans le pouvoir de connaissance *poussé par la nécessité* avec laquelle il s'impose à nous » (34, B6). Plus haut, Kant prend l'exemple de la causalité, ce qui laisse supposer qu'il songe à l'empirisme de Hume avec lequel il poursuit le dialogue que Leibniz avait noué dans les *Nouveaux Essais* avec Locke, et on y trouve en effet la reprise d'une thèse fréquemment énoncée dans ce dernier ouvrage (par exemple au Livre IV, chap. 11, § 10 : « La vérité des choses sensibles se justifie par leur liaison qui dépend des vérités intellectuelles fondées en raison »). À la méthode habituelle de *défi* des empiristes : montrez-moi ce que vous dites dans l'expérience, Kant réplique par un autre

défi : « D'où l'expérience pourrait-elle tirer sa *certitude* si toutes les règles suivant lesquelles elle procède n'étaient jamais qu'empiriques et par là contingentes ? » (34, B5). Au niveau où il se situe, cet affrontement de défis et cette confrontation de certitudes psychologiques ne sauraient conduire à des conclusions bien convaincantes. Kant est d'accord avec Hume pour admettre que la connaissance était dépassement du donné ; il faut chercher dans l'esprit les conditions de possibilité de ce dépassement : il les désigne comme principes *a priori* de la raison, alors que Hume les avait nommées principes de la nature humaine (association et habitude). Mais tant qu'il ne s'agit que de rendre compte de cette certitude subjective que Hume avait appelée croyance (*belief*), on ne voit pas encore ce qui pourrait manifester de façon éclatante la supériorité de la solution kantienne. Aussi bien il apparaît que Kant a conscience des inévitables limites de l'ambition de ce texte initial de présentation de l'*a priori* : « Nous pouvons nous contenter d'avoir exposé *ici* à *titre de fait* et avec ses critères l'usage pur de notre connaissance » (*ibid.*). Poser cette existence et en donner le signalement, c'est tout ce qu'il peut faire pour l'instant ; qu'il puisse s'en contenter, nous sommes préparés à le comprendre par ce que nous avons dit précédemment de sa conception de la raison : il lui paraît suffisamment admis que définir l'homme comme animal raisonnable, c'est nier qu'il *ne* soit *qu'un* être purement « naturel », simple carrefour et lieu de passage de déterminismes de toutes sortes ; que c'est affirmer corrélativement qu'il est source de normes et de lois, puissance normative et législatrice, ce qui est, du même coup, définir la raison comme faculté pure *a priori*. Supposition sans doute, supposition inverse de celle de Locke que Leibniz avait disqualifiée comme « pure fiction de la table rase », mais supposition justifiée cependant par un « fait » lui-même non-empirique, le fait de la raison elle-même (*factum rationis*) dans son évidence irrécusable : l'existence de jugements nécessaires et universels qui constituent le tissu même de la connaissance en ce qu'elle a de proprement scientifique; fait irréfutable, car comment « prouver par la raison qu'il n'y a pas de raison » : « Nous disons que nous connaissons une chose par la raison seulement quand nous avons conscience que nous aurions pu la connaître même si elle ne nous avait pas été présentée ainsi dans l'expérience; partant, connaissance *rationnelle* et connaissance *a priori* sont choses identiques » [*Critique de la raison pratique*, p. 9].

Ainsi ce texte initial de la Critique introduisant la notion d'*a priori* se présente essentiellement comme la désignation d'une sorte de connaissance par la désignation de son origine (phrase typique en ce sens : « Quand un jugement possède essentiellement une stricte universalité, on connaît à cela qu'il *provient d'une source* particulière de la connaissance, d'un pouvoir de connaître *a priori* » (TP 33, B 4)).

Si nous avons particulièrement insisté sur les limites des prétentions de Kant dans ce texte, c'est qu'il nous faut maintenant voir que la signification de cette première démarche en fait un moment essentiel, mais cependant inévitablement provisoire, incomplet et simplement préalable de l'investigation critique. Ce point important risque de demeurer d'autant plus facilement inaperçu que Kant ne s'est guère expliqué de façon directe sur la dualité de ces moments, bien qu'il les ait désignés explicitement par les deux qualificatifs distincts de « *métaphysique* » et de « *transcendantal* ». Nous allons donc proposer de comprendre que le procédé (quel qu'il soit : exposition ou déduction) qualifié de métaphysique est la découverte et la désignation d'une *origine*, qualifiée *a priori*, mais l'examen du sens de cette notion d'origine nous montrera que sa désignation, bien qu'elle constitue un prélude nécessaire, appelle non moins nécessairement la démarche complémentaire qui vient lui conférer son véritable sens et que Kant qualifie de *transcendantale*.

La notion kantienne de « métaphysique » est commandée de façon fondamentale par la distinction et l'opposition de l'*empirique* et du *rationnel*, de l'*a posteriori* et de l'*a priori*, de « l'historique » et du « rationnel » (au sens où Kant définit ces termes dans de l'Architectonique, 560, A835-836/B863-864 : « Si je fais abstraction de tout contenu de la connaissance, elle est alors, *subjectivement*, ou *historique* ou *rationnelle*. La première est *cognitio ex datis*, la seconde *cognitio ex principiis*. Une connaissance donnée originairement, quelle qu'en soit l'origine, est pourtant historique dans celui qui la possède quand il ne sait rien de plus que ce qui lui a été donné d'autre part… Les connaissances rationnelles qui le sont objectivement (c'est-à-dire qui ne peuvent résulter originairement que de la propre raison de l'homme) ne peuvent donc porter ce nom aussi subjectivement que si elles ont été puisées aux sources de la raison, … tirées de principes »). Ce à quoi le « métaphysique » s'oppose massivement c'est à « l'anthropologique » : ce dernier « résultant de la connaissance purement expérimentale de l'homme » est radicalement distinct de « l'anthroponomie, c'est-à-dire tout ce qui est donné par une raison absolument législatrice » (*Doctrine de la Vertu*, Introduction XIII). Relève de cette anthroponomie toute entreprise *logique* ou *éthique*, qui comme telles doivent être immédiatement dissociées de tout point de vue simplement *psychologique*. Voir là-dessus les *Leçons de logique*, Introduction : « Recourir à la psychologie serait aussi absurde que de tenter de tirer la morale de la vie. Il ne s'agit absolument pas des règles *contingentes* (comment nous pensons en fait) mais des règles *néces-*

saires qui doivent être tirées de l'usage nécessaire de l'entendement, que *sans aucune psychologie* on trouve en soi (p. 12) [...]. La logique est une science de la raison non seulement par sa forme, mais par sa matière, une science *a priori* des lois nécessaires de la pensée, non pas à l'égard de certains objets, mais de tous les objets en général, par suite une science du droit usage de la raison, de l'entendement en général, non pas subjectivement; c'est-à-dire selon des principes empiriques, psychologiques (comment l'entendement pense) mais objectivement, c'est-à-dire selon des principes *a priori* (comment il doit penser) » (*Logique*, p. 14-15). C'est une confusion dirimante aux yeux de Kant que celle d'une *genèse* empirique, psychologique, et d'une « fondation » (*Grundlegung*) *logique*, celle de l'*origine* chronologique et d'un *fondement* logique.

Si, dans les deux éditions, le style de la première phrase de la Critique l'apparente au fameux *Oui* ..., du premier vers de la tragédie racinienne : « Sans aucun doute... Cela ne soulève aucun doute », c'est non seulement parce que la Critique renoue avec le dialogue des *Nouveaux Essais* (publiés en 1765) entre l'empirisme et le rationalisme, mais parce que le vrai point d'attaque de l'entreprise critique est dans cette disjonction de l'« *entspringen* » et de l'« *anheben* » : que toute connaissance *commence* avec l'expérience n'impose pas de conclure qu'elle en vient toute. « Relativement aux concepts d'entendement, dira le § 13 (101, A86/B 118-119), comme à toute connaissance, on peut chercher dans l'expérience sinon le principe de leur possibilité, du moins les causes occasionnelles de leur production... Mais relativement à leur *usage* futur qui doit être entièrement indépendant de l'expérience, ces concepts doivent présenter un tout autre acte de naissance que celui de leur origine expérimentale ». Ainsi est mise hors-jeu la *dérivation* physiologique de l'entendement qu'à tentée

Locke, et aussi toute genèse des facultés qui ne parvient pas à dégager l'épistémologique du psychologique. Si l'on veut *fonder* l'expérience, il faut commencer par la *quitter*. Démarche paradoxale, mais suite normale de la révolution copernicienne qui a pour effet de dédoubler la notion d'expérience, comme Kant eut l'occasion de s'en expliquer clairement lorsque les besoins de l'exposé populaire des *Prolégomènes* l'amenèrent à proposer une distinction du jugement de perception et du jugement d'expérience (voir § 22, note, p. 74 : « Quand je dis que l'*expérience* m'enseigne quelque chose, je n'ai jamais en vue que la perception qu'elle contient, par exemple, la succession : rayonnement solaire – pierre chaude. Que l'échauffement résulte nécessairement de ce que la pierre est éclairée par le soleil, c'est contenu dans le jugement d'expérience (grâce au concept de cause), mais cela, l'expérience ne me l'enseigne pas, au contraire l'*expérience* est produite par cette adjonction du concept d'entendement (concept de cause) à la perception ». – On retrouvera un dédoublement comparable entre le sens ordinaire et le sens critique du mot : objet). Fonder l'expérience et la connaissance exige qu'on dépasse le stade de la simple représentation dont les aspects proprement psychologiques interdisent de poser le problème épistémologique de la constitution des règles de l'expérience scientifique. Loin d'être la philosophie de l'expérience, l'empirisme la rend impossible.

Dans ces conditions, on peut juger de l'importance de ce procédé préalable que Kant appelle « métaphysique », aussi bien dans l'Esthétique – exposition *métaphysique* (de l'espace et du temps) – que dans l'Analytique – déduction *métaphysique* (des concepts purs) : « L'exposition est métaphysique, dit Kant, lorsqu'elle contient ce que représente le concept *comme donné a priori* » (§ 2, 55, B 38) ; – « Dans la déduction métaphysique l'*origine a priori* des catégories en général a été démontrée par leur accord parfait avec les fonctions logiques générales de la pensée » (§ 26, 137, B 159). C'est-à-dire qu'on passe respectivement de l'apparence (*Schein*) au phénomène (*Erscheinung*), et du conditionné (*principiatum*) psychologique de la représentation à la condition (*principium*) logique du concept.

B/ *La notion de transcendental*

1) Introduction VII, 46, A 11-12 : « J'appelle transcendantale toute connaissance qui en général s'occupe moins des *objets* que de *nos concepts a priori* des objets ». Variante de 46 note 3, B 25 : « ... que de notre manière de *connaître* les objets en tant que *ce mode* de connaissance doit être possible *a priori* ».
2) *Prolégomènes* (Remarque III, à la suite du § 13, p. 59) : « Le terme transcendantal ne signifie jamais chez moi un rapport de notre connaissance *aux choses*, mais seulement à la *faculté de connaître* ».
3) Introduction à la Logique transcendantale II, 79, A 56/B 80 : « Et ici une observation dont l'influence doit s'étendre à toutes les considérations qui vont suivre et qu'il faut bien avoir devant les yeux : c'est qu'il ne faut pas nommer *transcendantale* toute connaissance *a priori*, mais celle seulement par laquelle nous connaissons *que* et *comment* certaines représentations (intuitions ou concepts) sont *appliquées* ou *possibles* simplement *a priori* ».

Transcendantal veut dire *possibilité* ou *usage a priori* de la connaissance. Par exemple, ni l'espace, ni une détermination géométrique *a priori* de l'espace n'est une représentation transcendantale. Seule peut-être appelée transcendantale la connaissance de l'*origine* non-empirique de ces représentations, ainsi que la *possibilité* qu'elles ont tout de même de pouvoir se rapporter *a priori* a des objets de l'expérience.

Ainsi que les objets *en général* occupent de l'espace, ce serait une vérité transcendantale ; mais c'est une connaissance empirique quand on ne considère uniquement que les objets *des sens*. « La distinction du *transcendantal* et de l'*empirique* n'appartient donc qu'à la *critique* des connaissances et ne concerne pas le rapport de ces connaissances à leur objet » [80, A57/B81] ; en effet « la critique [...] n'a proprement aucun domaine propre pour ce qui est des objets ; elle n'est pas en effet une *doctrine* ; elle n'a qu'à rechercher *si* et *comment* étant donnée la nature de nos facultés, on peut leur demander une doctrine ; le champ tout entier de leurs *prétentions* est son domaine et elle doit ramener à leurs *légitimes* limites » (*Critique de la faculté de Juger*, Introduction III, p. 25)

4) *Critique de la faculté de Juger*, Introduction V (p. 29) : « Un principe *transcendantal* est celui par lequel est représentée la *condition* générale *a priori* sous laquelle seule les choses peuvent d'une façon générale devenir *objets* de notre connaissance. Par contre, on appelle métaphysique un principe qui représente la condition *a priori* sous laquelle seuls des objets dont le concept doit être donné empiriquement peuvent être déterminés davantage *a priori* ».

Exemple : • « Le principe de la connaissance des corps comme substances et comme substances variables est *transcendantal* si l'on veut dire que leur transformation doit avoir une *cause*, mais il est *métaphysique* si l'on veut dire que leur transformation doit avoir une cause *extérieure* ».

• « En effet dans le premier cas, le corps ne peut être conçu qu'au moyen de prédicats ontologiques (purs concepts de l'entendement), par exemple comme substance, pour connaître la proposition *a priori* » ;

• « dans le deuxième cas, le concept *empirique* d'un corps comme objet mobile dans l'espace doit être mis à la base de cette proposition afin qu'on puisse reconnaître absolument *a priori* que ce dernier prédicat (du mouvement par suite d'une cause extérieure seulement) convient au corps ».

Il faut tenir compte de trois oppositions.

1/ *Transcendantal opposé à empirique*

Ce qui est non pas une donnée de l'expérience, mais une condition *a priori*. Exemple : dans la 3e synthèse de la 1re Déduction transcendantale, 120-121, A106-107 : à l'*aperception empirique* ou sens interne, simple conscience de soi opérée par les déterminations de notre état dans la perception intérieure, est opposée l'*aperception transcendantale*, conscience pure originaire et immuable « unité de la conscience qui précède toutes les données des intuitions et par rapport à laquelle toute représentation d'objets est seulement possible … L'unité numérique de cette aperception sert de principe *a priori* à tous les concepts ».

À partir de là, toute science ayant pour objet les formes, principes, idées *a priori* dans leur rapport nécessaire avec l'expérience sera dit *transcendantale*. Exemples : Esthétique, Logique, Analytique, Dialectique, Déduction, etc. …

C'est de ce point de vue que *transcendantal* devient synonyme de *critique* (autre exemple : *Prolégomènes*, p. 59, où idéalisme transcendantal = idéalisme critique) ; la critique étant « l'idée de la philosophie transcendantale dont elle esquisse le plan de façon architectonique, c'est-à-dire par principes », mais avec laquelle elle ne s'identifie pas « puisqu'elle ne va pas jusqu'à faire l'analyse détaillée de toute la connaissance *a priori*. […] Elle ne s'avance dans l'analyse qu'autant qu'il est requis pour l'appréciation complète de la connaissance synthétique *a priori* » (Introduction, 48, A13/B27).

Voir encore la définition de la Logique transcendantale distinguée de la Logique générale (79-80, A55-56/B79-80) :

a) elle ne fait plus abstraction de tout le contenu de la connaissance, du fait que l'Esthétique a distingué des intuitions *pures* et des intuitions empiriques et par conséquent ouvert la voie à une distinction entre *pensée pure* et *pensée empirique* des objets : un domaine se trouve donc délimité qui par exclusion de toutes les connaissances dont le contenu est empirique renferme simplement *les règles de la pensée pure d'un objet*, domaine qui définit la logique transcendantale, laquelle doit donc ;

b) à la différence de la logique générale s'occuper de l'*origine* de nos connaissances des objets en tant que cette origine ne peut pas être attribuée aux objets (c'est-à-dire pas à l'expérience, mais à la seule raison).

Cf. encore *Fondements de la métaphysique des mœurs*, Préface, p. 74 : « La logique générale expose les opérations et les règles de la pensée *en général* tandis que la philosophie transcendantale expose les opérations et les règles *spéciales* de la pensée *pure*, c'est-à-dire de la pensée par laquelle des objets sont connus complètement *a priori* ».

2/ *Transcendantal opposé à transcendant*

Cette opposition concerne l'*usage* des principes *a priori* de l'entendement : cet usage n'est légitime que s'il est empirique = appliqué simplement aux phénomènes, c'est-à-dire aux objets d'une expérience possible. « L'usage *transcendantal* d'un concept dans un principe quelconque consiste à le rapporter *aux choses en général* et en soi », objets qui ne se sont donnés dans aucune intuition, donc objets non-sensibles, – il s'agit donc d'un « usage sortant et s'étendant hors de l'expérience » [217, A238-239/B298].

Alors que *transcendantal* qualifie l'*usage* d'un principe, *transcendant* qualifie le principe lui-même : il est réellement tel qu'il « repousse les bornes de l'expérience et commande de les franchir » (252-253, A295-296/B352-353). La critique montrera dans sa partie dialectique « l'apparence de ces prétendus principes », – apparence qui sera qualifiée de « transcendantale », pour la distinguer de l'apparence simplement *logique*, où un défaut d'*attention* à la règle logique conduit à faire des paralogismes, qui sont des apparences de raisonnements, – et de l'apparence simplement *empirique*, où le jugement, entraîné par l'imagination, fait un usage déréglé des justes règles de l'entendement et tombe ainsi dans l'illusion (252-254, A295-297/B351-354).

3/ *Transcendantal opposé à métaphysique*

– Un principe est *transcendantal* quand il énonce une condition générale *a priori* de l'expérience en général (expérience en tant que telle, sans détermination particulière).

Exemple : Tout changement d'une substance doit avoir une cause.

– Un principe est *métaphysique* quand il énonce une *règle a priori* qui permet d'étendre *a priori*, sans secours de l'expérience, la connaissance d'un objet dont le concept a été donné *par cette expérience*

Exemple : Je tiens de l'expérience le concept empirique de *corps*, objet mobile dans l'espace : sans avoir désormais besoin d'y revenir, je puis énoncer le principe *a priori*, mais cette fois *métaphysique* : tout changement d'une substance *corporelle* doit avoir une cause extérieure.

(Ainsi les *Premiers principes de la science de la nature*, ceux de la *doctrine de la vertu*, et ceux de la *doctrine du droit*, sont métaphysiques).

La façon la plus simple de reconnaître dans le transcendantal la grande originalité du kantisme est peut-être, comme Kant lui-même paraît nous y inviter quand il vulgarise la *Critique* dans les *Prolégomènes*, de confronter sa pensée avec celle de Hume. Ce qui chez ce dernier semble avoir retenu l'attention de Kant, ce n'est pas du tout la thèse par laquelle on définit ordinairement l'empirisme : toute la connaissance vient de l'expérience, mais bien l'idée contraire en un sens que la connaissance commence avec le dépassement de ce qu'il y a de proprement empirique et *a posteriori* dans l'expérience, c'est-à-dire l'irremplaçable révélation de l'existant dans la perception.

Percevoir, c'est recevoir ce qui se donne à moi. Par exemple, l'éclat du soleil et de la chaleur de la pierre. Mon « jugement d'expérience » : « c'est le soleil qui échauffe la pierre », manifeste une prétention à dépasser ce qui m'est simplement donné puisqu'il exprime ma croyance et mon attente : *toutes les fois* que le soleil donnera sur la pierre, je la trouverai chaude. Le donné ne renfermant manifestement pas les conditions qui permettent de le dépasser ainsi, il faut chercher ce qui rend ce dépassement *possible*, ce qui le rend *légitime*.

L'intention polémique à l'égard du rationalisme a aiguisé la pénétration de Hume dans la formulation de cette question : il ne lui semblait ni que la raison avait le *pouvoir* d'effectuer un tel dépassement, ni qu'elle avait le *droit* de prétendre le faire, – et elle l'a conduit à chercher la réponse du côté des « *principes d'une nature humaine* » : l'habitude renforçant le lien d'association entre les idées jusqu'à créer la croyance et l'attente de l'effet à la seule perception de la cause par la facilité du passage de l'esprit d'une idée à l'autre.

Si Kant n'avait fait qu'opposer à cette réponse la thèse selon laquelle seul ce qui ne vient pas de l'expérience, c'est-à-dire des « principes a *priori* » issus de la raison, peuvent fonder ce dépassement des perceptions en expérience, il n'aurait pas répondu à Hume; il n'aurait en somme fait que ressusciter le traditionnel dogmatisme rationaliste contre l'empirisme.

Certes, on pourrait encore être tenté de le créditer d'un succès dans sa démonstration de l'incapacité de Hume à rejoindre, en partant de la particularité et de la contingence de l'expérience, l'universalité et la nécessité des propositions scientifiques. Mais nous avons eu déjà l'occasion de signaler le caractère tout extrinsèque de ces deux critères de l'*a priori* et la précarité de leur fondement au niveau où ils s'indiquent (Introduction [texte de la 2e édition], I, II) : il est trop clair que, si on en reste là, on se contente d'affirmer ce que précisément Hume mettait en question.

Aussi Kant est-il allé beaucoup plus loin dans la direction même indiquée par Hume. En effet, le jugement d'expérience ne se contente pas d'émettre une prétention à dépasser ce que lui donnent les perceptions : s'il laisse au philosophe le soin de la légitimer théoriquement, pratiquement il réussit de façon incontestable : comme prévu, la pierre est effectivement chaude chaque fois qu'elle est exposée au soleil. Dès lors, il est clair qu'on ne peut se contenter de faire une hypothèse sur ce qui rend la connaissance *possible*, il faut rendre compte exhaustivement de sa *réalité effective*. Admettre en l'esprit une *faculté*, ce ne doit pas être introduire la fiction commode d'une virtualité, ce doit être montrer un *pouvoir effectif*. Tant qu'on la dit « en puissance », elle n'est qu'une entité, c'est « en acte » qu'il faut la désigner. La supposer, ce n'est rien si l'on ne peut montrer qu'elle s'exerce effectivement et dans quelles conditions, et ce qui rend possible cet exercice; reconnaître que la faculté de connaissance traite les phénomènes de telle ou telle manière n'a de valeur que si l'on explique également que les phénomènes sont tels qu'ils sont effectivement susceptibles d'être traités de cette manière.

Lorsqu'il voudra montrer l'absolue nécessité de procéder à une déduction transcendantale des concepts purs de l'entendement, d'une légitimation (*Berichtigung*) de leur possibilité et de leur puissance cognitive, Kant recourra (§ 13, 103, A90-91/B123) à l'artifice didactique de cette hypothèse hyperbolique qu'il se pourrait à la rigueur que les « phénomènes soient ainsi faits, que l'entendement ne les trouvât pas du tout conformes aux conditions de son unité et que tout fût dans une telle confusion que, par exemple, dans la série des phénomènes, rien ne se présentât qui fournît une règle de la synthèse et qui correspondît par conséquent au concept de la cause et de l'effet, si bien que ce concept serait tout à fait vide, nul et sans aucun sens ».

D'une certaine façon, on pourrait remarquer que c'est même à ce niveau que se formule le problème proprement métaphysique, et, par exemple, proposer de comprendre que le projet métaphysique de Descartes surgit sur le trajet qui le conduit de ses convictions de mathématicien à ses prétentions de physicien : le dogmatisme des *Regulae* consiste à admettre que l'esprit humain dessine avec précision les limites entre lesquelles sa certitude peut être entière; mais si les longues chaînes de raisons des géomètres donnent occasion de s'imaginer que toutes les choses qui peuvent tomber sous la connaissance des hommes s'entresuivent de même façon, pour qu'une telle présomption ne soit pas déçue, il faut qu'il n'y ait dans l'univers que de l'étendue et du mouvement, bref que le monde ne soit qu'une vaste machine.

Mais *quid juris ?* S'il était au contraire, comme l'avaient cru des Stoïciens, un vaste animal sculpté par un feu artiste ? Ce qui vaut *pour moi* vaut-il également *pour soi*? La nature de mon esprit est telle, mais qui me garantira que je ne suis pas simplement de ce fait condamné irrémédiablement aux prestiges d'une fantasmagorie solipsiste ?

Ainsi un Kant, qui se serait contenté de faire valoir la puissance d'*a priori* de la raison, pourrait passer pour être resté en deçà de Hume qui, lui du moins, aurait découvert des lois de la nature humaine. De fait, Kant ne s'en prend nullement à la loi d'association « en vertu de laquelle des représentations qui se sont souvent suivies ou accompagnées finissent par s'associer entre elles et par former ainsi une liaison telle que, en l'absence de l'objet, une de ces représentations fait passer l'esprit à une autre, suivant une règle constante » (Déduction, 1re édition, 2e synthèse, 112-113, A100).

Mais il fait cette remarque essentielle : « C'est là, à la vérité, une loi *simplement empirique* [...] et cette loi de la reproduction suppose que les *phénomènes eux-mêmes* soient soumis réellement à une telle règle et que ce qu'il y a de divers dans leurs représentations, forme une suite ou une série suivant certaines règles ; car autrement, notre imagination empirique *n'aurait jamais rien à faire* qui fût conforme à son pouvoir et demeurerait donc enfouie au fond de l'esprit comme une *faculté morte* et *inconnue* à nous-mêmes. Si le cinabre était tantôt noir, tantôt léger, tantôt lourd [...], mon imagination empirique ne pourrait jamais *trouver l'occasion* de recevoir dans la pensée le lourd cinabre avec la représentation de la couleur rouge » (113, A100-101).

Loin de pouvoir en connaître la loi, je ne saurais même pas que j'ai la faculté de reproduire imaginativement si les phénomènes auxquels elle s'applique n'étaient pas tels qu'ils lui permettent de se manifester et de s'exercer comme elle le fait. Or, si la difficulté n'a pas échappé à Hume, il n'a trouvé pour la résoudre « qu'un remède qui est pire que le mal » : il a recouru à l'harmonie préétablie[1] : « Voilà donc une sorte d'harmonie préétablie entre le cours de la nature et la succession de nos idées »).

On peut dire que toute la profondeur de la pensée kantienne est dans la découverte que l'hypothèse d'une origine *a priori* de la condition qui rend la connaissance *possible* doit, pour devenir plus qu'une hypothèse, désigner cette condition comme étant celle-là même qui rend *nécessaire* la soumission du donné à son dépassement en connaissance ; que le donné lui-même soit soumis *aux mêmes principes* qui rendent possible son dépassement, c'est ce qu'exprime en toute netteté l'équation fondamentale partout reprise dans l'Analytique : « Les conditions de la possibilité de l'*expérience* en général sont aussi des conditions de la possibilité *des objets* de l'expérience » (A158/B197).

Aussi Hermann Cohen a-t-il raison de dire que dans le kantisme, le « métaphysique » n'est qu'un « *status evanescens* » introduisant au « transcendantal »[2] : nécessité et universalité ne sont que les critères externes de l'*a priori*, dont le critère véritable est le « transcendantal », la possibilité de l'expérience ; le procédé métaphysique (exposition, déduction) découvre *une origine a priori*, une condition qui n'est pas dans l'expérience mais qui « la précède et qui la rend tout d'abord possible », mais il ne nous livre pas cet instrument de la connaissance avec son « mode d'emploi », si l'on peut dire : de même que le donné ne recèle pas en lui les conditions qui rendent possible son dépassement, de même l'*a priori* ne porte

1. *Enquête sur l'entendement humain*, V, II, trad. fr. A. Leroy, revue par M. Beyssade, Paris, GF-Flammarion, 1983, p. 117.

2. L. Guillermit suit ici J. Vuillemin, *L'héritage kantien et la révolution copernicienne*, Paris, PUF, 1954, p. 143.

pas en lui les conditions de son usage ou, si l'on préfère, sa souveraineté ne peut manquer de lui être contestée tant que les frontières du royaume où il peut exercer légitimement sa puissance législatrice ne seront pas déterminées. L'*a priori* est bien la condition du dépassement, mais c'est une condition dont on ne *peut* ni ne *doit* user que dans de certaines conditions que la philosophie, qualifiée de transcendantale, aura pour tâche de déterminer. De là la forme de questions que cette philosophie pose sans cesse : de quel droit ? dans quelles limites ? et cette alliance constante et étroite du juridique et du scientifique qui nous a paru caractériser la Critique.

3/ *Le problème général de la raison pure*

Tel est le titre de la section VI de l'Introduction de la Critique, section qui (avec la précédente qui montre que « dans toutes les sciences théoriques de la raison (mathématiques, physique, métaphysique) sont contenus, comme principes, des jugements synthétiques *a priori* ») représente une addition de la 2ᵉ édition et une reprise manifeste des textes de *Prolégomènes*. Ce problème se formule ainsi : « Comment des jugements synthétiques *a priori* sont-ils possibles ? »

La section IV introduit la discussion des jugements analytiques et synthétiques. (Ici encore on remarquera que les deux alinéas centraux ont été remaniés dans la 2ᵉ édition dans un sens qui paraît indiquer un souvenir du texte de *Prolégomènes* et en particulier de la présentation de la notion d'*expérience* auquel il avait donné lieu, – *cf.* en particulier § 22 et note, p. 74).

Un jugement est la pensée d'un rapport entre un prédicat B et un sujet A. Deux cas se présentent :

1) ou B est *dans* A, – il y est contenu implicitement, de la façon cachée (*versteckter Weise*) ;

2) ou B est *extérieur* à A, mais cependant en *connexion* avec A.

Donc ou bien la liaison est pensée par *identité*, et le jugement est simplement *explicatif*: il m'a suffi de décomposer A par analyse pour y trouver B que j'y pensais déjà, quoique confusément peut-être ; ou bien la liaison est pensée sans identité, et le jugement est *extensif*: étendre consistant à *ajouter* au concept quelque chose qui n'y était pas contenu, mon « adjonction » suppose que je « sorte » du concept, – la 2ᵉ édition préférera l'image du « dépassement » (*über*) à celle de la « sortie » (*aus*), et la *Réponse à Eberhard* (p. 145 [1]) conservera cette correction pour définir la synthèse : « Le terme de synthèse exprime clairement qu'au concept donné quelque autre chose doit s'ajouter comme substrat, qui me permette de m'élever avec mes prédicats au-dessus de ce concept ; il dirige donc la recherche sur la possibilité d'une synthèse des représentations au profit de la connaissance en général ». (On remarquera que c'est cette notion d'*adjonction* qui définit l'expérience elle-même de la note du § 22 des *Prolégomènes* : « L'expérience ne m'enseigne pas (que le soleil échauffe la pierre). Au contraire, l'expérience est produite par cette *adjonction* du concept d'entendement (concept de cause) à la perception. Comment la perception parvient-elle à cette adjonction ? »).

Le problème ainsi posé peut paraître d'abord assez formel, la distinction de jugements analytiques et synthétiques semblant commandée par le caractère nominal de la définition

1. L. Guillermit renvoie à la traduction de R. Kempf, Paris, Vrin, 1959. Tout en conservant la littéralité des citations, nous substituons les références à la plus récente, et assez différente, traduction de Kant, *Réponse à Eberhard*, intro., trad. fr. et notes J. Benoist, Paris, Vrin, 1999.

du concept. Le texte des *Prolégomènes* accentue cette impression en soulignant (§ 2, p. 26) que peu importe « l'*origine* de jugements ou la condition de leur forme logique », et (p. 27) : « tous les jugements analytiques sont *a priori*, que les concepts qui leur servent de matière soient ou non empiriques ».

Exemple : « L'or est un métal jaune »; le jugement est analytique parce que j'ai défini l'or comme métal jaune; l'adjonction du caractère « inaltérable » exigerait une synthèse.

Ainsi limité, le problème s'étriquerait entre le conventionnel de la définition du concept (« En effet, comme nous n'avons en lui que quelques caractères d'une certaine espèce d'objets des sens, nous ne savons jamais d'une manière sûre si sous le nom qui désigne le même objet l'on ne pense pas tantôt plus et tantôt moins de caractères. Ainsi, dans le concept de l'or, outre le poids, la couleur, la ténacité, celui-ci peut penser encore cette propriété qu'a l'or de ne pas te rouiller, tandis que celui-là n'en sait peut-être rien etc. » – voir tout ce texte sur la définition dans la Méthodologie, Discipline de la raison pure dans son usage dogmatique, 501, A728/B756), – et l'inassignable psychologique de la limite entre conscience et inconscience : « Des jugements analytiques ne disent rien dans le prédicat qui n'ait déjà été *réellement pensé* dans le concept, bien que de façon *moins claire et plus inconsciente* » (*Prolégomènes*, p. 26).

Mais on peut remarquer que dans ces textes, Kant s'en tient à ce que nous avons appelé le sens *wolffien* de la notion d'*a priori* : il ne songe qu'au *mode de dérivation* par la pensée. Ici l'*a priori* ne fait pas cette alliance typiquement kantienne avec le *pur* tel qu'il désigne un usage législateur de la raison productrice de concepts, différent du simple usage *logique* qui ferait de la raison simplement raisonnante « une faculté *subalterne* tout juste bonne à fournir à des connaissances données une forme, à coordonner les connaissances d'entendement» (258, A305/B362).

Pour confirmer que le problème qui occupe Kant trouve sa mesure dans cet écart entre le sens wolffien et le sens proprement kantien de la notion d'*a priori*, partons des exemples qu'il nous propose: «tous les corps sont *étendus*» est un jugement *analytique*; «tous les corps sont *pesants*» est un jugement *synthétique*. On imagine aisément Gassendi objectant qu'il n'a pas moins besoin de l'expérience pour juger qu'un corps est étendu que pour juger qu'il est pesant, et un Descartes lui répondant (*Recherche de la vérité*[1]): «Il a fallu pour me considérer simplement tel que je sais être que je rejette toutes ces parties et tous ces membres qui constituent la machine du corps humain, c'est-à-dire me considérer sans bras, sans jambes, sans tête, en un mot sans corps. Or il est vrai que ce qui doute en nous n'est point ce que nous disons être notre corps»[a], et lui confirmant le bien-fondé de cette réponse par l'analyse du morceau de cire. Dans cette voie conduisant à la *définition de l'essence par une conscience d'impossibilité*, il faudrait préférer, avec Husserl, l'exemple pris par Berkeley: «la couleur est étendue»[2] à l'exemple des *Prolégomènes*:

a. Comme répétera Pascal: «Je peux bien concevoir un homme sans mains pieds, tête (car ce *n'est que l'expérience qui* nous apprend que la tête est plus nécessaire que les pieds); mais je ne peux concevoir l'homme sans pensée: ce serait une pierre ou une brute», Pensée 339 [cité selon la numérotation de l'édition de L. Brunschvicg, Pascal, *Pensées et opuscules*, Paris, Hachette, 1957].

1. Descartes, *La Recherche de la vérité par la lumière naturelle*, ATX, p. 520 (passage retraduit à partir de la traduction latine).

2. *Cf.* Berkeley, *Principes de la connaissance humaine*, Première partie, § 10, trad. fr. M. Phillips, dans *Œuvres*, Paris, PUF, 1985, p. 324: «Or, s'il est certain que lesdites qualités originelles sont inséparablement unies aux autres qualités sensibles et ne sont pas capables, même par la pensée, d'en être

« l'or est un métal jaune ». Or lorsque Kant est amené par sa polémique avec Eberhard à s'expliquer plus à fond sur sa notion de jugement synthétique, on le voit bien se référer à la notion d'essence, mais poser un problème d'un ordre sensiblement différent. De quelque nature qu'elle soit, analytique ou synthétique, toute proposition *a priori* est affirmation d'une appartenance *nécessaire* du prédicat au sujet, d'un lien indissoluble. De tels prédicats sont dits « *ad essentiam pertinentia* », ou plutôt précise Kant (p. 129, note) « pour éviter dans ce mot « essence » jusqu'à la moindre apparence d'explication en cercle : *ad internam possibilitatem*, à la possibilité interne du concept ».

On leur opposera, comme ne pouvant servir de prédicats dans des propositions *a priori*, parce que séparables du concept du sujet et non nécessairement liés à lui, les caractères extra-essentiels (qu'ils soient internes : *modi*, ou relationnels : *relationes*). Mais parmi les caractères essentiels, il faut en distinguer de deux sortes : les uns sont parties *consti-*

abstraites, il s'ensuit clairement qu'elles existent uniquement dans l'esprit. Pour ma part, je vois évidemment qu'il n'est pas en mon pouvoir de former l'idée d'un corps étendu et mobile, sans qu'en même temps je lui donne quelque couleur ou autre qualité sensible qui, reconnaît-on, n'existe que dans l'esprit. Bref, l'étendue, la figure et le mouvement, abstraits de toute autre qualité, sont inconcevables ». – Chez Husserl, l'exemple de l'inséparabilité entre couleur et étendue intervient au § 4 de la *Troisième Recherche Logique*, où il s'appuie sur les travaux de C. Stumpf, *Über den psychologischen Ursprung der Raumvorstellung* (Leipzig, 1873), ce qui le conduit à en citer un passage qui se conclut par : « *elles* [l'étendue et la qualité, c'est-à-dire la couleur] *ne peuvent par leur nature exister séparément ni indépendamment l'une de l'autre dans la représentation* » (trad. fr. H. Elie, *Recherches logiques*, t. 2, Deuxième Partie, Paris, PUF, 1962, p. 14-15). – Guillermit utilise manifestement l'analyse donnée par Tran Duc-Thào, *Phénoménologie et matérialisme dialectique*, Paris, Minh-Tân, 1951 (réimp. Paris, Archives Contemporaines, 1992), p. 24-26.

tutives de l'essence du concept (*constitutiva*), les autres y ont leur raison suffisante et en découlent (*rationata*). L'ensemble des premiers constitue l'essence logique (*essentia*), les seconds sont des propriétés (*attributa*) [*Réponse à Eberhard*, p. 129-130]. Or, dans le jugement, les uns et les autres étant *attribués* au sujet, on comprend qu'à la faveur de la synonymie prédicat-attribut, les logiciens ne se soient pas occupés de la façon, cependant différente pour les uns et pour les autres, dont ils étaient attribués au sujet.

En vain Eberhard objecte-t-il que les logiciens ont distingué les propositions *identiques* et *les non-identiques*; Kant lui répond que « ces dernières n'indiquent pas le moins du monde un *mode particulier* de la possibilité d'une telle liaison des représentations *a priori* » (p. 144). Nous touchons ici à un point capital, car il nous faut en somme comprendre en quel sens le jugement synthétique *a priori* nous met en présence de la cellule séminale du système critique, et en quoi il est à la fois *principe* et *conséquence* de la Critique : *principe* puisque, comme nous le propose le texte de l'Introduction, c'est là le problème dont toute la Critique est la résolution; et Kant confirme dans les *Progrès de la métaphysique*[a] : « *Le premier pas* qui a été fait dans cette recherche rationnelle est la distinction des jugements analytiques et synthétiques en général. Si cette distinction avait été clairement connue du temps de Leibniz ou de Wolff, nous la trouverions dans quelque Logique ou dans quelque Métaphysique parue depuis,

a. Ébauche par Kant d'une réponse à la question mise au concours pour l'année 1791 par l'Académie de Berlin : « Quels sont les progrès (*Fortschritte*) réels que la Métaphysique a accompli en Allemagne depuis l'époque de Leibniz et de Wolff? », texte publié par Rintz en 1804 [L. Guillermit en a publié la traduction française, Paris, Vrin, 1968, à laquelle nous renvoyons].

non seulement mentionnée, mais aussi solidement inculquée » (p. 17-18). « Ainsi on ne faut-il pas voir d'affectation, mais un progrès vers la connaissance dans la distinction établie en *premier lieu* (souligné par Kant) par la Critique entre ces deux sortes de jugements » (*Réponse à Eberhard*, p. 144).

Mais justement, si la distinction n'avait jamais été faite, c'est qu'en une autre sens, elle présupposait le projet critique : « Cette division est indispensable pour *la critique de l'entendement humain*, et mérite donc d'y être classique ; je ne sache pas qu'elle ait ailleurs une grande utilité » (*Prolégomènes*, § 3, p. 32-33).

Ni les logiciens ne pouvaient la faire sans transformer la logique générale en logique transcendantale : « L'explication de la possibilité des jugements synthétiques *a priori* est un problème dont n'a *pas du tout* à s'occuper la logique *générale* qui n'a pas même besoin d'en connaître le nom. Mais dans une logique *transcendantale*, c'est l'affaire la plus importante de toutes et c'est même la seule tâche quand il est question de la possibilité ainsi que des conditions et de l'étendue de leur valeur » (Doctrine transcendantale du jugement, 159, A154/ B193) – « Aussi bien l'attention dirigée sur ce point aurait-elle inévitablement *transformé* cette distinction logique (des propositions identiques et non-identiques) qui sans cela ne peut être d'aucun profit, en une question transcendantale » (*Réponse à Eberhard*, p. 144).

Ni les métaphysiciens ne pouvaient la faire sans renoncer à leur dogmatisme :

> « Ils cherchaient toujours les sources des jugements métaphysiques *dans la seule métaphysique*, mais non au dehors, dans *les pures lois de la raison* et négligeaient cette division qui parait se présenter d'elle même » (*Prolégomènes*, p. 33).

« La question : comment une connaissance *a priori* est-elle possible ? a été soulevée et traitée depuis longtemps, surtout depuis le siècle de Locke ; si on avait distinctement remarqué la différence de l'*analytique* et du *synthétique*, on eût naturellement restreint cette question en générale à la question particulière : comment des jugements synthétiques *a priori* sont-ils possibles ? Car sitôt que ces questions auraient été soulevées la lumière se serait faite et chacun aurait vu que la ruine ou le maintien de la métaphysique dépendaient de la manière dont serait résolu le dernier problème ; on aurait suspendu tout procédé *dogmatique* à son égard jusqu'à ce qu'on eût élucidé ce problème unique et la *Critique de la raison pure* serait devenue le mot de ralliement ... » (*Réponse à Eberhard*, p. 143-144).

(Dans ces deux textes : *Prolégomènes* p. 33, *Réponse à Eberhard* p. 145, Locke, dans son entreprise de généalogie de l'entendement est donné comme ayant présenté la distinction « entre les liaisons des représentations dans les jugements et de leurs sources, dont il place l'une dans l'identité ou la contradiction (jugements analytiques), mais l'autre dans l'*existence* des représentations dans un sujet (jugements synthétiques) »).

Enfin il faut ajouter qu'une raison particulière rend difficile la découverte du synthétique, et de la discrimination entre les prédicats appartenant à l'essence du concept *ut constitutiva* et ceux qui en découlent *ut rationata*, c'est que la spécificité de la synthèse est en quelque sorte masquée par la nécessité qui s'attache à l'*a priori* : « Ce qui nous fait croire communément que le prédicat de ces jugements (synthétiques) apodictiques se trouve déjà *dans* notre concept et que par suite le jugement est analytique, c'est simplement l'ambiguïté de l'expression. Il nous *faut* en effet par la pensée ajouter à un concept donné un certain prédicat et *cette nécessité est déjà attachée* aux concepts. Or il n'est pas question de ce que nous *devons ajouter* par la pensée au concept donné, mais de ce que nous *pensons réellement* encore qu'obscurément dans ces concepts, et il apparaît alors que le prédicat *adhère* nécessairement à ces concepts, non immédiatement il est vrai, mais au moyen d'une intuition qui doit s'y ajouter» (*Prolégomènes*, § 2, p. 29-30)[a]. Autrement dit le concept « appelle » nécessairement son prédicat *ut essentiale*, mais celui-ci n'étant pas « *constitutif* » de l'essence, ne lui en est pas moins nécessaire *ut rationatum*, en quelque façon « extérieur » (bien qu'il ne soit pas *extra-essentiale*), ce qui fait que la prédication effectuée par le jugement aura un caractère irréductible d'annexion, d'adjonction : « Je dois *sortir* du concept pour arriver à des propriétés qui ne sont pas *dans* ce concept, mais qui pourtant lui *appartiennent* » (Méthodologie, Discipline de la raison pure dans son usage dogmatique, 496, A718/B746).

Bref, c'est cette *nécessité de l'appartenance* qui peut me tromper en me laissant croire à la simple découverte d'une inhérence, – ou encore : la nécessité de l'adjonction est bien *inhérente* au concept et c'est du plus profond de lui-même qu'il appelle le prédicat, mais le prédicat que le jugement lui adjoint n'en est pas moins *afférent*. Ainsi la permanence est un attribut de la *substance*, « elle en est un prédicat absolument nécessaire, mais n'étant pas contenue elle-même dans le concept de substance, elle n'en peut être tirée par aucune analyse. "Toute substance est permanente" est une proposition synthétique » (*Réponse à Eberhard*, p. 130).

C'est ici que nous allons pouvoir aborder le point décisif. Car nous pourrions être tentés d'objecter que reconnaître que la permanence est un prédicat nécessaire du concept de substance n'est apparemment pas différent du fait de recon-

a. Texte semblable dans la *Critique de la raison pure*, Introduction V [41-42, B 16-17].

naître que l'extension est un prédicat nécessaire du concept de corps, ou inversement, avec Eberhard (p. 135) que la proposition : « tout ce qui est *nécessaire* est *éternel* » est une proposition synthétique *a priori*, le prédicat « éternel » ne nous paraissant pas plus inhérent au concept de nécessité que celui de permanente au concept de substance. Mais voici comment Kant montre d'abord que la proposition « tout ce qui est nécessaire est éternel » est *analytique*, au même titre que « tous les corps sont étendus » : cette dernière affirmation, dit-il, « est nécessaire et éternelle, que ces corps existent ou non, que leur existence soit brève ou longue, ou même qu'ils existent de tout temps, c'est-à-dire éternellement. La proposition signifie simplement ceci : ces vérités sont *indépendants de l'expérience* (laquelle doit être faite à un moment déterminé du temps) et ne sont par conséquent *limitées à aucune condition de temps*, c'est-à-dire qu'elles sont connaissables *a priori* comme vérités, affirmation rigoureusement identique à la proposition : elles sont connaissables comme vérités nécessaires » [*ibid.*].

Indépendance à l'égard de l'expérience, non-limitation à une condition de temps, tels sont les vrais critères de l'analytique, ce qui restreint son domaine de validité à un ordre de considération purement *logique*, c'est-à-dire où on s'attache aux *concepts* des choses, et non aux choses elles-mêmes.

Prenons encore d'autres exemples donnés par Eberhard : « Toutes les choses finies sont sujettes au changement », et : « La chose infinie est immuable ». Ou bien ces propositions sont entendues *logiquement*, elles ne sont que des déterminations de concepts et elles sont *analytiques* ; ou bien elles sont fausses. Car, le changement « en réalité, c'est-à-dire quand à l'*existence* » se définit comme « ce dont les déterminations peuvent se succéder *dans le temps* ; donc seul est changeant ce qui ne peut exister autrement que dans le temps » : proposition *analytique*. « Mais cette condition n'est pas nécessairement liée au concept de chose finie en général [...], mais seulement à une chose *comme objet de l'intuition sensible*. Or Eberhard voulant affirmer les propositions *a priori* comme indépendantes de cette dernière condition, sa proposition : toute chose finie en tant que telle, c'est-à-dire en vertu de son *pur concept* (non comme objet d'intuition sensible, c'est-à-dire comme phénomène, mais comme noumène), est changeante, cette proposition est fausse » (*ibid.*, p. 136).

La métaphysique dogmatique est constamment victime de ce jeu qui consiste à considérer le jugement « tantôt d'un point de vue logique par rapport au *concept* du sujet, tantôt d'un point de vue *réel* par rapport à l'*objet*, tout en croyant y trouver le même sens » (*ibid.*, p. 138). C'est inévitable parce que, comme le disent les *Progrès de la métaphysique*, « cette philosophie est toujours demeurée à son insu dans le champ de la *logique* » (p. 32-33). Or « ce qui est décisif ici, c'est que la logique ne peut nous apporter aucun renseignement sur la question : comment dois-je m'y prendre pour m'*élever avec mon concept au-dessus de ce concept même* et pour en dire *plus* que je ne pense en lui ? Ce problème ne sera jamais résolu, si, comme le fait la logique, l'on ne considère les conditions de la connaissance que du *côté de l'entendement*. La *sensibilité*, mais comme pouvoir d'une intuition *a priori*, doit également être prise en considération » (*Réponse à Eberhard*, p. 142).

Deux choses doivent nous retenir dans ce texte capital :

1) le lien indiqué entre le problème de la *synthèse* et celui du progrès de l'extension de la *connaissance* ;

2) la nécessaire prise en considération non du seul *entendement* mais aussi de la *sensibilité*.

Sur le premier point nous pouvions être avertis d'emblée par les qualifications attribuées aux jugements : les jugements analytiques sont explicatifs, les jugements synthétiques sont *extensifs*. « Ainsi je pourrais analyser mon concept empirique de l'or sans rien gagner par là de plus que de pouvoir énumérer tout ce que je pense réellement dans ce mot, d'où résulte sans doute une amélioration logique dans ma connaissance, mais sans que j'acquière par là aucune augmentation ou addition » (Méthodologie, Discipline de la raison pure dans son usage dogmatique, 498, A721/B749).

Cependant, « que je puisse *étendre* ma connaissance *au delà* d'un concept donné, c'est ce que m'enseigne l'*extension* journalière de mes connaissances par une expérience *toujours croissante*... Or j'ai trouvé que l'*extension* de ma connaissance par l'expérience repose sur l'intuition (des sens) empirique, dans laquelle j'ai rencontré beaucoup de choses qui correspondaient à mon concept et aussi plusieurs autres qui n'étaient pas encore pensées dans ce concept, mais dont j'ai pu apprendre qu'elles y étaient liées » (*Réponse à Eberhard*, p. 139).

Dans ce cas « je vais du concept à l'intuition empirique qui lui correspond afin de l'y examiner *in concreto* et de reconnaître *a posteriori* ce qui convient à l'objet de ce concept [...] Ainsi, au lieu d'analyser mon concept empirique de l'or [...] je prends la matière qui se présente sous ce nom (d'or) et j'y joins des perceptions qui me fournissent diverses propositions *synthétiques*, mais empiriques » (498, A721/B749). Kant qualifie cette connaissance empirique de « mécanique ».

Apparemment, comme pouvait l'écrire Kant dans la 1re édition (Introduction, 38 A8) « il n'y a pas du tout de difficulté à cela » : Pas de difficulté en effet :

1) à admettre *que* tout homme, chaque jour accroît ses connaissances et que, comme on dit, il « s'instruit » par l'expérience qui lui « enseigne » ce qu'il ignorait et qu'il n'aurait pas pu inventer de toutes pièces, tirer de son propre fonds, dans la

mesure du moins où l'existence réelle ne s'invente pas et ne peut être que révélée dans les perceptions. « Personne ne saurait tirer d'ailleurs que de l'expérience une intuition correspondant au concept de la réalité et on ne peut jamais y arriver *a priori* de soi-même et antérieurement à la conscience empirique de cette intuition. On pourra bien faire de la *forme* conique un objet d'intuition sans aucun secours empirique, simplement d'après le concept, mais la *couleur* de ce cône devra être donnée d'avance dans une expérience ou dans une autre » (Discipline de la raison pure dans son usage dogmatique, 494, A715/B743);

2) à comprendre *comment* cela est possible, *du moins* sur ce point précis qu'il n'y a rien d'étrange dans le *fait même* d'un accroissement du capital des connaissances par un tel apport *extérieur*; seul ferait problème un accroissement « spontané ». Ainsi Kant explique que pour enrichir mon concept empirique d'or, il me suffit de « prendre la matière qui se présente sous ce nom et d'y *joindre* des perceptions qui me fournissent diverses propositions *synthétiques*, mais empiriques ». Donc un jugement synthétique *a posteriori* ne pose aucun problème si, comme il est normal, on ne lui refuse pas le droit de se fonder sur l'expérience; il n'y a aucun mystère dans l'accroissement de la fortune d'un homme que l'on voit bénéficier de rentrées d'argent. Mais l'expérience est-elle la seule source possible d'un accroissement de la connaissance ?

Avant de répondre à cette question, songeons à celle qui préoccupait Kant : peut-on mettre la métaphysique dans la voie sûre de la science et l'y faire progresser ? Question qui se complète aussitôt : … en dépit du fait que dans cette métaphysique la raison émet une prétention à connaître *sans recours à l'expérience* et même en passant par delà. La chose paraît possible, à considérer la mathématique qui « fournit l'exemple le plus éclatant (et contagieux) d'une raison pure qui réussit à s'étendre d'elle-même et sans le secours de l'expérience » (*ibid.*, 493, A712/B741). Qu'elle progresse, cela implique qu'elle soit *synthétique*; qu'elle progresse indépendamment de tout recours à l'expérience, cela atteste qu'elle parvient à faire ses synthèses *a priori*. Cette évidence parait à Kant avoir pesé d'un grand poids dans l'orientation critique de sa recherche : nous avons précédemment cité un texte des *Progrès de la métaphysique*, où il nous disait que le *premier pas* avait été franchi avec la découverte de la distinction à faire entre jugements analytiques et synthétiques : « le second pas, poursuit-il, est d'avoir seulement posé la question : comment des jugements *synthétiques* sont-ils possibles *a priori*? car qu'il y en ait, c'est ce que prouvent de nombreux exemples… *surtout de la mathématique pure* » (p. 18), et dans la *Réponse à Eberhard*, il parle des mathématiques « avec leur *débauche* du connaissances synthétiques *a priori* » (p. 145).

Sans nous engager dans un examen de la conception kantienne des mathématiques[a], rappelons brièvement les arguments de Kant. Voyant que les *raisonnements* mathématiques relevaient dans leur nécessité du seul principe *de contradiction*, on a cru jusqu'à présent, dit-il, qu'il en allait de même des *principes*, et on en a été d'autant plus convaincu qu'il est bien vrai que même « une proposition synthétique peut être envisagée suivant le principe de contradiction »; toutefois « c'est

a. Voir par exemple : G. Frege, *Grundlagen der Arithmetik* (1884), trad. fr. Cl. Imbert, *Les Fondements de l'arithmétique*, Paris, Seuil, 1969; L. Couturat, « La philosophie des mathématiques de Kant », *Revue de métaphysique et de morale*, 1904; L. Brunschvicg, *Les étapes de la philosophie mathématique*, Paris, PUF, 3e éd. 1947, chap. XII; R. Daval, *La Métaphysique de Kant*, Paris, PUF, 1951, chap. VI; J. Vuillemin, *Physique et Métaphysique kantiennes*, Paris, PUF, 1955, chap. I, § 1. [Nous avons complété les références.]

seulement à condition que soit supposée une autre proposition synthétique dont elle puisse être déduite, mais jamais en elle-même » (Introduction V, 40, B 14). À vrai dire, la façon dont Kant dénonce l'erreur de l'interprétation « analytique » n'est que trop probante : si j'analyse, nous dit-il, le concept de « somme de 7 et 5 », j'y trouve bien la « réunion » de deux nombres en seul, mais je n'y trouve pas le nombre unique 12 qui renferme les deux autres, ce qui est évident ; la rectification qui suit – il faut *dépasser* ces concepts en appelant à son aide l'intuition qui correspond au nombre, par exemple celle des doigts de la main, n'étant pas non plus très heureuse dans la mesure où elle risque de laisser croire que Kant pensait qu'additionner c'était compter sur ses doigts ! La vérité c'est que sa pensée profonde ne pourra se révéler qu'après que la déduction transcendantale aura découvert le rôle de l'*imagination* et que le schématisme aura montré que le nombre est le *schème* de la quantité. En attendant nous pouvons trouver de sa pensée un exposé qui (bien qu'il soulève d'autres difficultés) sera peut être plus satisfaisant, dans une lettre à Schulz (25 novembre 1788)[1]. On pourrait situer ce texte par rapport à celui des *Nouveaux Essais* où Leibniz exposait la conception « analytique » en réponse à Locke, qui voyait dans la proposition $2+2=4$ « une évidence immédiate » beaucoup plus claire que l'axiome : « Le tout est égal à toutes ses parties » sur laquelle on prétend la fonder. Leibniz (*Nouveaux Essais*, Livre IV, chap. 7 § 10) lui remontre que, loin d'être vérité immédiate, $2+2=4$ se démontre au moyen de 3 définitions :

(D1) $2=1+1$,
(D2) $3=2+1$,
(D3) $4=3+1$,

1. Kant, *Correspondance*, *op. cit.*, p. 327-329.

et d'un axiome (4): mettant des choses égales à la place, l'égalité demeure.

On a en effet: $2+2=2+1+1$ (en vertu de D1), $2+1+1=3+1$ (en vertu de D2), $3+1=4$ (en vertu de D3), donc (en vertu de l'axiome 4) : $2+2=4$.

Or voici ce qu'écrit Kant [dans la lettre à Schultz] : « Si je considère $3+4$ comme la formulation d'un *problème* : trouver pour les nombres 3 et 4 un troisième nombre 7, pour lequel un de ces nombres est considéré comme le *complementum ad totum* de l'autre, la résolution se fait par l'addition successive de la numération qui donne le nombre 3, et sans doute le jugement $3+4=7$ paraît-il être un jugement purement théorétique et l'est ne effet si on le considère *objectivement*; cependant *subjectivement*, le + désigne une sorte de synthèse pour trouver un troisième nombre à partir de deux nombres donnés et un problème qui ne requiert ni procédé démonstratif ni preuve; le jugement est alors un *postulat* ». Voilà qui peut illustrer le texte de la Critique, cité plus haut, dénonçant la confusion entre les *raisonnements* (régis par le principe de contradiction) et les *principes* (en fait synthèses). Mais si d'autre part Kant pourrait avoir l'air d'être d'accord avec Locke sur l'*évidence*, ses raisons sont bien différentes comme nous verrons. Voici d'abord comment il dénonce le caractère non-analytique du jugement : « Si $3+4=7$ était un jugement analytique, je devrais penser exactement la même chose par 3 et 4 que par 7 et le jugement ne ferait que me rendre plus clairement conscient de ma pensée. Or, puisque $12-5=7$, donne un nombre 7 par lequel je pense en fait exactement la même chose que ce que je pensais antérieurement par $3+4$, je devrais selon la proposition : *eadem uni tertio sunt eadem inter se*, penser également 12 et 5 lorsque je pense 3 et 4, ce qui est contraire à ce dont j'ai conscience ». Texte curieux, en ceci qu'on y voit

Kant opposer en somme une expérience de pensée à une autre : si le jugement était analytique, il ne serait qu'une prise de conscience de la pensée que j'ai déjà; or l'exemple montre que cette hypothèse est démentie par ce dont j'ai effectivement conscience.

Aussi la contradiction n'est-elle qu'apparence entre ces deux textes :

1) Introduction V, 42, B 17 : « La question est de savoir ce que nous *pensons réellement* dans le concept » ;

2) Discipline dans l'usage dogmatique, 496, A718/B746 : « Je n'ai pas à considérer ce que je *pense réellement* dans le concept » ;

car dans le premier cas il dénonce l'illusion dont est victime une pensée logique qui s'arrête à la conscience de la nécessité du lien entre le concept et le prédicat, et en conclut hâtivement que cette nécessité n'a besoin pour se fonder que du seul principe de contradiction; dans ce cas « penser réellement le concept », ce sera y découvrir non l'*inhérence*, mais l'*adhérence* du prédicat « au moyen d'une *intuition* qui doit s'y *ajouter* ».

Dans le second cas, il dénonce la vanité de l'effort qu'on pourrait faire pour penser le contenu du concept qu'on a avec l'espoir d'y trouver du nouveau et de l'accroître ; « Je n'ai pas à considérer ce que je pense réellement *dans* mon concept de triangle (celui-ci n'est rien de plus que le simple définition [de là vient que la philosophe aura beau réfléchir tant qu'il voudra sur ce concept, il n'en fera sortir rien de nouveau]) ; je dois, *au contraire* en *sortir* pour arriver à des propriétés qui *ne sont pas* dans ce concept, mais qui pourtant lui appartiennent » (*ibid.*). Cette « sortie » hors du concept peut évidemment consister en un recours à l'intuition *empirique*, par exemple à la mesure des angles du triangle, et c'est ainsi que les arpenteurs égyptiens enrichissaient leurs concepts par l'expérience. Mais aussi leurs propositions demeuraient empiriques et dans de tels jugements synthétiques *a posteriori*, on ne pouvait trouver « aucune universalité et encore moins de nécessité ».

Aussi fallut-il une « révolution » pour passer de l'arpentage à la géométrie : « Le premier qui démontra le triangle isocèle eut une révélation, car il trouva qu'il ne devait pas suivre à pas ce qu'il *voyait* dans la figure, ni s'attacher au *simple concept* de cette figure, comme si cela devait lui en apprendre les propriétés, mais qu'il lui fallait réaliser (ou construire) cette figure au moyen de ce qu'il y pensait et s'y représentait lui-même *a priori* par concepts (c'est-à-dire par construction), et que pour savoir sûrement quoi que ce soit *a priori*, il ne devait attribuer aux choses que ce qui résulterait nécessairement de ce que lui même y avait mis, conformément à son concept » (Préface à la 2e édition, 17, B XI). Mais alors s'il est incontestable qu'on réussit ainsi à accroître la connaissance indépendamment de l'expérience, il faut admettre que, sur le plan de l'*a priori*, il y a « quelque chose » qui, pour rendre cet accroissement possible, assume la fonction que dans le domaine de l'*a posteriori* assumait l'intuition empirique : « Il m'est aisé de comprendre à présent que si ma connaissance doit *s'étendre a priori au delà* de mon concept, il faudra soumettre ce dernier non plus à une intuition *empirique*, mais à une intuition *pure a priori*. Ce qui m'embarrasse, c'est de ne savoir où trouver cette intuition pure *a priori* ni comment en expliquer la possibilité ». (*Réponse à Eberhard*, p. 140).

Kant se souvient dans ce texte de son embarras devant ce « monstre » qu'il était conduit à admettre et que, dans la Dissertation de 1770, il ne se résignait pas encore à désigner comme « intuition *a priori* » tant l'expression lui semblait contradictoire : « Ce pas fait, la difficulté parait plutôt s'accroître que diminuer, car la question se pose maintenant ainsi : comment est-il possible d'avoir une intuition *a priori* ? En effet l'intuition est une représentation dépendant immédiatement de la *présence* de l'objet et il parait donc impossible d'avoir une intuition originelle *a priori* car, dans ce cas, l'intuition devrait se produire sans se rapporter à un objet antérieurement ou actuellement présent et ne pourrait être alors une intuition... Comment l'intuition de l'objet peut-elle précéder l'objet lui-même ? » (*Prolégomènes* § 8, p. 44-45). La réponse sera : « Il n'y a pour mon intuition qu'une seule manière d'être *antérieure* à la réalité de l'objet et de se produire comme connaissance *a priori*, c'est de ne contenir autre chose que la *forme* de la sensibilité qui dans mon sujet précédée toutes les impressions réelles par lesquelles les objets m'affectent » (*ibid.*, § 9, p. 45). Si en effet « je laisse de côté tout ce qu'il y a d'empirique et de réellement sensible dans l'espace et le temps, et par suite, toutes choses quant à leurs représentation empirique, je trouve que subsistent le temps et l'espace, *pareils à des êtres individuels*, et que leur intuition précède tous les concepts de temps et d'espace et des choses qu'ils contiennent » (*Réponse à Eberhard*, p. 140).

Ainsi se trouve dépassée une opposition massive qui mettrait d'un côté les choses en elles-mêmes, de l'autre leurs représentations dans l'esprit, – d'un côté les objets dans leur réalité, de l'autre les concepts qui en seraient tirés par abstraction, auquel cas je n'aurais plus que le choix entre : ou bien *analyser* le contenu que j'ai déjà donné à mon concept, ou bien, si je veux l'*accroître*, aller chercher dans l'expérience de nouveaux caractères pour l'enrichir (voir l'exemple de l'or dans les textes précédemment cités). Espace et temps, dans lesquels j'ai coutume de dire que les choses sont, ne sont ni des formes des choses en elles-mêmes (ce qui les transformerait à leur tour en choses), ni des représentations confuses, susceptibles d'élucidation par analyse (ce qui en ferait de simples concepts), ce sont des formes de l'intuition, c'est-à-dire « ce qui » ordonne selon certains rapports l'apparition des choses à l'esprit. On remarquera que Kant les dit « *pareils à des êtres* individuels », ces formes sont en effet caractérisées par une *singularité* qui s'oppose à la généralité du concept, car ce sont des principes de *coordination*, non de *subordination*. (La coordination est réciproque, réelle, objective; la subordination est irréversible et idéale; est coordonné ce qui est réciproquement complémentaire pour former un tout, ce qui fait par exemple que des espaces partiels ne sont jamais que des parties d'espace; est *subordonné* ce qui est comme l'effet à la cause, ou généralement comme le principe à la conséquence; Cf. *Dissertation de 1770*, I, § 2, II).

C'est cette singularité qui leur assure un statut de « quasi-objet », pouvant donner lieu à une connaissance. En effet, la « forme de l'intuition » pourra être transformée en « intuition formelle » (§ 26, note, 138, B 160-161), c'est-à-dire que des objets y seront déterminables, et ce sont précisément les objets de la connaissance mathématique dont Kant dit qu'elle « construit les concepts dans l'intuition ».

Si donc « dans les jugements synthétiques, je dois partir du concept pour considérer en rapport avec lui *quelque chose d'entièrement différente* de ce qui était pensé en lui » (Analytique des principes, 160, A 154/B 193-194), et si la mathématique « dans ses propositions doit *par delà* le concept atteindre ce qui contient l'intuition correspondant à ce concept » (*Prolégomènes*, § 2, c II, p. 30), on conçoit maintenant comment elle peut y parvenir : construire le concept dans l'intuition, c'est en quelque sorte l'y projeter, l'y produire, c'est-à-dire le mettre hors de la pensée qui le forme :

certes, loin de le perdre on l'y retrouvera, mais dans l'élément d'une altérité, ce qui suppose qu'on reconnaisse dans le *Gemüth* [l'esprit] une hétérogénéité, celle d'une « spontanéité intellectuelle » et d'une « réceptivité sensible », dont Kant avait eu l'idée de 1768 en méditant sur la paradoxale « incongruence » des figures symétriques, intrinsèquement identiques et cependant « diverses » c'est-à-dire insuperposables[a]. Diversité inassimilable à l'unité conceptuelle, impossible à résorber en elle, « ne pouvant être définie *discursivement*, c'est-à-dire ramenée à des caractères intellectuels par aucune finesse mentale » (*Dissertation de 1770*, § 15, C), – et singularité irréductible à la généralité du concept : alors que le concept contient sous lui ses *spécifications* (*sub se continens*), l'intuition comprend en elle ses *parties* (*in se comprehendens*)[1] ; l'*Allgemeinheit* [universalité] conceptuelle (*universalitas id est omnitudo conceptus*) n'est pas l'*Allheit* [totalité] intuitive (*universitas id est omnitudo complexus*)[2].

Ainsi s'explique que « dans les jugements synthétiques nous connaissons *a priori* de l'espace en général ou des lignes qu'y découpe l'imagination productrice tant de choses que nous n'avons plus besoin ici du concours de l'expérience » (Analytique des Principes, 161, A 157/B 196).

a. *Du premier fondement de la différence des régions dans l'espace*. – *Dissertation de 1770*, § 15, C. – *Prolégomènes*, § 13. – *Premiers principes métaphysiques de la science de la nature*, I, définition 2, scolie 3.

1. *Dissertation de 1770*, § 15, B.
2. *Opus postumum*, XXII, 78, 81.

COMMENTAIRE DE QUELQUES TEXTES DE LA *DIALECTIQUE TRANSCENDANTALE*

On ne peut guère aborder la *Dialectique transcendantale* sans rappeler quelques considérations qui, pour être générales et dans une certaine mesure extrinsèques, n'en mettent pas moins en question son *sens d'ensemble*.

Si la question se pose de la place qu'il convient de donner à la Dialectique dans l'ensemble de la Critique, c'est que la philosophie depuis Kant, n'ayant pu se définir sans se situer (implicitement ou explicitement) par rapport au criticisme, a justement été amenée à mettre la Dialectique très haut ou très bas. Ce serait très visible chez les penseurs platement *positivistes* ou hardiment *mystiques*, les uns voulant comprendre que Kant a définitivement coupé court à toute métaphysique, les autres ne lui pardonnant pas d'avoir prétendu disqualifier d'avance leurs entreprises comme relevant de l'illusion de la colombe qui s'imagine qu'elle volerait mieux dans le vide. Mais pour revenir à des jugements mieux motivés d'historiens de la philosophie, prenons par exemple celui de Brunschvicg :

1) Esthétique et Analytique constituant, comme dit Cohen, une théorie de l'expérience, se suffisent[1]. La pièce est jouée. La Dialectique est un dénouement postiche sans intérêt réel.

2) Kant ne fait que s'y livrer à un combat contre des ombres qui ne pèsent rien dans la lignée de l'intelligence occidentale. Il s'épuise en vain contre une métaphysique déjà morte, la scolastique de Wolff, simple séquelle dans une Allemagne arriérée, à une époque où la lumière naturelle du cartésianisme éclaire déjà depuis plus d'un siècle.

C'est un fait que c'est un pseudo-cogito cartésien qui est attaqué comme paralogisme dans la critique de la psychologie rationnelle, et un pseudo-argument ontologique cartésien, mal revu par ce scolastique qu'était encore Leibniz, qui est attaqué dans la critique de la théologie rationnelle. Sans parler de cette réfutation de l'argument de Mendelssohn sur l'immortalité de l'âme, médiocre « *Modernisierung* » du *Phédon* de Platon.

3) Cela est si vrai que plus que jamais dans la Critique, Kant possédé par son mauvais génie (à savoir Aristote, dont la pensée, dit Brunschvicg, en est restée, aux yeux de la psychologie contemporaine, au niveau intellectuel d'un enfant de huit à neuf ans) se livre dans la structure de cette Dialectique transcendantale à une débauche de fausse symétrie, victime des notions de la logique aristotélicienne (*cf.* « La technique des antinomies kantiennes », *Revue d'Histoire de la Philosophie*, 1928[2]).

1. H. Cohen, *Kants Theorie der Erfahrung* (1871, 1885, 1918), trad. fr. É. Dufour et J. Servois, *La Théorie kantienne de l'expérience*, Paris, Le Cerf, 2001.

2. Repris dans L. Brunschvicg, *Écrits philosophiques*, t. 1, *L'Humanisme de l'occident. Descartes-Spinoza-Kant*, Paris, PUF, 1951.

Ce n'est pas tout. C'est dans la Dialectique que va chercher ses pièces à conviction l'accusation de « truquage » lancée très tôt contre la philosophie kantienne : la philosophie théorique n'aurait été faite qu'en vue de la philosophie pratique (ce qui va encore plus loin que la célèbre boutade de Heine[1]). *Cf.* texte, 265-266, A319/B375-376 : [« Occupons-nous maintenant d'un travail moins brillant, mais qui pourtant n'est pas dépourvu de mérite, je veux dire de déblayer et d'affermir, pour y élever le majestueux édifice de la morale, le sol où courent toute espèce de trous de taupe que la raison, en quête de trésor, y a creusés sans profit, malgré ses bonnes intentions, et qui menacent la solidité de cet édifice à construire »] ; – et texte, 271, A329/B385-386 : [« Je n'ajoute pas que, peut-être, ces idées peuvent rendre un passage des concepts physiques aux concepts pratiques et fournir ainsi aux idées morales elles-mêmes un support et un lien avec les connaissances

1. *Cf.* H. Heine, *De l'Allemagne*, nouvelle éd., Paris, 1855, t. 1, p. 131-132 : « Après la tragédie vient la farce » ; présentant la distinction entre raison théorique et raison pratique comme « la baguette magique » qui « ressuscite le Dieu que la raison théorique avait tué », Heine ajoute : « Peut-être bien Kant a-t-il entrepris cette résurrection non pas seulement par amitié pour le vieux Lampe [le valet de Kant], mais par crainte de la police. Aurait-il agi par conviction ? A-t-il, en ruinant toutes les preuves de l'existence de Dieu, voulu montrer combien il est triste pour nous de ne rien savoir sur Dieu ? Il fit à peu près en cela comme mon ami westphalien, qui brisa toutes les lanternes de la rue Grohnd à Goettingue, et, dans l'obscurité, nous fit un long discours sur la nécessité pratique des lanternes qu'il avait lapidées d'une manière théorique, pour nous montrer que sans leur lumière bienfaisante nous n'y pourrions rien voir ». Paru d'abord, en français, en 1834 dans la *Revue des deux mondes*, le texte fut publié en allemand par Heine en 1835, sous le titre *Zur Geschichte der Religion und der Philosophie in Deutschland.* Cette version a elle-même été traduite et présentée en français par J.-P. Lefebvre, *Sur l'histoire de la religion et de la philosophie en Allemagne*, Paris, Imprimerie Nationale, 1993.

spéculatives de la raison : l'explication de tout ceci viendra plus tard »].

C'est évidemment du commentaire même des textes que pourront sortir les réponses à ces objections, s'il y en a. Cependant des présomptions se laissent déjà deviner :

1) L'importance en volume de ce texte : l'Esthétique a trente pages, l'Analytique deux cents, la Dialectique près de trois cents pages. Signe très extérieur, mais il est tout de même peu probable que Kant se soit à ce point mépris sur son œuvre qu'il y ait laissé (par exemple d'une édition à l'autre) cet « appendice » presque aussi long que tout le reste de l'œuvre.

2) De fait peut-on même rester en deçà de l'opinion de Brunschvicg et penser que Kant ne fait qu'insister lourdement dans ce texte sur une cause qui est déjà entendue depuis longtemps. Brunschvicg dit en ce sens que Kant aurait pu se contenter, sans cette laborieuse mise en scène des quatre paralogismes, des quatre antinomies et des trois preuves de l'existence de Dieu, de renvoyer ses lecteurs aux thèses de l'idéalité de l'espace et du temps développées dans l'Esthétique et au double appendice de l'Analytique : distinction des phénomènes et des noumènes et amphibologie des concepts de la réflexion (démonstration éclatante sur l'exemple de Leibniz de la supériorité de l'idéal transcendantal sur l'idéal dogmatique). Bref, selon la boutade de Schopenhauer, Kant aurait pris ses lecteurs pour des femmes : « On a beau leur parler raison pendant une heure, toujours elles reviennent à leur premier mot » [1]. Et d'ajouter que du reste la Dialectique est un

1. Reproche adressé sous couvert d'une citation de Schiller : « Quant à ceux qui sont restés sourds à la Critique de la raison, c'est bien à eux que l'on devrait crier : "Vous êtes donc comme les femmes : on a beau leur parler raison pendant des heures, toujours elles reviennent à leur premier mot"

ramassis de textes de diverses époques; par exemple la critique des preuves de l'existence de Dieu est déjà dans *L'unique fondement* (de 1763)[1], les antinomies sont de 1769. Kant lui-même a avoué qu'il avait rédigé hâtivement l'Introduction et les Paralogismes (dont il refondit d'ailleurs complètement la rédaction dans la 2e édition). Or la réponse à ces griefs peut être fort simple.

a) C'est Kant lui-même qui a dit que la découverte des antinomies avait été la cellule séminale de la Critique[2]; aboutissement d'une recherche jalonnée par *La Monadologie physique* de 1756 et *La recherche sur l'évidence des principes de la théologie naturelle et de la morale* de 1764, aboutissement lui-même suivi de la première œuvre critique, la « Dissertation de 1770 » qui fait sortir de la méditation sur ces antinomies la thèse de l'idéalité de l'espace et du temps reprise dans l'Esthétique.

b) Mais surtout de façon éclatante le texte de *Prolégomènes* nous permet de saisir à plein la façon très simple dont Kant avait lui-même pris conscience et de la *nécessité* et de l'*importance* de cette *Dialectique*: c'est à la triple question: comment la mathématique, la physique, la métaphysique sont-elles possibles? que correspondent Esthétique, Analytique et Dialectique. Certes il s'agit de la présentation simplifiée d'un exposé qui se voulait populaire. Mais dans la *Critique* elle-même n'est-ce pas Kant qui souligne à plusieurs reprises une tripartition correspondante, sensibilité, entende-

(Schiller, *Mort de Wallenstein*, II, 3) », Schopenhauer, *Le Monde comme volonté et comme représentation*, trad. fr. A. Burdeau, Paris, PUF, 2006, Appendice : *Critique de la philosophie kantienne*, p. 608.

1. *L'unique argument possible pour une démonstration de l'existence de Dieu*, intro., trad. fr. et notes R. Theis, Paris, Vrin, 2001.

2. Cf. *supra*, p. 39, note 1.

ment, raison ? Certes encore nous verrons que c'est seulement en apparence que les choses se présentent si simplement. Mais il ne paraît pas douteux qu'il faut d'abord retenir l'idée que nous proposent les *Prolégomènes* et un double titre aussi éclairant sur la nature et l'importance de cette Dialectique :

– si Esthétique et Analytique constituent bien une théorie de l'expérience, elles le doivent à ce qu'elles sont une recherche des conditions de possibilité de la mathématique et de la physique. Ces sciences existant incontestablement, qu'impliquent-elles quant à la structure et au fonctionnement de l'esprit ?

– de la même façon Kant commence par poser : la métaphysique existe, – et la Dialectique est la réponse à la question : comment est-elle possible ? Il est vrai que la symétrie est immédiatement rompue : autant est incontestable l'existence comme *sciences* d'une mathématique et d'une physique, autant il est clair que la métaphysique existante est jugée par Kant *non scientifique*, voire même inconsistante (*Prolégomènes* p. 34). Aussi voit-on dans les *Prolégomènes* que la troisième question : *comment la métaphysique est-elle possible ?* se dédouble en une quatrième question : *comment est-elle possible comme science ?*

Mais c'est justement en prenant en considération cette particularité qu'on saisira le mieux l'aspect le plus original (par rapport au reste de l'œuvre) de la Dialectique, celui sur lequel Kant insiste le plus : puisque la métaphysique qui existe ne vaut rien, que son histoire nous donne le triste spectacle d'un champ clos où de siècle en siècle les adversaires s'affrontent en un combat sans issue (*cf.* Préface à la 2e édition) :

1) Il faut prendre acte de ce que ce spectacle nous révèle de plus clair par sa pérennité même : l'existence d'un besoin métaphysique irrécusable en l'homme (texte de la *Critique*,

Préface à la 2e édition, 18, BXV, – et *Prolégomènes* § 40 et § 41).

2) Il faut essayer de saisir dans toute sa profondeur mystérieuse l'*illusion* sans cesse renaissante qui fait que chaque métaphysique, bien qu'elle se croie toujours au départ victorieuse, ne vaut pas mieux que celle qu'elle combat : cette illusion n'est pas banale : a) elle n'a rien à voir avec une simple illusion logique qui n'est en fin de compte qu'une faute de raisonnement que la réflexion fait s'évanouir; b) elle serait déjà plus proche de ces illusions de la vue que la science optique redresse mais qu'elle ne peut dissiper; c) mais elle est encore plus profonde que cela en ce qu'elle est liée à la nature même de la raison.

3) Il faut enfin assurer à la métaphysique le statut *scientifique* qu'elle n'est jamais parvenue à se donner. N'oublions pas que selon la déclaration expresse de la Préface à la 2e édition, la révolution copernicienne a été faite pour cela spécialement (déjà dans la Préface de la première édition, la Critique est présentée comme solution de la possibilité ou de l'impossibilité d'une métaphysique en général, 7, AXII).

Or la métaphysique scientifique que prépare Kant c'est :

A) une métaphysique de la *nature*, [dont la] Méthodologie transcendantale, Discipline de la raison pure dans son usage dogmatique, définit le programme : 501, A726/B754 : mathématique et philosophie « doivent se donner la main dans la science de la nature », – et dont le plan est calqué sur l'Analytique des Principes, « vestibule des premiers principes métaphysiques de la science de la nature », avant le passage (*Übergang*) à la physique elle-même (*Opus postumum*);

B) un métaphysique des *mœurs* (Doctrine de la Vertu et Doctrine du Droit). Et cette métaphysique ne peut être menée à bien que si la dialectique a pu récupérer par son analyse critique l'authentique fonction de la raison :

a) 453, A642/B670, *principe* : « Tout ce qui est fondé dans la nature de nos facultés doit être approprié à une fin et conforme à leur usage légitime pourvu que nous puissions éviter un certain malentendu et découvrir la direction propre de ces facultés » ;

b) 467, A669/B697, *première application* : « Les idées de la raison pure [ne peuvent jamais être dialectiques en elles-mêmes, seul l'abus qu'on en fait est nécessairement cause qu'il y a en elles une source d'apparence trompeuse pour nous ; car elles nous sont données par la nature de notre raison, et il est impossible que ce suprême tribunal de tous les droits et de toutes les prétentions de notre spéculation renferme lui-même des illusions et des prestiges originels. Il est donc probable qu'elles auront une destination bonne et appropriée à une fin dans la constitution naturelle de notre raison] ». L'usage *régulateur* des idées de la raison pure : fonction d'unification du travail de l'entendement dans l'activité scientifique par le *focus imaginarius* qu'elle lui propose ;

c) 541, A800/B828, *deuxième application* : « Tout l'appareil de la raison [dans le travail qu'on peut appeler philosophie pure n'a donc pour but, en fait, que les trois problèmes énoncés. Mais ceux-ci ont eux-mêmes, à leur tour, une fin plus éloignée, savoir : *ce qu'il faut faire*, si la volonté est libre, s'il y a un Dieu et une vie future. Or, comme il s'agit ici de notre conduite par rapport à la fin suprême, le but final des sages dispositions de la nature prévoyante dans la constitution de notre raison n'appartient qu'à la seule morale] ». « Le but final de l'usage pur de notre raison » appartient à la pratique, à la morale. (*Cf.* également textes de l'Architectonique à la fin de la Méthodologie transcendantale, [notamment 562, A840/

B868 : « Les fins essentielles ne sont pas encore pour cela les fins suprêmes : il ne peut y en avoir qu'une seule … Elles sont donc ou le but final, ou des fins subalternes qui appartiennent nécessairement au but final comme moyen. Le premier n'est autre que la destination totale de l'homme, et la philosophie de cette destination s'appelle la morale. En raison de la prééminence que la philosophie morale a sur toutes les autres acquisitions de la raison, on entendait toujours, en même temps et principalement chez les anciens, sous le nom de philosophe le moraliste, et même aujourd'hui encore l'apparence extérieure de la domination de soi-même par la raison fait que, suivant un certaine analogie, on appelle quelqu'un philosophe malgré son savoir borné »]).

Enfin on aura soin de ne pas négliger la note très suggestive de la p. 20, BXXI, de la préface de la 2e édition où Kant donne sa place à la Dialectique dans « l'expérimentation de la raison pure » que constitue la Critique.

Une tentative de réponse à la question du sens général de la Dialectique transcendantale fait apparaître cette question comme surdéterminée.

1) Si on s'en tient à la justification que donne la 1re édition, on enregistre les deux déclarations des p. 452, A642/ B670, et 484-485, A702-4/B730-2, d'où il résulte que la Dialectique *confirme et complète* l'Esthétique, et plus particulièrement l'Analytique (plus particulièrement parce qu'elles sont à elles deux toute la Logique transcendantale). À vrai dire, il y a déjà ici une oscillation entre l'idée d'une simple *confirmation* conduisant à « un procès verbal » de carence de la raison spéculative (texte de la p. 484-485) et celle d'un *complément positif* à deux titres :

a) c'est une tâche positive que celle qui consiste à aller chercher l'illusion dans sa racine;

b) plus positive encore celle qui consiste, après avoir dénoncé le mauvais usage des idées de la raison, d'en indiquer le *bon usage* (plus spécialement texte de la p. 453, A642-3/B670-1). Et on trouvera la confirmation de cette positivité dans les longs développements que Kant consacre à l'usage *régulateur* des idées (textes trop peu connus si on considère que Kant y expose une importante théorie de la *spécification* qui va bien au delà du simple aspect de précepte logique à valeur normative qu'exprime la formule « *entium varietates non temere esse minuendas* », qui a l'air de n'être qu'une règle pratique pour le travail scientifique; nul doute qu'aux yeux de Kant cette loi n'ait un fondement transcendantal, c'est à dire qu'elle exprime l'impossibilité d'atteindre le réel de l'intuition par un nombre fini de spécifications d'un concept [459-461, A655/B683 *sq.*]).

2) Si l'on considère[a] qu'il existe un mouvement général implicite de la philosophie transcendantale, en ceci par exemple que la vérité et le moteur de la *Critique* n'apparaissent que dans les *Premiers Principes* [*métaphysiques de la science de la nature*] (*cf.* 565 *sq.*, A845/B873 *sq.*), la vérité de l'Esthétique dans l'Analytique, on peut se poser la même question à propos de la Dialectique : quelle vérité de l'Analytique et de l'Esthétique fait-elle surgir ? Et par exemple concernant le texte des Paralogismes qui nous occupe, quelle révision effectue-t-il :

a) de la théorie du temps ? – l'Analytique ayant déjà très visiblement transformé l'exposé de l'Esthétique : α) la symé-

a. Là-dessus voir J. Vuillemin, *Physique et métaphysique kantiennes*, Paris, PUF, 1955 [p. 25 *sq.*].

trie avec l'espace est rompue dès que le principe du temps comme forme du sens interne est découvert; β) au niveau de la 2e Analogie de l'expérience intervient la distinction entre le *cours* du temps et l'*ordre* du temps (p. 190-191);

b) de la théorie du *sujet* et du sens interne ?

c) de façon générale de l'*idéalisme* (spécialement 4e Paralogisme qui concerne l'idéalité du rapport extérieur) ?

3) Si l'on prend en compte le mouvement rétrograde du vrai qui s'effectue chez Kant de la 2e édition à la 1re, le problème se surdétermine encore.

A) L'exposé des *Prolégomènes* atteste une nouvelle précision de la prise de conscience de l'architectonique du système critique : le Dialectique apparaît comme réponse à la question : *comment la métaphysique est-elle possible ?*, l'Esthétique et l'Analytique répondant aux questions : comment les mathématiques, la physique sont-elles possibles ? Et on remarquera que Kant a jugé cette nouvelle vision de son œuvre si importante qu'il l'a expressément exposée dans les paragraphes V et VI de l'introduction et il est visible que la note de la p. 275, B395, relève du même souci. (De même encore le passage de la 2e édition p. 310-316, B423-6).

B) Mais cette prise de conscience implique à son tour plusieurs choses.

a) Laissons de côté la réalisation du projet de métaphysique comme science sous la forme des *Premiers principes* parus en 1786.

b) Ce qui est décisif, c'est d'abord la découverte de la nécessité de procéder à la critique de la raison pratique par la prise de conscience du fait que les *impératifs catégoriques* sont des jugements *synthétiques à priori*, – point de vue qui était exclu dans la 1re édition de la *Critique de la raison pure*, comme le prouve le texte de la Méthodologie [intitulé] Canon de la raison pure (*cf.* article de Gueroult, [« Du Canon de la raison pure à la Critique de la raison pratique »] Revue *Internationale de Philosophie*, 1954). Cette nouvelle critique amènera à doubler la métaphysique de la nature d'une métaphysique des mœurs dont les *Fondements* sont trouvés en 1785, et qui sera élaborée en 1797 sous la double forme de :

Premiers principes métaphysiques de la doctrine de la vertu
- - - - - - - - - - - - - - - - - *du droit.*

Le contrecoup de cette double découverte, ne pouvait manquer d'avoir une double incidence sur le texte des Paralogismes :

– le problème de l'immortalité prend un relief et une importance qu'il n'avait pas tant qu'il s'agissait de montrer qu'une psychologie rationnelle ne pouvait l'établir, puisqu'on s'aperçoit maintenant que, s'il disparaît comme *savoir*, il doit ressusciter comme *croyance* ;

– le *Canon de la raison pure* admettait une expérience psychologique de la liberté; mais la *Critique de la Raison pratique* révélait que la loi morale était un *fait de raison*, expérience d'un tout autre ordre que l'expérience sensible. Il y avait là une raison suffisante pour entraîner une révision de la doctrine du sujet transcendantal impliquée dans le 1re rédaction des Paralogismes, qui entre pour une part certaine dans le nouvel éclairage qu'en donne la 2e édition. En fonction de ces deux points, on s'attachera spécialement à la notion de *personnalité*.

c) Enfin on ne saurait manquer de faire la part du souci qu'a eu Kant de mettre au point la présentation de son idéalisme en ce qu'il avait de spécifique ; les objections de Feder l'ayant déjà obligé à un effort supplémentaire sur ce point dans les

Prolégomènes[1], la nouvelle rédaction des Paralogismes ne pouvait manquer de profiter de ce surcroît de précision et d'être même l'occasion d'un nouvel approfondissement.

Ce souci est suffisamment attesté par la fameuse addition au texte de la Troisième Analogie du *théorème* réfutant l'idéalisme (205-207, B274-9). Texte qu'il juge même nécessaire d'éclaircir dans une note de la Préface à la 2e édition, 27-29, BXXXIX-XLI. – *Cf.* également la note au texte qui présente « l'idéalisme comme clé de la solution de la dialectique cosmologique » (6éme section [de l'Antithétique de la raison pure, 372, A491/B519], où Kant précise qu'il vaut mieux appeler cet idéalisme *formel* pour le distinguer de l'idéalisme matériel qui doute de l'expérience sensible des choses extérieures ou même la nie).

À partir de cet ensemble de remarques, nous allons peut-être pouvoir donner leur sens aux termes de *dialectique* et de *transcendantal*.

La division de la Logique en *Analytique* et *Dialectique* nous a été présentée pour la première fois dans le début de la 2e partie de l'*Elementarlehre* (80, A57/B82) à peu près aussi sommairement que nous avait été proposée la division en Esthétique et Logique. La Logique générale faisant par définition abstraction de tout contenu de la connaissance, de tout rapport de la connaissance à son objet et ne considérant que la forme de la pensée en général, ne peut, lorsqu'elle se pose la question de savoir quel est le critère de la vérité, découvrir que la condition *négative* de la vérité : celle de l'accord de la connaissance avec les lois générales *formelles* de l'entende-

1. *Cf.* à la fin des *Prolégomènes* la réponse de Kant à un « Spécimen de jugement sur la Critique qui en précède l'examen », p. 156-164.

ment et de la raison. Elle ne peut donc découvrir que l'erreur qui porte sur la *forme*, non sur le contenu.

Dans sa partie principale, elle résout *en éléments* le travail *formel* de l'entendement et de la raison, et se présente comme *Analytique*. Comme telle elle se présente comme un *Canon* : l'ensemble des principes fixant le légitime usage de ces facultés, par rapport à ce qu'il y a de *formel* dans leur usage.

Mais la tentation est évidemment grande de transformer ce *canon* en *organon*, c'est à dire en instrument prétendument capable d'étendre réellement nos connaissances (cf. *Logique*, Introduction, I, p. 11 : si la logique n'est pas un organon des sciences, c'est que, à la différence des mathématiques par exemple, elle n'est pas capable de fournir d'indications sur la façon d'atteindre certaines connaissances et d'étendre le domaine des vérités scientifiques). C'est cette Logique générale dans sa prétention à être un organon que Kant appelle *Dialectique*. Ainsi, la dialectique est de toute évidence une sorte d'excroissance pathologique : elle est une logique de l'*apparence* seulement, c'est à dire du « faux semblant » (faux semblant vrai) qui, n'aboutit qu'à du verbiage. Le sens péjoratif est donc incontestable, et Kant estime qu'une dépit de variantes c'est ainsi que les Anciens l'ont toujours entendu : un art *sophistique* de donner à son ignorance et à ses illusions l'apparence de la vérité, une utilisation fallacieuse de la Topique, c'est à dire du catalogue des formes logiques d'argumentation.

C'est ce sens péjoratif qu'on retrouve dans un texte comme celui-ci (fin de la Première section des *Fondements de la métaphysique des mœurs*, p. 101) : « De là résulte une *dialectique naturelle*, c'est à dire un penchant à sophistiquer contre les règles strictes du devoir, à mettre en doute leur validité, leur pureté, leur rigueur ». Donc en un sens très direct, un raisonnement dialectique est un raisonnement illusoire : il paraît vrai, il ne l'est pas. Mais on voit aussi que Kant étend le mot à l'*étude* et à la *critique* de l'illusion : la Dialectique est intégrée à la vraie Logique « comme critique de l'apparence dialectique ».

Il ne paraît pas tellement utile de discuter la légitimité des vues historiques de Kant sur ce point.

1) Il est très évident que l'on peut laisser de côté le cas de la dialectique platonicienne. On remarquera seulement qu'il n'y a pas trop à s'étonner de l'apparente ignorance de Kant sur ce point (contrastant très évidemment avec le très beau texte sur les Idées platoniciennes qu'on trouve au début de la Dialectique [262-265, A313/B370 *sq.*] et qui témoigne d'une pénétration qu'on ne retrouve pas chez tous les historiens du platonisme à commencer par Aristote), car la désignation par le terme de dialectique de cette espèce de métamathématique (au reste assez mystérieuse et peu explicitement systématisée dans les Dialogues) n'est devenue courante que chez les historiens modernes.

Deux définitions [de la dialectique] se juxtaposent chez Platon :

a) par exemple celle du *Cratyle* 390c : le dialecticien est celui qui sait interroger et répondre. Plus qu'un art de la conversation qui nous laisserait trop près de la simple rhétorique, la dialectique est un art du discours suivi, séduisant et persuasif par la mise en œuvre éclectique de divers moyens ; c'est déjà, si l'on songe à son incarnation en Socrate, une technique du dialogue cherchant à faire le vrai en vue du bien, c'est-à-dire jouant avec vigilance des principes logiques non pour faire illusion mais pour éveiller l'homme à la conscience de sa responsabilité dans la promotion des valeurs ;

b) celle du *Sophiste* par exemple (253cd) (ou du *Phèdre* 266bc) : « Diviser les Idées par genres et ne pas prendre une même idée pour une autre ou au contraire une autre pour la même », savoir trouver l'unité qui convient à une multiplicité, ou la multiplicité de telle unité, trouver les intermédiaires entre l'*unité* du genre et l'infinité des individus (*Philèbe* 16de). Savoir rassembler et diviser (*Phèdre*).

Deux sens qu'articule plus ou moins la célèbre formule : « Savoir rendre raison dans nos questions et réponses au cours d'une recherche en commun ». Ce que confirmerait le texte des *Mémorables* de Xénophon (IV, 5-12) : « Il a dit que le nom de la "dialectique" vient de ce que les participants *délibèrent en commun en distinguant* (διαλέγοντες) les choses selon leurs genres ». Il s'agirait alors de la science de faire en sorte de maintenir l'*adaequatio rei et intellectus* : on cherche en commun, parce que le but à atteindre est l'ὁμολογία, l'accord universel des esprits étant le signe de la présence du vrai. Mais pour chercher en commun et se mettre vraiment mutuellement à l'épreuve il faut pouvoir s'obliger mutuellement à admettre, quoique par une libre adhésion, donc s'amener mutuellement à prendre conscience de la *nécessité*, autre signe de la présence du vrai. Mais d'autre part, *a parte rei*, ce sur quoi l'ὁμολογία doit se faire, c'est sur le principe d'unification d'une multiplicité dont il faut assurer l'inventaire rigoureux. Ainsi définie, de toute évidence, loin d'emporter un sens péjoratif, la dialectique est la logique, donc la vérité.

2) Aristote, semblant se souvenir avant tout du fait que Socrate partait des *opinions communes* pour tenter d'amener l'interlocuteur à résoudre ses contradictions, place la Dialectique à mi-chemin entre l'Analytique et la Rhétorique. Elle ne concerne que les raisonnements *probables*, sa matière première étant des lieux communs (alors que l'Analytique traite des raisonnements certains partant de propos vrais obtenus soit par démonstration antérieure, soit par induction, soit par

intuition). C'est seulement parce que les raisonnements sont fondés sur des propositions générales au lieu de l'être sur l'*essence* elle-même qu'il arrive ensuite à Aristote de prendre le mot dialectique en un sens péjoratif, l'opposant à φυσικῶς (= d'une manière fondée dans la nature des choses) dans le sens de *formel vide* de contenu (διαλεκτικῶς καί κενῶς). Donc, comme on peut s'y attendre, c'est d'Aristote que Kant, dans des conditions à peu près correctes, hérite de cette distinction de l'Analytique et de la Dialectique. On peut simplement préciser qu'il accentue en un sens la nuance péjorative du mot dialectique, et qu'il donne à la dialectique en tant que partie de la Logique (critique de l'apparence) une fonction qu'elle n'avait pas chez Aristote. Mais s'il la rend critique, il la rend aussi transcendantale.

La Logique transcendantale ne fait pas, à la différence de la Logique générale, abstraction de *tout* le contenu de la connaissance : a) d'une part elle s'attache aux règles de la pensée pure d'un objet (n'éliminant ainsi que l'empirique) ; – b) d'autre part elle s'enquiert de l'*origine* de nos connaissances des objets en tant que cette origine ne peut être attribuée aux objets. L'Analytique transcendantale décomposant le pouvoir de l'entendement et analysant son usage pur y découvre les éléments de sa connaissance pure (Analytique des concepts) et les *principes* sans lesquels aucun objet ne peut être pensé (Analytique des principes). Elle constitue une *logique de la vérité* puisque toute connaissance qui y contredit prouve par là qu'elle est sans contenu, c'est à dire sans rapport à un objet, c'est-à-dire sans vérité. Mais il existe une tentation de transformer ce canon de l'usage empirique en un organon à l'usage « *hyperphysique* », c'est à dire de dépasser les bornes de l'expérience qui peut seule donner un contenu aux concepts de l'entendement, et de faire des principes *formels* un usage *matériel* (c'est-à-dire d'appliquer la faculté de juger à des objets qui ne peuvent nous être donnés dans aucune expérience), bref de faire un usage dialectique de l'entendement. [C'est pourquoi] il est nécessaire de compléter l'Analytique transcendantale par une critique de l'apparence dialectique, en quoi consiste la Dialectique transcendantale.

Telle est la première présentation de la Dialectique que nous propose la *Critique* au début de la Logique.

La deuxième [présentation] (introduction à la *Dialectique transcendantale*) commence par creuser l'écart avec la conception aristotélicienne. La dialectique, logique de l'*apparence*, n'est pas une logique de la *vraisemblance*, qui est encore une vérité mais connue par des principes insuffisants, – donc défectueuse, mais pas trompeuse. À vrai dire, l'écart avec Aristote peut être mesuré comme étant celui d'un *choix* et d'une *précision* apportée par Kant en fonction de ce qu'exige la transformation de la Logique générale en Logique transcendantale. Pour le voir, comparons leurs analyses de la notion d'apparence. De façon générale il faut surtout se guider sur l'opposition du réalisme aristotélicien et de l'idéalisme transcendantal . la logique dialectique pour Aristote est fondée dans la nature des choses : « Pour les choses indéterminées, la règle aussi doit être indéterminée » [1].

Pour Aristote l'apparence c'est :

1) ce qui est *obvius*, comme dirait la terminologie scolastique, c'est-à-dire ce qui s'offre spontanément à l'esprit comme allant de soi ;

2) ce qui *paraît* vrai, mais à la réflexion se révèle faux (dans l'exercice de la *disputatio*, les scolastiques exposent

1. *Éthique à Nicomaque*, V, 1137b29.

la thèse qu'ils s'apprêtent à réfuter en commençant par la formule : *videtur quod* [« il paraît que ... »]);

3) ce qui apparaît au sens commun comme étant l'opinion commune la plus habituelle, la plus répandue. Dans ce cas :

– ou bien cette opinion commune peut donner lieu à des jugements ou raisonnements dialectiques, c'est à dire qui se contentent de la vraisemblance ;

– ou bien une justification scientifique peut en être donnée qui permettra de la présenter comme vérité apodictique.

Or l'apparence à laquelle va s'intéresser Kant n'est ni l'*apparence empirique*, [comme l']illusion d'optique (exemple : la lune apparaît plus grosse à l'horizon qu'au zénith),

– ni l'apparence logique : un raisonnement m'apparaît vrai, à la réflexion je découvre que c'est un sophisme reposant sur une pétition de principes,

– mais l'apparence transcendantale : c'est-à-dire l'illusion où nous tombons quand, dépassant l'usage empirique des catégories, nous nous flattons d'obtenir de nouvelles et authentiques connaissances. Visiblement c'est au sens 3 d'Aristote que s'intéresse Kant. Mais alors qu'Aristote mettait deux possibilités à l'alternative :

– ou bien se contenter de l'opinion commune et de sa vraisemblance pour raisonner dialectiquement,

– ou bien la fonder en raison en montrant que ce qui apparaît vrai est effectivement vrai,

Kant va trancher, ou plutôt conserver et dépasser, en montrant que l'apparence est bien *illusion*, c'est à dire que si nous la tenons pour vraie, nous nous trompons, – mais que cette illusion, *à la lettre est « fondée en raison »*, c'est à dire qu'elle résulte d'une propension « *naturelle et inévitable* » de notre raison, ce qui ne veut pas dire qu'il ne faille pas la dénoncer comme illusion et essayer de se prémunir contre elle.

Pour reprendre les deux points de comparaison qui s'imposent :

– l'apparence *logique* peut être anéantie : le raisonnement qui tout à l'heure m'apparaissait correct et conduisant à une conclusion, m'apparaît maintenant vicieux et conduisant au faux. Il est désormais nul et non avenu pour moi. Il n'y à rien à en retenir.

– l'apparence *empirique* se révèle illusion après l'investigation scientifique : la lune n'est pas en réalité plus grosse à l'horizon. J'aurais donc tort si je jugeais sur l'apparence, si je posais comme vraie la grosseur de la lune. Ce qui n'empêche pas que quand je cesse d'être astronome pour redevenir simple sujet percevant rien ne peut m'empêcher de voir la lune plus grosse ; je ne peux pas lui rendre pour mes yeux sa vraie dimension.

– l'apparence *transcendantale* a ceci de commun avec l'apparence logique et l'apparence empirique que l'examen, la réflexion (qu'entreprend précisément la *Dialectique transcendantale*) révèlent que nos connaissances hyper-physiques sont de *pseudo-connaissances* : je crois connaître, je ne connais rien en réalité.

Mais alors que l'apparence logique peut être détruite sans reste, c'est-à-dire que désormais il me suffit d'être attentif à me conformer aux règles de la logique pour ne plus commettre de sophismes, l'apparence transcendantale a ceci de commun avec l'apparence empirique qu'il ne dépend pas de moi de ne pas la produire. Tout ce que je puis faire c'est de prendre mes précautions pour ne pas être dupe.

Mais l'élucidation plus complète de ce point exige que nous dégagions plus nettement le sens du transcendantal : c'est pas là qu'en mesurant plus exactement ce qui sépare Kant d'Aristote, nous avons chance de mieux saisir l'originalité de la pensée kantienne. Si nous choisissons ce détour, c'est que Kant nous y invite implicitement par la célèbre formule d'introduction à la Logique transcendantale (80, A58/B82): « La définition nominale de la vérité qui en fait *l'accord de la connaissance avec son objet* est ici admise et présupposée; mais on veut savoir quel est l'universel et sûr critère de la vérité de toute connaissance ». Mais il s'agit de bien voir que nous sommes ici à l'extrême opposé de l'identification aristotélicienne du *vrai* avec l'*être*. Certes les intermédiaires sont nombreux entre ce réalisme initial et l'idéalisme kantien. Étienne Gilson relève déjà une élaboration intéressante dans la tradition scolastique du thème de l'*adequatio rei et intellectus* chez Eustache de Saint Paul : « La vérité comme la fausseté se trouve en trois ordres de choses dans différents rapports : dans les *choses* comme dans son *fondement*, dans l'*intelligence* comme dans son *sujet*, dans l'*énonciation* comme dans son *signe*. On peut s'apercevoir à partir de là que vérité et fausseté *sont plus proprement dans l'intelligence* que dans les choses et les paroles. Aussi la vérité se définit-elle proprement : la conformité de l'intelligence qui connaît avec la chose qui est connue »[1]. Et il est clair qu'on ne saurait non plus négliger les cartésiens. Toutefois (en effet Descartes [soutient que] « la vérité est une même chose avec l'être »[2]), le changement

1. E. de Saint-Paul, *Summa philosophiae* (1609), cité par Ét. Gilson, *Index scolastico-cartésien*, Paris, Vrin, 1979, p. 316.

2. Bien que souvent attribuée à Descartes, la formule est un ajout de la seconde édition, revue par Clerselier (1661), de la traduction française des *Méditations métaphysiques*, Méditation 5e (ATIXa, p. 51), faisant suite à « Tout ce qui est vrai est quelque chose ». Descartes avait bien écrit dans une lettre à Clerselier du 23 avril 1649 : « La vérité consiste en l'être » (ATV, 356).

radical n'est vraiment effectué dans le problème de la vérité qu'avec le renversement copernicien tel qu'il se définit dans la préface à la 2e édition (18-19, B XVI) : « Jusqu'ici on admettait que toute notre connaissance devait se régler sur les objets … que l'on essaie enfin de voir si nous ne serons pas plus heureux dans les problèmes de la métaphysique en supposant que les objets doivent se régler sur notre connaissance ».

Si nous voulons bien saisir en quoi la Dialectique transcendantale est comme on l'a dit une « logique de l'erreur », ou comme dit Kant une « logique de l'apparence », venant après cette « logique de la vérité » qu'est l'Analytique, il n'est pas inutile de jeter un coup d'œil rétrospectif sur ce problème de l'erreur dans la philosophie précritique, dogmatique comme l'appelle Kant.

Abstraitement formulée, la difficulté du problème de l'erreur est la suivante.

Si la vérité est un en-soi, l'objet un absolu, on ne voit pas qu'il puisse y avoir d'intermédiaire entre le savoir authentique et la pure illusion, et on rencontre le double écueil que Husserl appellera celui du *psychologisme* et du *naturalisme* : ou bien la conscience n'a qu'une existence de fait, purement psychologique, mais alors vérité et erreur ne sont que des faits, ce qui revient à dire que la connaissance est impossible, – ou bien la pensée est pensée-de-l'être, mais alors l'erreur est inexplicable puisqu'on ne voit plus comment elle pourrait poser le néant comme être. Le néant n'étant rien ne devrait même pas pouvoir être conçu. On peut relire dans cette perspective deux passages de *Platon* : 1) *République*, V 47e *sq.* – 2) *Théétète* 187e *sq.*

Dans le premier, Platon (dans le cadre d'un essai de définition du philosophe, ce qui est remarquable) est amené à s'interroger sur la difficulté que soulève l'existence incontestable de l'opinion (δόξα), intermédiaire entre le savoir et l'ignorance. Quel objet peut-elle avoir? On peut penser que seul l'idéalisme adopté par Platon et qui le fait aller de la faculté (δύναμις) à son œuvre (ἔργον), – c'est à dire en somme une révolution copernicienne avant la lettre –, lui permet de formuler et de résoudre cette question.

C'est ce qui apparaît non moins nettement dans l'autre texte, où l'on voit Platon, pour tenter de résoudre l'aporie (impossibilité de concevoir l'erreur), se placer au point de vue du sujet, distinguer entre avoir et posséder, et proposer la célèbre image du colombier, c'est à dire recourir aux intentions de la conscience.

La difficulté est en somme la suivante: pour admettre l'erreur concurremment avec la vérité, Platon doit accorder l'existence du non-être. Mais il ne l'accorde qu'à titre de non-être : le non-être est ce que l'objet n'est pas et il est seulement attribué à l'objet comme ce que l'objet n'est pas. Mais justement, se tromper c'est attribuer à l'objet son non-être, non pas à titre de non-être, mais à titre d'être. Ce dont il faut rendre compte, c'est bien de l'apparence qui présente le non-être comme un être. Or c'est évidemment impossible tant qu'on reste sur le plan de l'objet.

C'est également ce que Descartes a fort bien compris. Mais perception et conception (entendement = faculté d'apercevoir) sont ce qu'elles sont, claires ou obscures (suivant que les idées sont présentes ou non), distinctes ou confuses (suivant qu'elles sont distinguées les unes des autres ou non), mais jusque là, point d'erreur, précisément parce qu'on reste au niveau des faits. (C'est en *fait* que mon idée *est* telle ou telle. Aucune question de *droit* n'est encore posée et le problème de la *vérité* n'est pas encore né). Le défaut qu'il peut y avoir dans les perceptions n'est pas encore présenté comme positivité. Le non-être ne prétend pas encore passer pour être. Cette positivité prétendue ne peut provenir que d'un acte de position, acte *indépendant* de la perception elle-même, et par cette indépendance même se posant comme *liberté*. C'est à la *volonté* seulement qu'il appartient, comme *être* dans le *jugement* qui a effectivement de l'être (vérité) ou qui n'en a pas (erreur). Voyons bien par conséquent que seule une radicale *indépendance* de la volonté par rapport à l'entendement peut fonder une authentique liberté, et c'est sans doute pourquoi Descartes tient ferme à la liberté d'indifférence.

Mais il est obligé de dédoubler aussitôt celle-ci : ce qu'il en retient c'est le *pouvoir positif* de faire ou de ne pas faire. Et ce qu'il en refuse, c'est l'aspect purement négatif : absence de raison d'affirmer oui ou non. Et c'est à la faveur de ce dédoublement qu'il finit par poser la thèse fameuse de la 4e Méditation selon laquelle la liberté d'indifférence est le plus bas degré de la liberté [1]. Qu'est-ce qui se cache là-dessous ?

D'une part pour que la volonté soit libre, il faut qu'elle soit *absolument indépendante* de l'entendement : le libre arbitre est alors l'absolue indépendance de l'arbitre, c'est à dire strictement l'arbitraire. Mais c'est alors que la position du *défaut* comme être va se révéler *faute* dans le jugement *faux*. Pour éviter cette faute, un seul remède : que l'arbitre se donne une règle et limite pat là son arbitraire. Mais il n'y parviendra qu'en abandonnant cette indépendance même qui assurait son

1. « De façon que cette indifférence que je sens, lorsque je ne suis point emporté vers un côté plutôt que vers un autre par le poids d'aucune raison, est le plus bas degré de la liberté, et fait plutôt paraître un défaut dans la connaissance, qu'une perfection dans la volonté ; car si je connaissais toujours clairement ce qui est vrai et ce qui est bon, je ne serais jamais en peine de délibérer quel jugement et quel choix je devrais faire ; et ainsi je serais entièrement libre, sans jamais être indifférent » (ATIXa, 46).

existence : quand l'idée perçue par l'entendement est claire et distincte, la manifestation de la liberté en acte est compromise par la nécessité de l'évidence. Certes Descartes va maintenir ici encore la liberté de l'arbitre : je puis encore, lors même que l'évidence est là, refuser l'assentiment, c'est-à-dire ne pas juger. Mais rien ne montre mieux que la liberté n'existe plus « *qu'en puissance* ». Le passage à l'acte sera nécessairement en fin de compte un « changement de camp », un passage du point du vue du *sujet* au point de vue de l'*objet*. Car n'oublions pas qu'une perception, même confuse, a un être, un *contenu positif*. Le néant n'ayant pas de propriétés, percevoir le néant serait ne pas percevoir. Ce sera donc en fin de compte l'être du perçu par l'entendement qui, dans l'évidence, déterminera l'adhésion de la volonté. Si l'affirmation de la volonté était absolument indépendante de la perception de l'entendement, on ne voit pas comment d'une grande lumière de l'entendement naîtrait une grande propension de la volonté [1].

Par conséquent, en fin de compte et en dépit de toute la pénétration et même de la subtilité de Descartes, la « nature dogmatique » de son rationalisme et le conflit qu'elle entraîne entre l'idéalisme et le réalisme lui interdisaient d'expliquer l'erreur par la liberté et l'obligeaient à en faire un résultat de l'insuffisance du savoir, ne percevant que partiellement son objet. D'où il apparaît une nouvelle fois que dès l'instant que la pensée est pensée de l'être, l'erreur ne peut rien avoir de positif, et qu'on soit réduit à en faire un moment de la vérité

1. « Car il est, ce me semble, certain que, *ex magna luce in intellectu sequitur magna propensio in voluntate* ; en sorte que, voyant très clairement qu'une chose nous est propre, il est très malaisé, et même, comme je crois, impossible, pendant qu'on demeure en cette pensée, d'arrêter le cours de notre désir » (Lettre à Mesland, 2 mai 1644, AT IV, 115-116).

comme cela apparaîtra nettement chez Spinoza. Si on fait de la vérité un absolu, il faut que la connaissance aussi soit absolue, sans quoi elle ne serait pas connaissance et l'erreur elle-même devient inexplicable. Certes on peut tenter encore de lui donner un sens par un retour au *sujet*, mais comme on a laissé la vérité dans l'en soi de l'*objet* on ne trouve qu'un sujet vide auquel on ne peut accorder que l'abstraction d'une liberté d'indifférence, limite intenable qui oblige à revenir à l'objet, – mais alors l'erreur est absorbée dans la connaissance et devient un de ses moments. Ainsi Spinoza prétendra que lorsque nous percevons le soleil à 200 pieds, notre erreur consiste en ce que « tandis que nous l'imaginons, nous ignorons sa vraie distance et la cause de cette imagination que nous en avons » [1] (inadéquat, conséquence coupée de ses prémisses, vérité tronquée). Mais il ne semble justement pas que ce soit au sens où l'entend Spinoza qu'il faut entendre que le faux est un moment du vrai. Car il y a une vérité de ce soleil à 200 pieds, mais qui n'est pas relative à celle de l'astronome, mais bien propre à la présentation sensible (distinguée de la représentation intellectuelle). C'est la vérité de tous les sujets percevants, dont on dira justement qu'ils ont une vue « normale » par opposition à l'illusion de ceux qui le verraient à quelques pas. Cette perception normale ne devra donc être recensée comme erreur qu'au cas où le sujet percevant lui conférerait une prétention à la vérité scientifique (comme c'est le cas chez Épicure selon Lucrèce, qui dans sa polémique contre une science perturbatrice de l'ataraxie préconise d'affirmer que la lune est *en effet* telle qu'elle est perçue, de la grandeur d'une pièce de monnaie[2]). Contre Spinoza, Descartes a raison pour autant

1. *Éthique*, Deuxième Partie, Proposition XXXV, scolie.
2. Lucrèce, *De la nature*, Chant V, vers 575-584.

que le retour au sujet qu'il effectue résulte de la conscience qu'il eut de l'importance de cette *prétention* comme relevant nécessairement d'une *conscience intentionnelle*. Mais en retour, Spinoza avait raison contre Descartes en soulignant qu'on ne saurait concevoir d'adhésion sans motif. Mais leur commun dépassement exigeait que la révolution copernicienne ne recule pas devant le paradoxe de ne jamais nous faire trouver dans les objets que ce que nous y avons mis en tant que sujets, – le paradoxe que développe toute la *Critique* : constituer l'objectivité par un approfondissement de la subjectivité, corrélativement approfondir la théorie de l'erreur qui, dans l'Amphibologie transcendantale à laquelle renvoie le 1er alinéa de la Dialectique (252, A295/B351 [1]), pouvait immédiatement compléter cette logique de la vérité qu'est l'Analytique, en allant chercher la source de cette erreur jusqu'au fond ultime de la raison.

C'est cet approfondissement que mesure la distinction faite dès le 2e alinéa entre le *transcendantal* et le *transcendant* [253, A296/B352-3]. Cette distinction est en même temps la mesure de ce qui sépare l'*entendement* de la *raison*, distinction qu'il faut essayer de saisir à partir de la notion de *principe*.

A) Il y a un sens très large de ce mot, lorsqu'il désigne « ce à partir de quoi » une connaissance quelconque, même si elle

1. Précisément dans le passage suivant, qui conclut la présentation de l'erreur comme « produite par l'influence inaperçue de la sensibilité sur l'entendement » : « C'est ce qui doit se faire dans les jugements purs *a priori* au moyen de la réflexion transcendantale qui (comme on l'a déjà montré) assigne à chaque représentation sa place dans la faculté de connaissance qui lui correspond et, ar suite, distingue aussi l'influence qu'a sur l'entendement la sensibilité ». La précision « ainsi qu'on l'a déjà montré » renvoie à l'*Amphibologie des concepts de la réflexion*, appendice placé à fin de l'Analytique transcendantale (232 *sq.*, A260/B316 *sq.*).

a été obtenue inductivement à partir de l'expérience, peut « assumer la fonction de principe », si devenant la *majeure* d'un raisonnement elle rend possible l'acquisition comme *conclusion* d'une autre connaissance. De même en mathématiques un *axiome* pourra légitimement être appelé principe en tant qu'il rend possible l'acquisition d'autres connaissances [255, A300/B356].

B) Il y a un sens plus précis du mot dans la philosophie transcendantale, et plus spécialement dans le cadre d'une « *Elementarlehre* » : les principes sont les *éléments* eux-mêmes en tant que conditions de possibilité d'une connaissance. On a affaire cette fois à des principes (*principia*) « par eux-mêmes » (*ibid.*) et non à des connaissances « faisant fonction de principes » (*als Prinzip*), des principes qui sont tels « par leur propre origine » (*ibid.*). Ainsi « les *principes* » de l'Esthétique transcendantale qui font de l'Espace et du Temps les conditions de la possibilité de toutes les choses en tant que phénomènes (157, A149/B188). Ainsi encore « le principe suprême de tout l'usage de l'entendement, c'est à dire le principe de l'unité synthétique de l'aperception » que découvre la déduction transcendantale (Analytique des concepts, 2e édition, § 17), – et les deux couples de ses spécifications que découvre l'Analytique des principes ceux-ci étant alors définis comme « les règles de l'usage objectif des catégories » (163, A161/B200) :

a) les principes *mathématiques* (axiomes de l'intuition – [ou principe des] grandeurs extensives; anticipation de perception – [ou principe des] grandeurs intensives);

b) les principes *dynamiques* (analogies de l'expérience et postulats de la pensée empirique).

C) Mais ici, il faut prendre garde encore à une distinction importante que fait Kant entre *Grundsatz* et *Prinzip*.

1) § 17, 116, B 138 : Le principe suprême de l'entendement est un *Grundsatz*, mais non un *Prinzip* pour tout entendement possible, et par exemple [il n'en est pas un] pour un entendement intuitif. Mais la réserve paraît de peu d'importance puisque ce n'est pas le cas du nôtre.

2) Il en va tout autrement en ce qui concerne les principes. D'abord il ne faut pas confondre les *principes mathématiques* avec les *principes des mathématiques*. Les principes des mathématiques sont tirés d'intuitions pures. Certes c'est *au moyen* de l'entendement, mais ce ne sont cependant pas des principes de l'entendement. Seuls seront principes de l'entendement ceux qui fondent la possibilité et la valeur objective *a priori* des principes de la mathématique. Ce sont de vrais *principia* car ils vont des concepts à l'*intuition* : c'est comme tels que l'emploi de leur synthèse sera dit « mathématique » (une connaissance mathématique est une connaissance par construction de concept dans l'intuition) ; exemple : toutes les intuitions sont des grandeurs extensives, tel est le *Prinzip* des *Grundsätze* que sont les axiomes de l'intuition (Kant jugeait si importante cette distinction qu'il a corrigé partout dans le 2e édition). L'emploi de la synthèse sera dit « dynamique » quand elle s'appliquera à l'existence.

Ensuite il ne faut pas confondre les principes *intellectuels* avec les principes *rationnels*. C'est une distinction que n'avait pas à faire une logique générale, puisque [pour elle], faisant abstraction complète du contenu, entendement, faculté de juger et raison, et leurs produits : concept, jugement, raisonnement, pouvaient subir un traitement homogène. En particulier, son Analytique pouvait fournir un canon pour la raison dont le raisonnement est encore un jugement (257-258, A 304/B 361 [1]). Mais il en va tout autrement dans une Logique transcendantale qui ne fait pas abstraction de tout contenu, puisqu'elle conserve celui des connaissances pures *a priori*, car c'est précisément lorsque la raison tente d'établir quelque chose *a priori* touchant des objets, et d'étendre la connaissance au delà des limites de l'expérience possible qu'elle devient dialectique. En effet, les principes intellectuels étaient des règles de subsomption pour l'*Urteilskraft* [faculté de juger] : pris en eux-mêmes et dans leur origine, ils n'étaient pas encore de vrais « principia », ils n'étaient que des principes relatifs :

1) aux intuitions pures dans leur usage mathématique,

2) et à l'expérience possible dans leur usage dynamique.

L'entendement est incapable de nous procurer des connaissances synthétiques par concepts, seules connaissances qui mériteraient d'être appelée des principes. Des connaissances par principes seraient celles où nous connaîtrions le particulier dans le général par concepts.

Or telle est justement la prétention qu'émet la raison. Elle est la faculté des principes comme l'entendement est la faculté des règles, et elle prétend unifier par ses principes les règles de l'entendement comme celles-ci unifient la diversité des intuitions. Mais sur cette fonction deux remarques s'imposent :

1) la raison, si elle est en rapport avec les objets, ne l'est que *médiatement* par la médiation de l'entendement et de ses jugements ;

2) la raison s'appliquant ainsi à la connaissance conditionnée de l'entendement cherche l'*inconditionné* qui en achèvera l'unité.

1. « Si, comme il arrive le plus souvent, la conclusion, comme jugement, est donnée, etc. … ».

L'introduction appelle deux remarques.

1) Kant ne peut y donner qu'une présentation anticipée de ce que seul le contenu même de la Dialectique montrera.

Ainsi (262, A311/B368) c'est « *par anticipation* » qu'il propose le parallélisme des *idées transcendantales* ou concepts de la raison pure avec les *catégories* ou concepts de l'entendement pur

De même la 1re ligne : « Quoiqu'il en soit de la possibilité des concepts de la raison pure », c'est à dire « que ces concepts aient réellement une valeur objective, soient exactement conclus et méritent le nom de *conceptus ratiocinati*, ou qu'ils soient subrepticement obtenus par une apparence de déduction, donc qu'ils soient sophistiques et méritent le nom de *conceptus ratiocinantes* » (261-262, A310/B366) : de cela, seule la démonstration de la Dialectique en décidera, [mais] quoi qu'il en soit, en peut d'ores et déjà distinguer les concepts *intellectuels* et les concepts *rationnels* comme des concepts réfléchis et des concepts conclus

La notion de concept réfléchi nous renvoie à l'Appendice de l'Analytique des principes, à l'Amphibologie transcendantale (232, A260/B316 *sq.*) : l'amphibologie (c'est-à-dire le double sens) des concepts de la réflexion résulte d'une confusion de l'usage empirique avec l'usage transcendantal de l'entendement. La réflexion est la conscience du rapport de représentations données à nos différentes sources de connaissance. Quand elle est transcendantale, c'est l'opération par laquelle on examine si le lien entre les représentations doit être rapporté à l'entendement ou à l'intuition. Les concepts de la réflexion sont ceux au moyen desquels l'entendement compare les représentations (identité et diversité, accord et opposition, interne et externe, matière et forme).

De là résulte :

1) que l'unité rationnelle, à la différence de l'unité intellectuelle, n'est pas celle d'une expérience possible ;

2) que les *Grundsätze* dérivant des *Principia* suprême de la raison (inconditionné) seront *transcendants* par rapport aux phénomènes, qu'on ne pourra en faire un usage empirique, ce qui les distingue des *Grundsätze* de l'entendement dont l'usage est *immanent* puisqu'il n'ont de sens que relativement à l'expérience possible.

Nous pouvons maintenant revenir à notre point de départ qui avait motivé ce long détour : la distinction du *transcendantal* et du *transcendant*.

Il est significatif que la définition de l'usage *transcendantal* des principes de l'entendement et la dénonciation de son illégitimité soit faite dans le chapitre intitulé *Du principe de la distinction de tous les objets en général en phénomènes et noumènes* (217, A238/B298) : « L'usage transcendantal d'un concept dans un principe quelconque *consiste à le rapporter aux choses en général et en soi* (à des objets qui ne nous sont donnés dans aucune intuition, des objets non sensibles), tandis que l'usage *empirique*, l'applique simplement aux phénomènes, c'est à dire à des objets d'une expérience possible ». En effet le concept n'exige pas seulement la forme logique de la pensée en général, mais aussi la possibilité de lui donner un objet auquel il se rapporte, sans quoi il demeure vide et sans signification. Aux yeux de Kant le résultat le plus important de l'Analytique transcendantale est là : elle montre que « l'entendement ne peut jamais faire *a priori* davantage qu'*anticiper* la forme d'une expérience possible » et comme ce qui n'est pas phénomène n'est pas objet d'expérience, l'entendement ne peut dépasser les *bornes de la sensibilité* dans lesquelles seuls les objets nous sont donnés (222,

A246-7/B303). Aussi l'illusoire *ontologie*, qui prétend donner des choses une connaissance synthétique *a priori*, doit disparaître devant une analytique de l'entendement montrant que ses principes sont seulement des principes *d'exposition* des phénomènes. C'est en cela, avons-nous vu, que ce ne sont pas encore de vrais principes, des principes absolus, mais seulement des principes *relatifs*. Mais il suit de là que la seule question qu'on ait à se poser à leur propos, c'est celle de leur *usage*, non de leur *nature*. Si au lieu d'en faire un usage *empirique* on en fait un usage *transcendantal*, que se passe-t-il ? Il ne s'en suit pas une dialectique, une apparence trompeuse. À vrai dire un tel « usage » est même impossible (223, A248/B305). Tout ce qui peut se produire, c'est que les catégories sans les conditions formelles de la sensibilité conservent un « *sens transcendantal* » : « Si je supprime toute intuition, il reste encore la forme de la pensée c'est à dire la manière d'assigner un objet aux divers d'une intuition possible. Aussi les catégories s'étendent-elles plus loin que l'intuition sensible en ce qu'elles *pensent des objets en général* sans considérer la manière particulière (de la sensibilité) dont ils peuvent être donnés. Mais elle ne détermine pas par là une plus grande sphère d'objets, puisqu'on ne peut supposer que des objets de cette sorte puissent être donnés sans présumer possible un autre mode d'intuition que le mode sensible » (228, A253-4/B309) Tel était du moins le point de vue de Kant dans la 1re édition. Il n'est pas à vrai dire changé dans la 2e édition ; mais Kant semble avoir attaché plus d'importance à « une illusion difficile à éviter » (223, B305) et à « une équivoque qui peut occasionner une grande erreur » (225, B306) : celle qui consiste « à prendre le concept entièrement *indéterminé* d'un être de l'entendement (quelque chose en général en dehors de notre sensibilité) pour un concept *déterminé* d'un être que

nous pourrions connaître de quelque manière par l'entendement ». En gros : une confusion de l'*objet transcendantal* avec le *noumène* nous conduit à donner à celui-ci un sens *positif* alors que c'est un concept problématique (228-229, A254/B310). Là est la source de l'amphibologie transcendantale, confusion de l'objet de l'entendement pur avec le phénomène, qui conduisait Leibniz à *intellectualiser* les phénomènes comme Locke avait *sensualisé* les concepts de l'entendement [238, A271/B327].

Concernant les vrais principes, ceux de la raison, la question qui se pose d'abord n'est pas celle de leur *usage*, mais celle de leur *nature*. L'usage des concepts de l'entendement est *empirique* et non transcendantal, ce sont des principes immanents. Les concepts de la raison « portant sur l'*intégralité*, c'est à dire l'unité collective de toute l'expérience possible, dépassent de ce fait (par nature) toute expérience donnée … (car la totalité absolue de toute expérience possible n'est pas elle-même une expérience) et sont donc *transcendants* » (*Prolégomènes* § 40, p. 102 – Cf. *Critique de la raison pure*, 252, A296/B352-3).

*

Plan du Livre I de la Dialectique transcendantale :

Introduction : [Distinction entre} concepts réfléchis
------- conclus

1) Platon et les Idées [Première section]

2) Les idées transcendantales et l'absolu [Deuxième section]

3) Dérivation subjective du système des idées transcendantales [Troisième section]

Ainsi les catégories (concepts d'entendement pur) ne contiennent rien d'autre que l'unité de la réflexion sur les phénomènes. En tant qu'ils rendent possible la connaissance, ce sont bien des *principes*, ils sont bien premiers et ne sauraient être conclus, mais ils n'ont d'usage qu'*empirique* : ces concepts intellectuels ne servent qu'à *entendre* (*begreifen*, *intelligere*) les perceptions.

Les concepts rationnels se présentent comme antithétiques : par *nature* ils dépassent l'expérience en se rapportant à une connaissance inconditionnée, dont la connaissance empirique n'est nécessairement qu'une partie. Ils visent à *comprendre* (*verstehen*, *comprehendere*). Ils veulent être aux connaissances d'entendement ce que celles-ci ont été aux perceptions.

2) D'où la deuxième remarque : les concepts réfléchis d'entendement fournissent la matière première des conclusions. Mais les conclusions qui constituent les idées de la raison sont nécessairement obtenues par les raisonnements que fait cette dernière. C'est donc essentiellement aux *raisonnements* que devra s'appliquer la critique. D'où la disproportion entre le bref Livre I et le considérable Livre II.

C'est parce que les idées transcendantales sont des concepts *conclus* que la Dialectique transcendantale doit avant tout s'occuper des raisonnements transcendantaux.

Dans la 1re section, qualifiée d'introduction liminaire (266, A319/B376[1]), Kant explique pourquoi il reprend à Platon le terme « Idées » pour désigner les concepts transcendants de la raison.

1. « Avant de finir cette introduction liminaire … ».

Le mérite de Platon à ses yeux a été de comprendre que notre faculté de connaissance ne pouvait se contenter d'une lecture de l'expérience qui procède en épelant les phénomènes. Le dépassement consiste non seulement à ne pas se contenter de ce qui nous vient des sens, mais même des connaissances d'entendement. Les Idées platoniciennes ne sont pas seulement des catégories, des clés pour l'expérience possible, mais des archétypes des choses.

Le domaine où cette vue platonicienne révèle toute sa profondeur, c'est d'abord le domaine *moral*. En ce domaine en effet l'expérience cesse d'être cette maîtresse de vérité qu'elle est dans la spéculation pour devenir maîtresse d'erreur, « mère de l'apparence, puisqu'on ne peut tirer les lois de ce qu'on *doit* faire de ce qui se fait » (265, A318-9/B375). Tout au plus l'expérience peut-elle prendre une valeur d'*exemple*, mais il faut bien voir que la conception préalable du *type*, de l'archétype, rend seule possible cette valeur d'exemple que peut prendre l'expérience. C'est l'idée qui est le fondement du progrès dans la moralité. L'exemple que choisit Kant est à dessein le plus décrié du platonisme : la prétendue « utopie » de la République. Kant pense avec Platon que seul un « *maximum* » peut être pris comme archétype et que seul il peut régler la conduite.

Ces conceptions sont d'autant plus intéressantes à noter que Kant les exprime à une date où il exclut encore la philosophie pratique de la philosophie transcendantale. On voit que l'essentiel de cette sorte d'axiomatisation de la conduite humaine qu'ébaucheront les *Fondements de la Métaphysique des Mœurs* s'y trouve déjà impliquée. Il est remarquable que se trouvent déjà récusée l'objection majeure que rencontrera la morale kantienne : son caractère théorique impraticable, [car] il est indigne d'un philosophe d'en appeler comme le vulgaire à l'expérience. L'objection est aussi déplacée que celle qui prétendrait disqualifier la mathématique sous prétexte que ses objets ne sont pas réels, alors qu'ils n'ont nullement besoin de cela pour être vrais (on remarquera que ce même malentendu, Rousseau l'avait déjà rencontré pour son *Contrat Social*, bien qu'il eut précisé : « Je dispute du droit non du fait » [1], et qu'on le retrouve souvent chez les adversaires de l'axiomatique moderne).

En ce qui concerne le domaine *cosmologique* la prise de position de Kant à l'égard de Platon se partage en 2 textes :

a) la note de la p. 263 (A314/B371);
b) le passage p. 265 (A317-8/B374) : [« ... c'est aussi dans la nature même que Platon voit avec raison des preuves qui démontrent clairement que les choses tirent leur origine des idées, etc. ... »].

Elle trop concise pour être valablement commentée, mais on peut en retenir le caractère nuancé. Kant ne peut accepter ni la conception platonicienne des mathématiques qui lui paraît ne pas tenir compte de leur sens transcendantal, ni la dialectique qui semble visée par l'expression « déduction mystique des idées », ni enfin le réalisme des Idées transformées en hypostases. Mais, outre que Kant ne paraît pas absolument certain que Platon ait effectivement voulu soutenir tout cela (*cf.* « les *exagération* par lesquelles il en faisait *en quelque sorte* des hypostases »), il a commencé par réserver les droits de la postérité à mieux comprendre les philosophes qu'ils ne se sont eux-mêmes compris (indication qui n'a pas été perdue par

1. Cf. *supra*, p. 36, note 1.

les interprètes du kantisme), et l'interprétation plus modérée qu'il en propose annonce cette fois les thèses de la *Critique du jugement* : 1) L'organisation des vivants n'est concevable que dans des idées (la *Critique du jugement* dira : il n'y a pas à espérer de Newton du brin d'herbe [1]). 2) Les idées sont déterminées dans l'entendement suprême comme causes originaires des choses et seul l'ensemble que forme leur liaison dans l'univers est absolument adéquat à l'idée que nous en avons : liaison architectonique de l'ordre du monde selon des fins, c'est-à-dire selon des idées. (*Critique du jugement*: L'entendement archétype et la finalité objective [§ 77, p. 222]).

Pour terminer, Kant situe l'*idée* parmi les *espèces* en lesquelles il ubdivise le *genre* représentation.

Représentation

<table>
<tr><td rowspan="5">avec conscience = perception</td><td colspan="4">subjective = sensation</td></tr>
<tr><td rowspan="4">objective = connaissance</td><td>intuition</td><td colspan="2"></td></tr>
<tr><td rowspan="3">concept</td><td>empirique</td><td rowspan="2"></td></tr>
<tr><td rowspan="2">pur = notion</td></tr>
<tr><td>Idée = concept tiré de notions et qui dépasse la possibilité de l'expérience</td></tr>
</table>

2/ Idées transcendantales et absolu

Remarque : texte rhapsodique, sans doute 4 morceaux : 1) 1er alinéa p. 266-267 + p. 271-273 – 2) p. 270-271 : idées – 3) p. 267-268 – 4) p. 268-270 : absolu.

1. § 75, dernier alinéa, p. 215.

Les idées étant à la raison ce que les catégories sont à l'entendement, de même que ces dernières étaient produites par la forme des jugements, les premières doivent pouvoir être tirées de la forme des raisonnements. Revenons donc au texte sur « l'usage logique de la raison » (256-258, A3035/B359-61). Alors que l'inférence *intellectuelle* est immédiate, l'inférence rationnelle requiert la médiation d'une autre jugement : l'entendement fournit la règle de la *majeure*, le jugement subsume une connaissance à la condition indiquée par la règle dans la *mineure*, la *raison* enfin déterminera la connaissance par le prédicat de la règle dans la *conclusion*.

Donc la majeure en formulant une règle formule un *rapport* entre une connaissance et sa condition. Il y a donc autant de formes de raisonnement qu'il y a de formes de jugement du point de vue de la *relation*, c'est à dire trois : catégorique, hypothétique et disjonctif (*cf.* le Tableau, 88, A70/B95).

D'autre part le texte « L'usage pur de la raison » (258-260, A305-9/B362-6) nous a indiqué que le procédé formel et logique de la raison dans l'inférence rationnelle nous permet de trouver le fondement sur lequel doit reposer le *principium* transcendantal de cette faculté : c'est de trouver (à travers les prosyllogismes) pour la connaissance conditionnelle de l'entendement l'*inconditionné* qui en achèvera l'unité.

Ainsi il y aura 3 espèces de raisonnements cherchant l'inconditionné :

1) l'inconditionné de la synthèse catégorique = un *sujet* qui ne soit plus prédicat ;

2) l'inconditionné de la synthèse hypothétique = une supposition qui ne suppose rien de plus (synthèse hypothétique des membres d'une série) ;

3) l'inconditionné de la synthèse répartie dans un système = un agrégat des membres de la division qui n'exige rien

d'autre pour parfaire la division d'un concept (là-dessus voir la remarque 3 au sujet du tableau des jugements p. 90 (A 73/ B 98), et surtout note du § 43 des *Prolégomènes*).

*

Remarque : À ces pages de Kant sur Platon (et en particulier sur la *République*), on comparera avec intérêt celles de Hegel, en particulier dans la *Philosophie du Droit*, § 185[1].

1. Les précisions attendues sur la Troisième section du Livre I, *Système des idées transcendantales*, manquent dans les notes de cours publiées.

LES PARALOGISMES DE LA RAISON PURE

I. COMMENTAIRE DU TEXTE DE LA PREMIÈRE ÉDITION DE LA *CRITIQUE*

I. PRÉSENTATION D'ENSEMBLE

A/ *Le terme paralogisme*

Généralement le *paralogisme* désigne un raisonnement faux et il n'est distingué du *sophisme* que dans la mesure où l'on veut impliquer dans ce dernier une intention de tromper qu'il n'y a pas dans le paralogisme, fait de bonne foi, et qui par conséquent serait une simple erreur. Toutefois ce qui vient aussitôt compliquer les choses, c'est que le sophisme peut se présenter : – ou bien comme un raisonnement qui n'est logiquement valable *qu'en apparence*, – ou bien comme un raisonnement qui part de prémisses vraies (ou admises comme telles), qui se conforme bien à certains principes logiques, mais qui n'en conduit pas moins à une *conclusion qui n'est pas admissible* (exemple du tas de blé ou de la queue de cheval – ou mieux : sophisme de Zénon, dit « contre le mouvement »). Car alors que dans le premier cas le sophisme est absolument vain, dans le second il paraît bien révéler une contradiction fondée dans la nature des choses ou dans la manière de les concevoir. Or, si les Grecs avaient donné au terme, selon les cas, le sens péjoratif qui convient lorsque le raisonnement cherche à tromper ou le sens objectif (de même qu'Aristote oscillait entre le sens objectif et le sens péjoratif du terme *dialectique*, comme nous l'avons vu), la philosophie générale permet à Kant de dépasser ces hésitations fondées sur des distinctions *psychologiques* et de s'installer dans une position originale :

1) Kant retient nettement l'idée que le paralogisme est un raisonnement *vicieux dans la forme* ;

2) mais c'est un vice de forme qui n'est pas banal en ceci qu'il ne se produit sous son aspect d'inobservance des règles prescrites par la logique formelle qu'à titre de *conséquence d'une exigence de la raison*. C'est en cela que l'illusion a quelque chose d'inévitable (qu'elle ne soit pas absolument inévitable en dépit de ce qu'affirme ici Kant, c'est ce qu'explique le texte de la p. 278 (TP, A341) et que confirmerait à elle seule l'existence du texte de la dialectique transcendantale que Kant s'est donné la peine d'écrire précisément pour dénoncer l'illusion et permettre dorénavant de l'éviter ; et c'est encore ce qu'il affirme ici même en disant qu'elle n'est plus insoluble). Sur tout cela, le texte final des Paralogismes (fin du texte intitulé : « Réflexion sur l'ensemble de la Psychologie rationnelle en conséquence de ces paralogismes », 319-327, A396-405) apportera d'utiles précisions :

1) Dans les Paralogismes notre tort est de prendre « la synthèse des conditions d'une pensée en général, synthèse de la pensée avec le sujet qui n'a rien d'objectif, pour une représentation synthétique d'objet » (321, A397). La faute ne concerne *pas le contenu* pour l'excellente raison que dans l'acte de pensée en général nous faisons abstraction de tout

rapport de la pensée à un objet quelconque et que la conclusion porte bien sur la condition de toute pensée en général.

2) Il s'agit donc bien d'un vice de *forme* qui peut être identifié sous le nom de ce que la logique générale appelle *sophisma figurae dictionis*, c'est-à-dire que les prémisses étant valables, on en tire cependant un raisonnement non valable parce qu'on ne se place pas au même point de vue dans la majeure d'une part et dans la mineure et la conclusion de l'autre. Plus précisément on passe d'un usage *transcendantal* de la catégorie dans la première à un usage *empirique* dans les deux autres.

Prenons l'exemple du deuxième paralogisme :

– la majeure pose : une chose dont l'action ne peut jamais être regardée comme le concours de plusieurs choses agissantes, est *simple*. En l'absence d'intuition sensible, on ne peut y faire qu'un usage transcendantal de la catégorie de substance et nous savons qu'un tel usage est impossible ;

– dans la mineure : or l'âme ou le moi pensant est une chose de ce genre…

Le concept de substance est appliqué à l'objet de l'expérience interne, c'est à dire qu'on tente d'en faire un usage empirique et qui comme tel serait correct si on avait établi au préalable la permanence de l'objet, qui serait la condition de cette application.

À vrai dire, dans la deuxième édition la présentation de ce point est beaucoup plus nette (290-291, B410-411), dans la mesure où toute la psychologie rationnelle est ramenée à un paralogisme unique, raisonnement exprimé dans le syllogisme suivant :

> Ce qui ne peut être *conçu* que comme *sujet n'existe* aussi que comme sujet, donc est *substance*; or il n'existe que comme tel = comme *substance*[1].

Dans la majeure il s'agit d'un être en général, être seulement *conçu* et dont on doit attendre pour qu'il soit *conçu* qu'il soit aussi *donné* dans l'intuition.

Mais dans la mineure l'être ne se considère en fait comme sujet que par rapport à la *pensée* et non à l'intuition par laquelle il est donné comme objet à la pensée. Autrement dit, comme précise Kant en note « la pensée est prise dans les deux prémisses en des sens totalement différents » (291, B411).

3) Si nous tombons dans ce vice de forme, c'est que nous sommes séduits par l'apparence d'unité vraiment *perçue* dans le sujet des pensées, de ce qui est la simple unité dans la synthèse des pensées.

Cette apparence, Kant propose de l'appeler « subreption de la conscience hypostasiée », faisant ainsi un usage correct du terme « subreption » qui indique une omission, terme bien propre à signaler l'originalité du paralogisme transcendantal par rapport au paralogisme vulgaire qui procède typiquement par « obreption », en affirmant ce qui n'est pas fondé, par exemple dans la pétition de principe; il est vrai qu'on finit bien par avancer en psychologie rationnelle quelque chose de mal fondé, mais c'est parce qu'on a commencé par *omettre* (l'intuition qui seule pourrait donner l'objet à la pensée).

1. Voici le syllogisme complet : « Ce qui ne peut être conçu autrement que comme sujet n'existe aussi que comme un sujet et, est par conséquent, substance. – Or un être pensant, considéré simplement comme tel, ne peut être conçu que comme sujet. – Donc il n'existe aussi que comme tel, c'est-à-dire comme substance » (290, B410-11).

Enfin, terme ultime de l'analyse, si nous sommes tellement séduits par cette apparence, si celle-ci a quelque chose d'inévitable c'est que « l'unique condition qui accompagne toute la pensée, le Moi, se trouvant dans la proposition générale : je pense, la raison *doit* s'occuper de cette condition en tant qu'elle est elle même inconditionnée » (321, A398).

B/ *Le « Je pense » et la topique de la psychologie rationnelle*

Lorsque Kant commence par déclarer qu'il va introduire un concept qu'il n'a pas fait figurer précédemment dans la liste de ses concepts transcendantaux, sans que cette dernière soit cependant à modifier vraiment, il semble d'abord qu'il s'agit d'une simple question de *forme* : les deux textes précédents (deuxième et troisième section, 267, A323, et 273, A333-4) nous avaient annoncé, le premier : un inconditionné de la synthèse catégorique dans un sujet, le second, l'unité absolue et inconditionnée du *sujet pensant*.

S'introduit maintenant l'expression : « Je pense ». Sujet, sujet pensant, je pense, il peut sembler qu'il n'y a la qu'une précision croissante. En réalité, dans ce texte de la première édition – et pour beaucoup de raisons que nous découvrirons peu à peu – Kant aborde un problème assez délicat pour sa philosophie à raison même de la nouveauté qu'elle présente relativement à ceux qu'il a rencontrés jusqu'ici dans la *Critique*, et qui touche profondément au sens général de la Dialectique. De ce titre nous avons déjà touché deux mots : la présentation des *Prolégomènes* met nettement en évidence la disparité entre la théorie de l'expérience que constituent l'Esthétique et l'Analytique déployant le transcendantal dans l'horizon nettement dessiné par l'existence irrécusable d'une mathématique et d'une physique mathématique constituées comme *sciences*, et la dénonciation d'une apparence à laquelle doit se livrer une Dialectique n'ayant devant elle qu'une métaphysique dogmatique dont la pérennité atteste bien qu'elle doit être de quelque manière fondée en raison, mais dont tout nous indique qu'elle ne possède aucun des critères qui désignent la discipline ayant alors et déjà trouvé la voie royale de la science. *Cf.* le premier alinéa de la Préface à la deuxième édition (15, B VII).

La difficulté est donc déjà double : l'existence d'une métaphysique comme discipline déjà constituée mais mal venue, n'ayant rien d'une science et comme telle absolument inacceptable au titre de connaissance, interférant avec le projet kantien de la constituer comme science, donc en partant de zéro, enlève à la question que la critique (Critique propédeutique à cette tâche) pose sous la forme : comment la métaphysique est-elle possible ? la simplicité relative des questions synthétiques : comment la mathématique, la physique sont-elles possibles, et commande son dédoublement : comment est-elle possible comme science ? Donc non seulement Kant doit se livrer à la tâche délicate de supprimer et conserver à la fois : supprimer la métaphysique existante comme illusoire, la conserver comme projet absolument légitime et fondé irrécusablement dans la raison même, quitte à lui donner une réalisation toute nouvelle, mais encore il ne peut effectuer la démarche transcendantale, qui remonte aux conditions de possibilité, qu'à partir de cette réalisation vicieuse et illusoire que lui propose la métaphysique existante.

Mais ce n'est pas tout : si chacun des points du programme de la métaphysique (psychologie, cosmologie, théologie rationnelles) offre des difficultés qui lui sont propres, il est incontestable que c'est la psychologie rationnelle qui accumule les plus redoutables pour la pensée kantienne dans la mesure même où Kant, à l'époque où il publie la 1re édition :

1) n'accorde à sa critique qu'une utilité négative : « dissiper l'illusion » (Préface, 1re édition, 7, A XIII);

2) ne projette encore qu'une métaphysique de la *nature*;

3) non seulement dénonce la vanité d'une psychologie *rationnelle* mais même ne croit pas possible une psychologie *empirique* comme science naturelle (*cf.* Préface des *Premiers Principes métaphysiques de la Science de la Nature*, p. 7) :

a) les mathématiques ne sont pas applicables aux phénomènes du sens interne et à leurs lois;

b) l'analyse y est vouée à demeurer idéale (très important, *cf.* 503-504, A731/B759 – A732/B760);

c) la seule observation altère l'objet observé;

d) l'expérimentation sur autrui est impossible.

De sorte que la psychologie (théorie de l'âme) « ne peut jamais devenir plus qu'une théorie naturelle historique du sens interne [...]; elle sera une description naturelle de l'âme, mais elle ne saurait devenir une science de l'âme, ni même une théorie psychologique expérimentale » [*ibid.*, p. 13].

Pour toutes ces raisons, n'entrait nullement dans le cadre général du projet de la *Critique* l'élaboration spéciale d'une doctrine du sens interne et de l'expérience interne. Ce que Kant dit dans le texte final de sa « Réflexion sur l'ensemble de la Psychologie pure... » (309-310, A383-384) :

> Mais bien que la Psychologie rationnelle n'offre aucune utilité quant à l'accroissement de la connaissance [...] on ne peut lui refuser une grande utilité *négative*. [...] Quel besoin pouvons-nous avoir d'une psychologie simplement fondée sur des principes purs de la raison ? Nous la voulons surtout sans doute, en vue de mettre notre moi pensant à l'abri du danger du matérialisme. Mais à cela *suffit* le concept rationnel que nous

> avons donné de notre moi pensant. Tant s'en faut en effet qu'avec ce concept il reste la moindre crainte de voir s'évanouir, si l'on supprime la matière, toute pensée et l'existence même des êtres pensants; au contraire il est clairement démontré que si je supprime le sujet pensant, il faut que tout le monde corporel s'évanouisse comme n'étant rien que le phénomène dans la sensibilité de notre sujet et un mode de représentation de notre sujet.

Il le confirme dans sa Préface (8-9, AXVI-XVII) où, jugeant de sa déduction des concepts, il remarque que sa 1re partie se rapportant aux objets de l'entendement pur rentrait par là même essentiellement dans son propos, tandis que la seconde, étudiant d'un point de vue subjectif l'entendement pur en lui même, « quoique d'une grande importance pour mon but principal ne lui est cependant pas essentielle, parce que la question capitale reste toujours de savoir : Que peuvent et jusqu'où peuvent connaître l'entendement et la raison indépendamment de l'expérience? et non pas: Comment est possible le *pouvoir de penser* lui-même? » Il faut même remarquer que l'expression « je pense » (qui apparaîtra dans le début de la Déduction de la 2e édition, § 16: « le "je pense" doit pouvoir accompagner toutes mes représentations ») ne figure pas dans le texte de la première édition, bien que sous le nom de « principe transcendantal de l'unité de tout le divers de nos représentations » l'importance capitale en soit signalée dans une note que l'on peut du reste considérer comme le germe du texte dans la deuxième édition (131-132, B 153-154).

Revenons d'abord au texte de l'Analytique des concepts pour reprendre en une vue d'ensemble les thèses que Kant a mises en place concernant le « je pense » et dont il dispose lorsqu'il aborde la critique des paralogismes.

Au début de l'Analytique, la Logique Transcendantale, n'ayant pas fait abstraction de tout le contenu de la connaissance, à la différence de la Logique Générale, « trouve devant elle un divers de la sensibilité *a priori* que l'esthétique transcendantale lui fournit pour donner une matière aux concepts purs de l'entendement ».

> La spontanéité de notre pensée exige que ce divers soit assemblé et lié par un acte de synthèse pour en faire une connaissance (79, A55/B79).

Cette synthèse est l'effet de l'imagination, fonction de l'âme aveugle, dont nous n'avons que très rarement conscience, mais indispensable, et elle repose sur un principe d'unité synthétique *a priori*.

La matière de l'activité pensante est présentée comme la cause occasionnelle de son entrée en exercice :

> Les impressions des sens nous fournissent la première occasion de déployer à leur sujet toute notre faculté de connaissance et de constituer l'expérience qui renferme deux éléments : une matière fournie par les sens, une forme servant à l'ordonner et venant de la source intérieure de l'intuition et de la pensée pures, qui ne sont *mises en exercice* et ne produisent des concepts qu'à l'occasion de la première (101, A86/B119)

Dans le fameux texte de la 1re édition sur les trois synthèses, le *concept* est défini comme *la conscience de l'unité de la synthèse*.

> C'est en effet cette conscience *une* qui réunit en une représentation le divers perçu successivement et ensuite le reproduit. Cette conscience peut souvent n'être que faible de telle sorte que nous ne la lions pas à la production de la représentation dans l'acte même, c'est-à-dire immédiatement, mais seulement dans l'effet. Malgré tout, il faut qu'il s'y trouve

> une conscience, bien qu'il lui manque la clarté frappante, autrement les concepts et, avec eux, la connaissance des objets seraient tout à fait impossibles (116, A103).

Le principe transcendantal de l'unité de la conscience dans la synthèse du divers est ce que Kant appelle *aperception transcendantale*, « conscience pure, originaire et immuable » dont « l'unité *numérique* sert de principe *a priori* à tous les concepts de même que le divers de l'espace et du temps sert de fondement aux intuitions de la sensibilité » (121, A106-107). Et plus loin (123, A110), Kant insiste encore sur cette symétrie entre la relation de l'aperception aux concepts et celle de la diversité spatio-temporelle aux intuitions : « les phénomènes doivent être soumis dans l'expérience aux conditions de l'unité nécessaire de l'aperception tout *aussi bien que*, dans la simple intuition, ils le sont aux conditions formelles de l'espace et du temps ».

Ce qui nous paraît caractéristique dans tous ces textes c'est que, comme on peut s'y attendre dans le cadre d'une théorie de la connaissance d'objet, le sujet est introduit essentiellement à titre de « réquisit épistémologique » : il faut que la diversité soit liée et unifiée, l'aperception est le principe de cette synthèse :

> Tous les phénomènes sont en moi, c'est-à-dire sont des déterminations de mon moi identique ; ils expriment comme *nécessaire* une *unité* totale de ces déterminations dans *une seule et même aperception*. Mais dans cette unité de la conscience possible réside aussi la *forme* de *toute la connaissance des objets* (145, A129).
>
> Le moi fixe et permanent de l'aperception pure forme le *corrélatif* de toutes nos représentations en tant qu'il est simplement possible d'en avoir conscience et toute conscience appartient à une aperception pure qui embrasse tout (138, A123).

Il est vrai que dans les premiers textes cités on peut remarquer un souci plus proprement psychologique : nous n'avons que très rarement conscience de la synthèse comme effet de l'imagination – la conscience qui unifie le divers peut souvent n'être que faible au point que nous ne la lions pas à la production de la représentation dans l'acte mais dans l'effet seulement. Mais outre que cela s'explique par le désir qu'avait eu Kant dans la première édition de la Déduction de faciliter la tâche des lecteurs en allant les chercher sur le terrain qui leur était familier, celui de la psychologie, on peut remarquer qu'il est amené à se servir de ce point de vue psychologique plutôt comme d'un repoussoir : le fait que nous n'avons que rarement ou faiblement ou pas du tout conscience de … ne doit pas nous détourner de la nécessité d'admettre que …

L'aperception transcendantale est explicitement introduite comme étant le seul réquisit *de droit* adéquat par opposition à l'insuffisance du simple *fait* de la conscience empirique :

> La conscience de « soi-même » opérée par les déterminations de notre état dans la perception intérieure est simplement empirique, toujours changeante et elle ne saurait donner un « moi » fixe et permanent au milieu de ce flux des phénomènes intérieurs ; on l'appelle ordinairement le *sens interne* ou l'*aperception empirique*. Mais ce qui *doit* être *nécessairement* représenté comme numériquement identique ne peut être conçu comme tel au moyen de données empiriques. *Il doit y avoir* une condition qui précède toute l'expérience et qui rende possible l'expérience elle-même, laquelle doit rendre valable une telle *supposition transcendantale* (120, A 107).

Finalement les réserves incidentes que nous avons signalées sur la faiblesse ou le caractère intermittent de la conscience que nous pouvons avoir de cette unité synthétique pourraient bien tenir si nous en croyons le texte des pages

120-121 (A 107-108) à ce que cette conscience ne peut être que celle d'une « identité de *fonction* », d'une « identité *d'acte* » :

> En effet cette unité de conscience serait impossible si l'esprit (*das Gemüth*), dans la connaissance du divers, ne pouvait avoir conscience de l'*identité de la fonction* par laquelle elle relie synthétiquement ce divers dans une connaissance. La conscience originaire et nécessaire de l'identité de soi-même est donc en même temps une conscience d'une unité également nécessaire de la synthèse de tous les phénomènes par concepts [...]. L'esprit en effet ne pourrait pas concevoir, et cela *a priori*, sa propre identité dans la diversité de ses représentations, s'il n'avait devant les yeux l'*identité de son acte* qui soumet à une unité transcendantale toute la synthèse de l'appréhension (qui est empirique).

Or après avoir rappelé cet ensemble des textes concernant l'aperception transcendantale qui, dans la première édition, précédent ceux qui sont consacrés aux Paralogismes, on peut se demander si Kant se trouvait bien préparé par sa doctrine propre à aborder la critique de la psychologie rationnelle. On peut en douter, et le fait que dans la deuxième édition ce soit précisément, d'une part, le texte de la déduction transcendantale qui se trouve le plus profondément remanié, et justement dans le sens d'une présentation meilleure et plus poussée d'une doctrine du « je pense », et, d'autre part, le texte des Paralogismes, constitue (outre les raisons déjà indiquées : accusations d'idéalisme, découverte de l'aspect critique du problème moral, etc.) une forte présomption.

En effet quand la psychologie rationnelle met Kant en présence du problème de l'existence du « je pense », il ne s'agit plus comme jusqu'alors dans la *Critique* de l'organisation, par l'activité pensante, de la diversité accueillie par la sensibilité, mais d'une dualité de la conscience elle-même qui prétend se poser à la fois comme essence et comme existence.

Peut-être faut-il voir là les raisons d'un certain embarras chez Kant.

1) On en trouverait la première marque dans cette sorte de « changement à vue » que nous avons déjà signalé quand on passe de la présentation des idées transcendantales et de leur système (267 et 273, A321/378 et A333/B390), qui n'avait invoqué que les notions de *sujet* et de *sujet pensant*, à la présentation de la psychologie rationnelle elle-même qui introduit l'expression « je pense ». Certes on comprend que Kant minimise ce changement en déclarant qu'il ne modifie en rien *sur le fond* la table des idées transcendantales. Il faut néanmoins essayer de saisir le changement de point de vue qui s'opère. Dans le texte intitulé : « Système des idées transcendantales », Kant effectuait ce qu'il appelle lui-même (274, A336/B393) « une dérivation subjective » de ces idées à partir de la nature de notre raison. Or la raison pure ne se rapporte jamais directement aux objets, mais aux *concepts* qu'en a l'entendement et son travail consiste à s'élever de la synthèse conditionnée à laquelle l'entendement demeure toujours attaché à la synthèse *inconditionnée*. Dans le cas qui nous occupe, elle érige donc l'unité synthétique de l'aperception que lui propose l'entendement (comme cela a été montré dans la Déduction transcendantale) en unité absolue du sujet pensant. Or pour critiquer maintenant la Psychologie rationnelle, Kant est bien obligé de se mettre à son point de vue pour nous expliquer comme elle s'y prend pour se poser en science de cette unité absolue du sujet pensant. Même si c'est là en fin de compte une démarche vicieuse et illégitime, encore faut-il qu'elle soit possible, ce qui ne fait pas de doute puisque cette science existe. Il faut donc que Kant reprenne sa notion de l'unité synthétique de

l'aperception telle qu'il l'avait laissée dans la Déduction et qu'il nous la présente de manière telle qu'on puisse s'expliquer qu'une science ait pu prétendre la prendre comme objet.

De fait, nous le voyons la débaptiser et lui donner ce nouveau nom « je pense », dont apparemment il sera satisfait puisqu'il en fera un usage constant dans le texte de la deuxième édition sur la Déduction, mais dont l'introduction ne va pas sans quelque difficulté ni tâtonnement : c'est un *concept*, ou si l'on préfère un *jugement*, c'est le *véhicule* de tous les autres concepts, il y est toujours *compris*, sans cependant avoir de titre particulier puisqu'il ne sert qu'à *présenter* toute pensée comme appartenant à la conscience. Toutes ces expressions n'offrent du reste pas de difficultés insurmontables en elles-mêmes, nous semble-t-il, à condition qu'on les replace dans la perspective de la Déduction transcendantale et qu'on aille en chercher le commentaire par exemple dans le § 16 du texte de la deuxième édition expliquant la célèbre proposition : « Le "je pense" doit pouvoir accompagner toutes mes représentations ». – Si leur tâtonnement prend dans le contexte un caractère assez gênant, c'est qu'il se prolonge dans un paradoxe dont Kant se contente, semble-t-il, de prendre acte comme d'un fait, de façon assez déconcertante : « Néanmoins, si pur qu'il soit de tout empirisme, de toute impression des sens, il sert pourtant à distinguer deux espèces d'objets d'après la nature de notre faculté de représentation. Moi, en tant que pensant, je suis un objet du sens interne et je m'appelle une âme. Ce qui est un objet des sens externes, prend le nom de corps » (279, A342). On doit avouer qu'on serait fort aise que Kant nous expliquât comment le « je pense » peut servir à cette distinction. Comme le fait remarquer P. Lachièze-Rey (*L'idéalisme kantien*, Paris, Alcan, 1931 [3e éd. Paris, Vrin, 1972], p. 150) : « Les phénomènes du sens interne et du sens externe collaborent aux systèmes de l'expérience mais *rien ne nous autorise* à désigner l'un des groupes par le terme Moi et l'autre par le terme non-Moi ».

2) Si le point de départ de la Psychologie rationnelle réside dans une transformation de l'unité d'aperception en objet du sens interne, le lecteur qui a suivi l'exposé de la *Critique* jusque là suppose irrésistiblement que cette psychologie usurpe son titre de *rationnelle* et qu'elle est simplement empirique. Kant devine bien cette objection. Mais comme il vient de rappeler que sa philosophie transcendantale doit chercher le fondement ou le manque de fondement d'une telle psychologie rationnelle s'affirmant science du « je pense », on le voit plus préoccupé d'écarter l'objection que d'entrer dans les précisions qu'on serait en droit d'attendre.

Kant répond en effet simplement que la perception interne (*innere Wahrnehmung*) n'est autre que l'aperception : *je pense*. Mais comment faut-il l'entendre ? Faut-il comprendre que l'identification est complète, c'est-à-dire que la conscience transcendantale et le sens interne sont confondus ? Ou bien est-ce seulement l'objet du sens interne qui est confondu avec le « je pense » ? Mais alors Kant ne précise pas comment est possible cette transformation de l'unité d'aperception en objet qui impliquerait, semble-t-il, une mise en relation avec le temps qu'il ne s'agit plus seulement de déterminer, mais où il s'agit de se manifester. *Cf.* Husserl, *Méditations cartésiennes*, § 15, Paris, Vrin, 1953, p. 31 : « Moi qui demeure dans la vie naturelle je suis *aussi* et à tout instant moi transcendantal, mais je ne m'en aperçois qu'en effectuant la réduction phénoménologique ».

3) Il ne semble plus que les explications qui suivent nous donnent satisfaction sur ce point. Kant nous invite en effet à ne

plus confondre *connaissance empirique* et *connaissance de l'empirique en général*. Ce qui veut dire que, d'une part, la mise en rapport d'une perception avec une autre est l'œuvre du « je pense » comme fonction de synthèse, donc en tant que « véhicule des concepts transcendantaux » – tandis que, d'autre part, la possibilité de l'expérience interne dont il est ici question est à rattacher au « je » comme objet, donc en tant qu'il affecte la sensibilité. Donc, dans un cas, il s'agit du « je pense » comme condition logique (tel qu'il a été introduit dans la Déduction transcendantale), dans l'autre cas, du « je pense » en tant qu'il se manifeste comme évènement intérieur et comme affection du moi.

Mais il faut bien reconnaître que jusqu'alors Kant ne nous a donné aucune précision sur les rapports du « je pense » comme *condition* et du « je pense » comme *fait*.

Pour conclure le commentaire de cette page, il apparaît que les difficultés peuvent tenir à deux raisons :

a) au moment où Kant l'écrit, il est certain que les exigences des parties précédentes de la *Critique* ne l'ont pas porté à une élaboration spécialement poussée des problèmes concernant le Moi, les rapports du « je pense » au sens interne, etc. …

b) à la place où il se trouve dans la *Critique* ce texte se préoccupe bien davantage d'introduire le plus directement possible à l'examen des thèses de la Psychologie rationnelle que de s'attarder à expliquer en détail la possibilité de principe d'une telle prétendue science, problème qui peut paraître oiseux si l'on considère, comme Kant, qu'une telle prétendue science existe incontestablement; mais comme, non moins incontestablement, elle n'a finalement rien d'une science, ce qu'on peut penser c'est que, si Kant s'y était attardé, il aurait pu finalement en faire plus directement une critique plus radicale : on peut estimer que la nouvelle rédaction de la deuxième édition répondra, en partie au moins, à ce vœu (outre qu'elle aura profité incontestablement des progrès de la pensée de Kant sur la théorie du « je pense »).

Reste à commenter le texte concernant la « topique de la Psychologie rationnelle » et l'explication dont Kant l'a fait suivre (280-282, A344 - 348).

Nous allons retrouver dans ces textes le même embarras que dans le précédent, la même oscillation de Kant entre le point de vue où l'a placé la logique transcendantale et celui de la psychologie rationnelle auquel il est, malgré lui, obligé de se placer pour lui donner non seulement la consistance qui lui confère sa qualité de discipline existante (quoique mal fondée), mais encore la présentation qui sera la mieux adaptée à la dénonciation de l'apparence telle que la Dialectique se propose de le faire. De là, avons-nous vu, par exemple, le soin que prend Kant de souligner le caractère authentiquement *rationnel* (et non empirique) de cette psychologie. Nous allons le voir y revenir ici d'une autre manière (282, A348). Mais auparavant il fait une présentation du contenu d'ensemble de cette psychologie rationnelle. Selon les cadres de la logique transcendantale, c'est-à-dire selon la table des catégories, en signalant seulement deux particularités :

1) le choix initial de la catégorie de *substance*, qui est la première des trois catégories de relation ;

2) le dernier attribut de l'âme appartient à la catégorie de l'existence; cette seconde particularité sera expliquée en son temps à propos du quatrième paralogisme.

Quant à la première, elle est simplement justifiée par la remarque « qu'une chose nous est donnée : le Moi en tant qu'être pensant », ce qui reprend l'indication de la page précédente : dans la proposition « je pense » qui exprime la perception de moi-même, j'ai une expérience interne la perception de moi-même, j'ai une expérience interne, mais cette perception interne c'est la simple perception « je pense », condition ultime de possibilité des concepts transcendantaux, connaissance de l'empirique, mais qui n'est pas elle-même empirique. À vrai dire, plus que cette indication dont nous avons précédemment souligné la difficulté, ce qui peut amener Kant à suivre ainsi à reculons la table des catégories en commençant par la substance, nous sera éclairé, d'une part, par le commentaire ultérieur du texte du premier paralogisme, d'autre part, dans l'immédiat par ce que les textes de l'Analytique nous ont déjà appris d'essentiel sur cette notion de substance (181, A187/B230) : « Cette catégorie rentre sous le titre des rapports plutôt en qualité *de condition de ces rapports* que comme contenant elle-même un rapport », ce que commente longuement le texte du § 46 des *Prolégomènes* (p. 108-110, et notes p. 109 et 111). C'est donc bien à l'essentiel que va Kant en commençant par la substance[a] : le sens commun philosophique a toujours estimé que le sujet de toutes les substances, le substantiel, ce qui reste abstraction faite des accidents posés à titre de prédicats demeure inaccessible à l'intelligence humaine, sauf dans un cas unique : celui du sujet pensant que nous tenons, semble-t-il, dans une intuition immédiate par la conscience que nous avons de nous-même. Il y aurait donc un cas exceptionnel où nous aurions par *expérience* la totalité dans le rapport des concepts, où nous atteindrions non pas en idée mais réellement comme objet le *sujet absolu*. (On remarquera que dans les *Prolégomènes*, où de façon générale Kant ne retient de

a. *Cf.* également *Prolégomènes*, p. 98, note 12 : « la catégorie de substance est le fondement de tous les concepts de choses réelles ».

la *Critique* que l'essentiel, il n'a retenu de sa critique de la Psychologie rationnelle que le premier et le quatrième paralogisme, celui de la substance, et celui de l'idéalité du rapport extérieur. Il est vrai que cette remarque doit être précisée. Kant voulait surtout dans cet ouvrage se défendre de l'accusation d'idéalisme : il lui fallait donc surtout mettre l'accent sur le fait que si rien ne nous interdit de *poser* l'âme comme substance, il y aurait illusion à croire pouvoir la *connaître* comme telle, le concept étant voué à demeurer vide et donc dépourvu de signification si on ne peut en démontrer la *permanence*, ce qui n'est réalisable qu'en référence à l'expérience possible – donc en l'occurrence à la *vie* seulement, ce qui est sans intérêt puisqu'on voudrait justement l'établir pour le temps qui suit la mort. Remarque confirmée par cette autre, sur laquelle nous aurons à revenir, que dans le texte de la deuxième édition, c'est plutôt sur le deuxième paralogisme, celui de la *simplicité*, que sera mis l'accent (*cf.* Réfutation de l'argument de Mendelssohn [*infra*, p. 254]).

Le tableau de la topique de la Psychologie rationnelle confirme ce caractère fondamental de cette substantialité mise en avant par Kant; tous les concepts clés de la Psychologie rationnelle peuvent être organisés par « composition » autour de ce concept de substance : l'*immatérialité* qui la caractérise en tant qu'objet du sens interne, l'*incorruptibilité* qu'elle doit à sa simplicité, la *personnalité* à son identité intellectuelle, ces trois notions spécifiant la spiritualité. Mise en rapport avec les objets dans l'espace, elle sera considérée comme principe de vie et d'animation des corps et, dans sa spiritualité, comme *immortelle*.

Mais (toujours en laissant de côté le cas du quatrième titre catégorial, celui de la modalité, pour y revenir plus tard), il est clair que les titres deux et trois : point de vue de la *qualité* et de la *quantité* donnant respectivement la simplicité qui fonde l'incorruptibilité et l'unité de la personnalité, sont subordonnés à la mise en place préalable du premier titre : point de vue de la relation qui devrait être le troisième (*cf.* le schéma antérieur : quantité, qualité, relation, modalité). Or ce que nous voudrions tenter de montrer, c'est que cette « faveur » que fait Kant au point de vue de la relation et plus spécialement au principe de substance :

1) si elle est parfaitement explicable du point de vue des exigences du projet et de l'architecture d'ensemble de la *Critique*,

2) n'en suscite pas moins dans l'exposé de la première édition de la *Critique* des difficultés et obscurités qui ont si peu échappé à Kant que :

3) on peut y voir l'une des sources de l'approfondissement du problème posé par le « je pense » dont le résultat se manifestera dans la deuxième édition.

1) Montrons d'abord en quoi cette « faveur » est très explicable par l'économie de la *Critique* en commentant l'alinéa qui suit (281-282, A347-348). Que prétend être la Psychologie rationnelle ? une science, c'est à dire une connaissance. Mais de quoi ? quel est son *objet* ? : le Moi. Qu'est-ce qui définit une connaissance ? la fin de la première section du livre I dans la Dialectique nous l'a dit avec précision (266, A320) : c'est une « espèce » du « genre » représentation : plus exactement, une *perception* (c'est-à-dire une représentation accompagnée de conscience) *objective*. En tant que connaissance elle est ou bien *intuition*, ou bien *concept*. Le cas de l'intuition étant écarté (*cf.* 308, A382), puisque cette Psychologie se proclame elle-même *rationnelle*, resterait qu'elle soit *concept*. Mais précisément le Moi n'est pas un concept : Kant ne l'avait introduit (278, A341-342) sous ce nom pour se corriger aussitôt : ou

plutôt un « jugement » ou mieux encore « le *véhicule* de tous les concepts ». L'image se précise maintenant : la représentation Moi est « une simple conscience accompagnant les concepts » (on remarquera en pensant que c'est déjà l'ébauche de la célèbre formule du § 16 de la seconde Déduction : « le je pense doit pouvoir accompagner toutes mes représentations »). Mais alors il faut aller jusqu'à dire qu'elle est moins une *représentation* distinctive d'un objet particulier qu'une *forme* de la représentation en général, en tant que la destination possible de celle-ci est de devenir connaissance en devenant perception objective. Autrement dit, c'est la *représentation* elle-même qui deviendra connaissance mais non la *forme* de la représentation.

En tant que forme, la représentation Moi ne peut que rester vide de contenu. Pour reprendre le langage les *Prolégomènes*, le cas du sujet pensant ne constitue nullement une exception à la règle générale communément admise pour tous les autres cas : « *le substantiel*, ce qui demeure quand tous les accidents ont été éliminés comme prédicats, nous demeure inconnu » (p. 108). En effet c'est seulement par les pensées qui sont ses prédicats : je pense la substance, la cause etc., que nous connaissons le sujet. Le chapitre final de l'Analytique distinguant phénomènes et noumènes a expliqué que penser, c'est rapporter à un objet une intuition donnée, et que si la nature de cette intuition n'est donnée d'aucune manière l'*objet* est simplement *transcendantal* (225, A250). Il faut entendre par là quelque chose = x dont nous ne savons rien du tout et dont même (notre entendement n'étant pas intuitif) nous ne pouvons rien savoir. Il semble bien que ce soit cette définition de l'*objet transcendantal* que Kant reprend ici en introduisant la notion de *sujet transcendantal* : lorsque dans la Psychologie rationnelle je prétends *me* penser comme sujet pensant, faute d'intuition donnée, le Moi que je prends comme objet est voué à demeurer transcendantal comme « je », comme « il », comme « cela » qui pense. Nous savons en effet (228, A253) que « la catégorie est une simple fonction de la pensée par laquelle aucun objet ne m'est donné mais par laquelle seulement est pensé ce qui ne peut-être donné dans l'intuition » (*cf.* la « Remarque Générale sur le Système des Principes » ajoutée dans la deuxième édition (212-215, B288-294) – spécialement haut de la page 214, B291).

Par conséquent nous voyons ici Kant spécialement soucieux de montrer d'emblée que la Psychologie rationnelle n'est pas et ne peut pas être une *science*, parce qu'il ne peut pas y avoir de *connaissance* du sujet « je pense » en tant qu'*objet*. Il y a là une impossibilité *logique*, « un *cercle* » qui tient à ce que je suis obligé dans ma prétention à connaître de me servir de cela même que je veux connaître ; selon l'heureuse formule du texte final sur les Paralogismes (324, A402) : « il est bien évident que je ne saurais connaître comme objet cela même qu'il me faut supposer pour connaître en général un objet ». La réfutation se situe donc bien dans la perspective proprement *logique* qu'impose à la Dialectique le fait qu'elle se situe dans le cadre d'une Logique transcendantale, comme logique de l'apparence après cette logique de la vérité qu'est l'Analytique (*cf.* encore dans les *Prolégomènes*, § 47, le renvoi à l'Analytique des Principes)

2) Toutefois le fait que Kant n'ait pu s'en tenir à ce point de vue et qu'il ait eu dès ce texte de la 1re édition conscience de la nécessité d'ajouter certaines précisions nous est, semble-t-il, attesté dès la page suivante (281, A346) qui à cet égard est à mettre en parallèle avec celui des pages 279-280 (A343-344). De même que Kant disait à cet endroit : « Il ne faut pas s'arrêter à ce fait que j'ai une expérience interne et vouloir que par suite

la Psychologie rationnelle, qui est construite sur cette proposition [*je pense*], ne soit jamais pure, mais partiellement empirique », de même maintenant il nous dit : « Mais il doit dès l'abord sembler étrange que la condition sous laquelle je pense en général et qui, par conséquent, est une simple propriété de *mon* sujet, doive être en même temps valable pour *tout ce qui* pense, et que nous puissions prétendre fonder sur une proposition qui *semble* empirique un jugement *apodictique* et *universel* ». Et en effet nous allons voir Kant dans cette page se remettre dans la situation paradoxale où nous l'avions vu plus haut : il va prendre d'un certain point de vue la défense de la psychologie rationnelle qu'il se propose, d'un autre point de vue, d'attaquer. Et tout se passe comme s'il se sentait obligé de donner une certaine consistance à l'adversaire qu'il va combattre. Plus précisément il lui faut présenter la psychologie rationnelle sous la forme qui permette de correspondre exactement et typiquement à l'illusion transcendantale qu'il s'agit de dénoncer. Pour cela il ne faut pas qu'elle puisse être accusée d'être si peu que ce soit *empirique*. La première fois, il s'agissait de ne pas s'arrêter à l'existence d'une expérience interne. Cette fois, il s'agit de comprendre pourquoi la psychologie rationnelle peut avec vraisemblance (quoique sans légitimité) prétendre à des jugements apodictiques et universels, prétendre à des affirmations valables pour *tout ce qui* pense, alors que l'unique texte dont elle dispose est celui du « *je* » pense ; on pourrait donc croire qu'elle procède à une généralisation inductive à partir d'une expérience subjective singulière. Si Kant tient à écarter une telle interprétation, c'est qu'elle transformerait la psychologie rationnelle en psychologie *empirique*. Tout au contraire sa prétention à l'apodictique et à l'universel n'est possible que parce qu'elle se place au point de vue de l'*a priori* ; c'est là qu'elle possède la *nécessité* de sa prétention à l'universel : il lui *faut a priori* attribuer *nécessairement* aux choses toutes les propriétés qui constituent les conditions sous lesquelles, seuls nous, nous les pensons. Loin d'être pris comme texte d'expérience le « je pense » est pris en un sens *problématique* ; il signifie : tout sujet possible. Tel est strictement et uniquement ce que je transfère de ma conscience à autrui. Il ne s'agit donc absolument pas de ces conceptions des psychologues de la connaissance *analogique* d'autrui que combat par exemple Scheler dans *Nature et forme de la sympathie*[1]. Donc une expérience extérieure d'autrui comme sujet pensant étant impossible, le transfert que j'effectue de moi à autrui et qui fonde mes jugements universels dans la psychologie rationnelle (tout ce qui pense est immatériel, incorruptible, etc. ...) tient à ce qu'il m'apparaît *a priori* qu'il y a des conditions nécessaires de la représentation de tout sujet pensant possible en général. Il ne s'agit donc absolument pas d'une généralisation inductive ou d'une « projection » en autrui des lois d'une « psychologie » du sens interne que j'aurais découvertes sur moi-même. Une telle science concernerait les *phénomènes du sens interne non les prédicats transcendantaux du Moi*, du « je pense » pris comme objet. Du point de vue de la *modalité* de leurs jugements, seule une psychologie rationnelle prenant le « je pense » en un sens problématique peut prétendre à des conclusions apodictiques; une psychologie empirique ne pourrait prétendre qu'à des conclusions *assertoriques*, c'est-à-dire dont la modalité correspond à la catégorie d'*existence*, donc à des vérités *de fait*, non à des vérités nécessaires.

1. M. Scheler, *Nature et formes de la sympathie. Contribution à l'étude des lois de la vie affective* (1923), trad. fr. M. Lefebvre, Paris, Payot, 2003.

3) Mais alors, si nous comprenons bien, en prenant la défense de la psychologie rationnelle, Kant est amené à lui donner comme point de départ le même que celui de sa propre philosophie : la conscience de soi est condition nécessaire de l'unité de l'expérience. Mais ici Kant ne pouvait pas ne pas prendre conscience de la nécessité d'élaborer pour le compte de sa propre philosophie de nouveaux développements que ne pouvaient laisser prévoir les exigences premières de la Logique transcendantale dans laquelle cependant le germe se trouvait : dès les premières lignes de la première synthèse de la Déduction il avait en effet déclaré (111, A98-99) : « de quelques sources que viennent nos représentations, qu'elles soient produites par l'influences des choses extérieures ou par des causes internes, qu'elles se forment *a priori* ou de manière empirique, comme phénomènes, elles n'en appartiennent pas moins au sens interne comme modifications du *Gemüth*, et, à ce titre, toutes nos connaissances sont en définitive soumises à la condition formelle du sens interne, c'est-à-dire *au temps*, où elles doivent être toutes ordonnées, liées et mises en rapports. C'est là une remarque générale qu'il faut poser absolument pour fondement dans tout ce qui suit ». Kant peut donc, dans notre texte, prendre bien soin de distinguer le « je pense » problématique de la psychologie rationnelle du *cogito* de Descartes qui, lui, renferme la perception d'une existence, il n'en est pas moins vrai qu'on ne voit pas comment il pouvait éviter d'aborder tôt ou tard le problème de l'aspect empirique de la proposition « je pense ». Il ne parait pas que cette question soit encore élucidée pour lui, ni en 1783 dans les *Prolégomènes*, ni même en 1786, dans les *Premiers principes*, comme en témoignent la note du § 46 du premier ouvrage où l'on trouve l'étrange formule « le Je n'est que le *sentiment* (*Gefühl*) d'une existence sans le moindre concept » [109],

et, [dans le suivant], le scolie du second théorème de la mécanique [129]. C'est seulement vers 1788-1790 que Kant abordera systématiquement cette question dans l'opuscule à Kiesewetter ; est-ce un fait d'expérience que penser ?[1].

Méthode d'explication des textes des paralogismes

1) S'appuyer sur le texte de la deuxième partie du développement final intitulé : « Réflexion sur l'ensemble de la psychologie pure en conséquence de ces paralogismes » (319-327, A396-405) où Kant précise :

a) qu'il donne l'explication claire et générale et générale de l'apparence totale ;

b) qu'il dresse la distribution systématique de ces raisonnements vicieux.

2) *Prolégomènes* ([§ 46-49], 165)

> Si je propose ces Prolégomènes comme plan et fil conducteur de la recherche au lieu de l'ouvrage lui-même [de la *Critique*], c'est parce que [...] en quelques sections de la théorie des éléments, par exemple dans la déduction des concepts de l'entendement ou dans la section qui traite des paralogismes de la raison pure, mon exposé ne me satisfait pas tout à fait parce qu'une certaine prolixité y fait tort à la distinction; on peut donc leur substituer pour en faire la base de l'examen ce que les présents Prolégomènes disent à propos de ces sections.

3) le texte de la deuxième édition qui répond à ce même souci (282, B406) : « Pour plus de brièveté nous procèderons à

1. *Cf.* la Réflexion 5661, AKXVIII, 318-320, qui ouvre un ensemble de fragments issus de discussions entre Kant et son disciple J.G.K.Ch. Kiesewetter (1766-1819). Le morceau est intitulé : « Réponse à la question : est-ce que c'est une expérience que nous pensions ? ».

cet examen sans nulle part rompre la trame de notre développement »).

En particulier :

a) la remarque générale (320, B 428) ;

b) l'exposé condensé des quatre paralogismes (283-287, A 348-354).

Sans perdre de vue que la doctrine kantienne s'est transformée sur certains points dans l'intervalle.

II. Premier paralogisme – de la substantialité (282-284, A 348-351)

Plan du texte

1) *Les principes* : (1er alinéa)
   a) catégorie et intuition (2 premières phrases, 283)
   b) le syllogisme du sujet-substance
2) *L'application* (alinéas 2 et 3)
3) *Le paralogisme* (dernier alinéa, 284)

1/ *Les principes*

a) [Catégorie et intuition] – 153, 156, A 139-140, 147, rappel des textes antérieurs de l'Analytique concernant le sens et l'usage des *catégories* : § 10, voici comment la notion avait été introduite et définie (93, A 79/B 104) :

> La même fonction qui donne l'unité aux diverses représentations *dans un jugement* donne aussi l'unité à la simple synthèse de diverses représentations *dans une intuition*, unité qui généralement parlant est appelée le concept pur de l'entendement.

En effet la connaissance d'entendement se fait par concepts et de même que toutes les intuitions en tant que sensibles reposent sur des affections, les concepts reposent sur des fonctions, une fonction étant l'unité de l'acte qui range diverses représentations sous une représentation commune.

> Ainsi le même entendement et par les mêmes actes au moyen desquels il produit dans les concepts, en se servant de l'unité analytique, la forme logique d'un jugement introduit ainsi au moyen de l'unité synthétique du divers qui se trouve dans l'intuition en général, un contenu transcendantal dans les représentations; c'est pourquoi elles s'appellent concepts purs de l'entendement ou *catégories*, s'appliquant *a priori* à des objets... (93-94, A79-80).

Dans la deuxième édition à la fin du § 14 (106, B128-129), Kant a jugé bon de redéfinir cette notion de catégorie en l'illustrant par un exemple, précisément celui d'un jugement catégorique, c'est-à-dire de relation sujet-prédicat: tous les corps sont divisibles. Alors que la Logique générale ne détermine pas auquel des deux concepts on veut donner la fonction de sujet, auquel celle de prédicat (on peut dire par exemple: quelque divisible est un corps), la Logique transcendantale (précisément parce qu'elle ne fait pas abstraction de tout contenu de connaissance, mais trouve devant elle le divers de la sensibilité *a priori* que l'Esthétique transcendantale lui fournit pour donner une matière aux concepts purs de l'entendement) définira la catégorie comme un concept d'objet en général au moyen duquel l'intuition de [cet objet] est considérée comme *déterminée* par rapport à une fonction logique des jugements. Ainsi dans l'exemple choisi, le concept de corps étant placé dans la catégorie de *substance*: « il est décidé par là que son intuition *empirique* doit *toujours* être considérée dans l'expérience comme *sujet* et jamais comme simple prédicat ».

Les conséquences de cette définition de la catégorie sont immédiatement énoncées dès le début de la Déduction (108, A96) où s'annoncent les chapitres 1 et 2 de la Dialectique :

> Une fois que j'ai des concepts purs de l'entendement je puis bien concevoir aussi des objets, impossibles ou possibles en soi, mais qui ne peuvent être donnés dans aucune expérience parce que dans la liaison de nos concepts quelque chose peut être laissé de côté qui appartienne nécessairement à la condition d'une expérience possible (par exemple le concept d'un esprit) ou que des concepts purs de l'entendement peuvent être étendus plus loin que l'expérience ne peut atteindre (comme dans le concept de Dieu). Mais si les éléments de toutes les connaissances *a priori*, même des fictions arbitraires et absurdes, ne peuvent être empruntées à l'expérience (car autrement ce ne serait pas des connaissances *a priori*) ils doivent toujours renfermer les conditions pures *a priori* d'*une expérience possible* et d'un objet de cette expérience, car non seulement rien ne serait pensé par leur moyen, mais, sans données (*data*) ils ne pourraient pas même naître jamais dans la pensée.

Thèse qui trouvera son développement dès le premier chapitre de l'Analytique des Principes, dans la théorie du schématisme, résumée (156, A147/B187) : « Les catégories sans schème ne sont que des fonctions de l'entendement relatives aux concepts, mais elles ne représentent aucun objet. Leur signification leur vient de la sensibilité qui *réalise* l'entendement tout en le restreignant », car ces concepts purs de l'entendement « conservent incontestablement, après qu'on a fait abstraction de toute condition sensible, un sens, mais *simplement logique*, celui de la simple unité des représentations, auxquelles ne peut être donné aucun objet ni par conséquent aucune significations qui puisse fournir un concept de l'objet ».

Ainsi pour prendre justement l'exemple de la substance dont le schéma est *la permanence du réel dans le temps*, « si on laisse de côté cette détermination du sensible, la substance ne signifierait plus qu'un quelque chose qui peut être conçu comme sujet sans être un prédicat de quelque autre chose [...], représentation dont je ne puis rien faire puisqu'elle ne m'indique pas quelle détermination doit posséder la chose pour valoir comme telle à titre de premier sujet » (156, A147/B186).

C'est donc cet ensemble de textes qui est rappelé par les deux premières phrases : les catégories, (ici, celle de substance), sont vouées à demeurer des fonctions de jugement sans contenu, sans signification objective, si elles ne peuvent être appliquées au divers d'une intuition.

b) [Le syllogisme du sujet-substance] Un syllogisme établit maintenant la légitimité de poser le Moi comme substance et ses pensées comme accidents. La majeure affirme le droit qu'on a de dire de toute chose en général qu'elle est substance : l'idée de substance est en effet la forme abstraite du jugement de prédication. Or toute pensée est détermination d'un Moi qui n'est pas lui-même détermination d'autre chose. Comme y insistera l'explication finale, (284, A350) tant qu'on s'en tient là, « tous les théorèmes psychologiques ont une exactitude incontestable », et aux dernières lignes de la réfutation de ce premier paralogisme, Kant dira encore : « on peut très bien conserver cette proposition : l'âme est une substance ». Si nous sommes tentés d'aller plus loin, expliquera Kant (309, A383), c'est que nous voulons sans doute mettre notre moi pensant à l'abri du danger du matérialisme. Cependant non seulement c'est *illégitime* pour les raisons que nous allons voir, mais c'est *inutile*: il suffit de s'en tenir au concept rationnel de notre moi pensant pour éliminer la crainte que toute pensée et l'existence même des êtres pensants disparaissent si l'on supprime la matière.

La philosophie transcendantale, et spécialement la distinction qu'elle fait de tous les objets en phénomènes et noumènes, démontre clairement que « si je supprime le sujet pensant il faut que tout le monde corporel s'évanouisse comme n'étant rien que le phénomène dans la sensibilité de notre sujet et un mode de représentation du sujet ».

Il est important de bien noter cette légitimité de l'affirmation que l'âme est une substance pour comprendre précisément en quoi la psychologie rationnelle va commettre à partir de là un paralogisme, tel que Kant l'a strictement définit, c'est à dire un raisonnement vicieux *quant à la forme*. En effet « la conclusion dialectique qui porte sur la condition de toute pensée en général elle même inconditionnée » ne peut pas commettre de faute *quant au contenu* pour l'excellente raison qu'elle fait abstraction de tout contenu et de tout objet (321, A397-398). Mieux même, c'est à partir de là qu'on pourra saisir en quoi l'illusion dialectique a quelque chose d'*inévitable* : il est tout à fait *conforme à la nature de la raison* de s'occuper de cette condition authentiquement inconditionnée qui est le «je pense», l'unique condition qui accompagne toute la pensée, à savoir: le Moi, y étant impliqué. (À quoi s'ajoute la confusion penser-connaître).

2/ L'application

C'est en effet à cause d'un usage non-critique du concept de substance que la psychologie rationnelle, dans son désir de *prouver* l'immortalité de l'âme, de nous en donner une *connaissance*, va commettre le paralogisme de la substantialité. Elle va traiter le moi qui est substance *dans le concept* comme s'il était substance *dans le phénomène*, elle va donc méconnaître cette distinction du *penser* et du *connaître* à laquelle Kant donnera tout son relief dans la Préface de la deuxième édition de la *Critique* (22 et note, B27) :

> Nous pouvons *penser* les objets comme choses en soi, quoique nous ne puissions pas les *connaître* en tant que tels. [...] Je puis *penser* ce que je veux (sans réserve de non-contradiction) quoique je ne puisse pas répondre qu'un objet corresponde ou non à ce concept. Pour attribuer à un tel concept une valeur objective (une possibilité *réelle* et non plus seulement *logique*) il faudrait quelque chose de plus.

Distinction reprise sous forme de *remarque générale* susceptible d'éclairer tous les paralogismes dès le début du texte de la deuxième édition (282, B406) : « Ce n'est pas simplement parce que je *pense* que je *connais* un objet quelconque ». Cette distinction apparaît déjà, quoique moins nettement, dans la première édition : on rapprochera dans l'explication générale les pages suivantes (321, 323, A397, 400) :

> Dans l'*acte de pensée en général* nous faisons abstraction de tout rapport de la *pensée* à un objet quelconque [...], la synthèse des conditions d'une pensée en général n'est pas du tout objective [...] – La simple aperception (le moi) est substance dans le concept [...]. Toutefois on ne *connaît* nullement par là ce qu'on veut proprement savoir de l'âme.

Avant d'examiner plus en détail la nature du paralogisme lui-même, il convient de se rendre attentif à l'éclairage que Kant lui donne.

A) Se plaçant avant tout au point de vue de la psychologie rationnelle et la jugeant sur ses intentions, il est amené dans ce texte à insister surtout sur son aspect *négatif*. Il est vrai que nous l'avons vu commencer par dire que « chacun *doit* se considérer comme substance et ses pensées comme accidents » et nous avons noté qu'il déclarait à la fin qu'on *peut* conserver cette proposition : l'âme est une substance, rapprochant même le texte final (309, A383) qui en fournit le commentaire : « Nous pensons avoir besoin de la psychologie rationnelle pour mettre notre moi pensant à l'abri du danger du matérialisme ». Nous pouvons même maintenant ajouter que, dans la critique du troisième paralogisme (celui de la personnalité), Kant est plus soucieux de dégager l'aspect positif : « tout comme le concept de la substance et du simple, de même aussi peut subsister le concept de la personnalité en tant qu'il est simplement transcendantal [...] et à ce titre *ce concept est même nécessaire* et suffisant pour l'usage pratique (296, A365-366) – et qu'il le sera encore bien plus dans la deuxième édition (306, B421) où il dira nettement la parfaite positivité de la psychologie rationnelle en tant que *discipline* (c'est-à-dire, selon la définition du terme au début de la Méthodologie (491, A709/B737) : « en tant que contrainte qui réprime et finit par détruire la tendance constante qui nous pousse à nous écarter de certaines règles ») à un triple titre :

1) elle empêche la raison spéculative de se jeter dans le *matérialisme* qui nie l'âme ;

2) de se perdre avec extravagance dans un *spiritualisme* sans fondement dans la vie ;

3) elle nous avertit par son échec même d'appliquer à cette connaissance de nous-même un usage *pratique*, le seul fécond.

B) Reste que dans notre texte de la critique du premier paralogisme Kant déclare brutalement que « c'est seulement à connaître mon être pensant comme immortel que peut servir le concept de la substantialité de mon sujet pensant *dont je pourrais fort bien me passer sans cela* » (283, A349).

Que cette déclaration, dans une certaine mesure contradictoire avec les autres textes cités précédemment, résulte du point de vue où se place Kant, c'est-à-dire strictement au point de confrontation d'une part des prétentions de la psychologie rationnelle, d'autre part de sa propre doctrine de la substance, telle que l'expose le texte de la première analogie de l'expérience, c'est ce qu'on peut voir non seulement dans la mise en œuvre de sa critique, mais encore dans le texte des *Prolégomènes* qui la reprend, la condense et en accuse encore les contours (§ 48). Nous insistons spécialement sur cet éclairage du texte parce qu'il nous semble que c'est celui où la critique kantienne se montre le plus sèchement « logique », dans le brutal affrontement de l'ontologie dogmatique et de la théorie criticiste de l'expérience ; le texte où l'on voit le moins Kant s'embarrasser des difficultés incontestables que soulèvera dans la suite, pour sa propre doctrine, le problème très particulier que pose le « je pense » et l'existence irrécusable d'une expérience interne dont il lui faudra bien à travers beaucoup d'hésitations tenter de fixer plus précisément les rapports.

Ce simple affrontement des conceptions dogmatique et critique de la substance qui constitue le « noyau » de notre texte est formulé de façon très concise au début du § 48 des *Prolégomènes* sous une forme hypothétique : « Si nous voulons conclure à partir du concept de l'âme comme substance à sa permanence, une telle inférence ne peut valoir que si on rapporte l'âme à une expérience possible et non pas au titre de chose considérée en elle-même et au-delà de toute expérience possible ». C'est à partir de là que nous allons d'abord pouvoir comprendre cette exécution brutale de la substantialité du sujet pensant dont « on pourrait fort bien se passer » si l'on ne prétendait par son moyen établir l'immortalité. Si en effet la loi de la permanence de la substance ne joue qu'en vue de l'expérience, comme la condition de toute notre expérience possible est la *vie*, on ne peut conclure qu'à la permanence de l'âme en la vie. Mais c'est décidemment sans intérêt : « on nous fera bien grâce de la preuve », dit Kant.

Notre texte de réfutation du premier paralogisme ne fait aucune allusion à cette contrepartie légitime (quoique inutile en l'occurrence) de l'usage empirique de la catégorie. S'appuyant strictement sur ce qui a été établi dans la preuve de la première analogie, la « liquidation » qu'il effectue s'opère en trois temps et selon une progression :

a) *je ne peux d'aucune façon* conclure que je dure par moi-même sans naître ni mourir ;

b) il s'en faut tellement que je puisse conclure cela qu'*au contraire* etc. … ;

c) *même en prenant une expérience* pour base nous ne pourrions pas démontrer une pareille permanence par une observation certaine…

a) Que je ne puisse conclure que je dure sans naître ni mourir, Kant ne se donne même pas la peine de la démontrer, considérant la chose comme établie par la preuve de la première analogie. Il y a en effet soutenu cette thèse dont il a souligné le caractère paradoxal : « seul le permanent (la substance) est changé et le changeant ne subit pas de changement d'*existence* (*Veränderung*) mais seulement un *changement d'aspect* (*Wechsel*) – tout ce qui change (*verändert*) est permanent, seul son état change (*wechselt*) ». « Naître et périr ne sont pas des changements (*Veränderungen*) de ce qui naît et périt ». « Et il n'y a de perception possible du naître et du mourir qu'uniquement en tant que ce sont des déterminations du permanent, le permanent rendant seul possible la représentation du passage d'un état à un autre, du non-être à l'être, et puisque c'est donc seulement à titre de déterminations variables de ce qui demeure qu'on peut connaître empiriquement ces états » (181, A187/B230).

b) C'est précisément l'écho de ce paradoxe qui se fait entendre dans la proposition suivante : « *il s'en faut tellement* que je puisse conclure cela de la simple catégorie pure d'une substance qu'*au contraire* nous sommes obligés de prendre pour principe la permanence d'un objet donné tiré de l'expérience » (283, A349), si nous voulons faire de la catégorie un emploi correct, c'est-à-dire empirique. En effet, Kant pense que non seulement les philosophes mais même le vulgaire ont toujours supposé la permanence comme substrat des phénomènes, et admis que dans tous les changements la substance demeure et seuls changent les accidents.

Mais il ne voit pas qu'on ait jamais tenté d'en donner la preuve. C'est qu'on n'a pas vu que la proposition : la substance est permanente est tautologique, cette permanence étant la seule raison pour laquelle on applique aux phénomènes la catégorie de substance. Mais prouver que dans tous les phénomènes il y a quelque chose de permanent par rapport à quoi le changeant n'est qu'une détermination d'existence, ce qui est une proposition synthétique *a priori*, ne pouvait être fait par concepts, une telle proposition n'étant valable que par rapport à l'*expérience possible*. C'est précisément de cette référence à l'expérience que la psychologie rationnelle prétend se passer, fondant sa conclusion sur la seule relation de toute pensée au Moi.

c) Allons plus loin encore : à supposer même qu'on fasse cette référence à l'expérience, qu'on la « prenne pour base », chacune de nos pensées attesterait bien la présence du moi, mais la représentation que nous en pourrions avoir ne serait nullement celle d'un milieu permanent pour la succession de nos pensées. Si par exemple je pense successivement la substance, la cause etc. ..., je puis bien remarquer qu'à chaque fois c'est Moi qui pense, que le Moi est à chaque fois une sorte d'exposant identique de mes pensées successives, mais je ne trouve pas le moindre commencement d'une connaissance possible de ce Moi faute d'une intuition distincte, séparée, spécifique par rapport aux autres, faite en particulier de l'intuition d'une permanence qui se distinguerait du variable et du successif de mes pensées. Le « je » est bien l'unité intérieure de toutes les représentations, mais n'ayant pas le moindre prédicat d'intuition, non seulement il ne saurait être connu comme objet de représentation distinct des objets des autres représentations, mais à plus forte raison il ne saurait être posé comme l'unité à l'intérieur de laquelle seraient toutes les représentations. Comme Kant le dira dans la Méthodologie à propos de la simplicité (532, A784/B812). « on ne voit pas du tout comment la simple conscience qui est *contenue dans toute pensée* pourrait me conduire à la conscience et à la connaissance *d'une chose dans laquelle* la pensée peut *être contenue* ». Bref, le sujet inhérent à toute représentation ne saurait être objectivement connu comme sujet d'inhérence de toutes les représentations.

3/ *Le paralogisme*

Telle est du reste à peu près la formule où Kant enferme le paralogisme dans l'alinéa de conclusion (284, A350) : il consiste à prendre « le *sujet logique* permanent de la pensée pour la connaissance du *sujet réel* de l'inhérence ». Que « la conscience soit la seule chose qui fasse de toutes nos représentations des pensées », c'est pour reprendre la célèbre formule du § 16, parce que le « je pense » doit pouvoir accompagner toutes mes représentations, car autrement serait représenté en moi quelque chose qui ne pourrait pas du tout être pensé, ce qui revient à dire ou que la représentation serait impossible ou que du moins elle ne serait rien pour moi. C'est précisément cette nécessaire régularité de l'accompagnement du « je pense » qui nous donne l'illusion d'une permanence : nous croyons pouvoir connaître un sujet en soi, substrat de nos pensées.

Enfin la dernière phrase du texte nous assure que nous avons le droit de dire : l'âme est une substance à la condition d'ajouter : mais seulement *en idée* et non dans la réalité. Le commentaire de cette formule est à chercher p. 270 (A327/B383-384) où l'*idée* nous a été définie comme « concept rationnel nécessaire auquel nul objet qui lui corresponde ne peut être donné dans les sens », concept de la raison pure considérant « toute connaissance expérimentale comme déterminée par une totalité absolue des conditions », concept donné par la nature même de la raison et non pas formé arbitrairement et se rapportant nécessairement à tout l'usage de l'entendement, concept transcendant enfin, c'est-à-dire dépassant les limites de toute expérience où ne saurait par conséquent jamais se présenter aucun objet adéquat à l'idée. Ainsi le propre de l'idée est de ne pouvoir jamais être donnée *in concreto*. Il est vrai que, de cette façon, elle dit *beaucoup* du point de vue de l'objet (de l'entendement), mais en revanche elle dit *très peu* par rapport au sujet c'est-à-dire relativement à sa réalité sous des conditions empiriques. C'est ce qui justifie l'expression restrictive : le concept *n*'est *qu*'une idée. Car puisque la raison dans son usage *spéculatif* se propose de se donner l'idée *in concreto*, d'en saisir la réalité sous des conditions empiriques, si elle ne peut « *qu'approcher* du concept, sans pouvoir l'*atteindre* jamais dans l'exécution, cela revient à la *manquer* entièrement ».

Mais s'il en est ainsi on ne voit pas bien l'intérêt qu'il pourrait y avoir à conserver cette proposition : je suis une substance, puisqu'elle ne signifie que la catégorie pure dont je ne puis faire aucun usage *in concreto* (empirique) (284, A350). Cependant Kant nous en a donné l'avertissement général à propos de tous les concepts rationnels : bien qu'ils *ne* soient *que* des idées, il ne faut pas aller jusqu'à les considérées comme superflus et vains :

1) ils peuvent servir de canon à l'entendement, le diriger et le conduire plus avant dans la connaissance ;

2) ils peuvent rendre possible un passage des concepts physiques aux concepts *pratiques* et fournir aux idées morales un support et un lien avec les connaissances spéculatives (271, A329).

À vrai dire dans les textes concernant la Psychologie rationnelle, Kant est assez avare d'explications là-dessus. Certes à propos du troisième paralogisme il indique que le concept de personnalité est « nécessaire et suffisant pour l'usage pratique » (296, A365-366). Mais lors de la première édition le problème moral n'ayant pas encore revêtu à ses yeux l'aspect critique, il se contente d'ajouter dans sa « Réflexion d'ensemble » (309, A381) qu'on ne peut « refuser à la psychologie rationnelle une grande utilité négative quand on ne la regarde que comme un examen critique de nos raisonnements dialectiques ». Et c'est dans l'Appendice à la dialectique transcendantale qu'il s'explique plus amplement sur le premier point à propos de l'usage régulateur des idées du point de vue spéculatif (452, A642/B670) et du but de la dialectique naturelle de la raison (467, A669/B697). Une raison disciplinée par la critique et sachant que l'idée est un concept *heuris-*

tique et non ostensif, montrant non pas comment est constitué un objet, mais comment sous sa direction nous devons chercher la nature et l'enchaînement des objets de l'expérience, reliera en psychologie « au fil conducteur de l'expérience interne tous les phénomènes, tous les actes et toute la réceptivité de notre âme *comme si* elle était une substance simple subsistant (au moins dans la vie) avec l'identité personnelle, tandis que ses états, dont ceux du corps ne font partie qu'en qualité de conditions extérieures, changent continuellement » (468, A672/-B700). Ainsi prenant le concept empirique de toute pensée, la concevant comme inconditionnée et originaire, en faisant le concept d'une intelligence simple subsistant par elle-même, la raison n'aura en vue que des principes de l'unité systématique devant servir à expliquer le phénomènes de l'âme par exemple. Selon le plan de la topique de la psychologie rationnelle on considérera :

1) Toutes les déterminations de l'âme comme existant dans un sujet unique.

2) Toutes les facultés, autant que possible, comme dérivées d'une faculté fondamentale unique.

3) Tout changement comme faisant partie des états d'un seul et même être permanent.

4) [Lequel être permanent] représentant les phénomènes dans l'espace comme entièrement distincts des actes de la pensée. *On se gardera de croire que cette même substance* soit le principe réel des propriétés de l'âme. On fera un usage *hypothétique* de la raison et un usage *régulateur* de l'idée qui invitera alors à mettre le plus d'unité possible dans les connaissances, ainsi par exemple, alors que les divers phénomènes d'une même substance révèlent à première vue une telle hétérogénéité qu'il faut admettre presque autant de *forces* (la force étant l'unité de la causalité) qu'il y a d'effets : ainsi, dans

l'âme, la sensation, la conscience, l'imagination, la mémoire, le plaisir, le désir, etc. ...; d'autre part, une maxime logique (*entia non multiplicanda praeter necesitatem*) nous amènera à réduire cette diversité apparente en cherchant l'identité cachée : par exemple l'imagination liée à la conscience n'est-elle pas mémoire ..., peut-être même entendement et raison. Certes, il est impossible de démontrer logiquement l'existence d'une *faculté fondamentale*, mais le principe logique de la raison exige que cette unité soit autant que possible réalisée, et plus on découvre identiques les phénomènes de diverses facultés plus il devient vraisemblable qu'ils sont les manifestations d'une unique faculté fondamentale. Ensuite, dans l'intérêt de la raison on cherchera une force fondamentale unique, radicale, absolue, unité rationnelle simplement hypothétique des forces relativement premières. telle sera la « discipline de la raison pure par rapports aux hypothèses » (525, A771/B799) : « *Concevoir* l'âme comme simple, cela nous est parfaitement permis afin de donner d'après cette *idée* pour principe à notre appréciation de ses phénomènes internes une unité intégrale et nécessaire de toutes facultés humaines, bien qu'on ne puisse pas l'apercevoir *in concreto*. Mais *admettre* (*annehmen*) l'âme comme substance simple (concept transcendant) serait indémontrable, arbitraire et aveugle [...], car si l'on entend par substance l'objet permanent de l'intuition sensible, la possibilité d'un *phénomène simple* ne peut absolument pas être aperçue ».

Enfin, on se gardera d'oublier que pour Kant cet usage régulateur des idées en psychologie ne saurait, en tout état de cause, comporter la même fécondité ou revêtir la même importance qu'en « somatologie » (ou science de la nature) parce que selon la thèse nettement exposée dans la Préface des *Premiers*

Principes et déjà rappelée : « la théorie de l'âme ne peut jamais devenir plus qu'une théorie naturelle *historique*, et dans son genre la plus systématique qu'il se pourra, du sens interne. Elle sera une *description* naturelle de l'âme, mais elle ne saurait devenir une science de l'âme, ni même une théorie psychologique expérimentale » et cela parce que :

1) Les mathématiques ne sont pas applicables aux phénomènes du sens interne.

2) L'analyse de ceux-ci est condamnée à demeurer *idéale*.

III. DEUXIÈME PARALOGISME – DE LA SIMPLICITÉ (285-292, A 351-361)

Textes susceptibles d'éclaircir le commentaire :

1) la fin de la *Réflexion sur l'ensemble de la Psychologie rationnelle* en particulier (319, A396) – et la remarque sur le tableau de la p. 326 (TP, A404) qui renvoie à la *Remarque sur l'antithèse de la seconde Antinomie* (345-347, A439/B467) ;

2) dans la Méthodologie, la section : *Discipline de la Raison Pure par rapport à ses démonstrations*, en particulier p. 531-533 (A782-7/B810-5) ;

3) le texte très concis de la seconde édition (284-285, B407-408) est complété par celui des pages 294-316 (B413-426) : *Réfutation de l'argument de Mendelssohn en faveur de la permanence de l'âme*, qui introduit un point de vue nouveau par rapport à celui de la première édition, application du principe des grandeurs intensives (anticipation de la perception) que Kant avait eu l'occasion de mettre en œuvre dans les *Premiers Principes métaphysiques* à propos du Théorème II de la Mécanique : Scolie (128-129).

On ne manquera pas de remarquer d'abord que Kant s'est plu à souligner l'*importance capitale* de ce deuxième paralogisme : après l'avoir dès les premières lignes honoré du nom de « l'Achille de tous les raisonnements dialectiques de la psychologie pure » (285, A351), il conclura (292, A361) au terme de sa réfutation : « Ainsi tombe, avec son *principal* soutien, *toute* la psychologie rationnelle », après avoir dit entre temps (288, A355) : « cette preuve psychologique si *célèbre* ».

Cette dernière qualification est d'ailleurs éclairante : en un sens, le privilège de ce second raisonnement, c'est sa *popularité* : il est très connu parce qu'il a pu passer traditionnellement pour l'argument *le plus fort* et le plus *facilement accessible* en faveur de l'immortalité de l'âme. La *simplicité* apparaît comme le critère le plus évident de l'absolue distinction de l'âme et du corps (manifestement composé et que la mort décompose) et, de là, de son *incorruptibilité*. On remarquera qu'il figure en bonne place dans le *Phédon* de Platon, puisque c'est la discussion de ce troisième argument qui conduit Socrate à l'argument ontologique final, preuve décisive. Il ne fait aucun doute que Kant ait été sensible à cet aspect de l'argument : non seulement il en fait état (290, A358), mais il indique dans une note (286, A352) que c'est à dessein qu'il laisse à son exposé « sa forme toute populaire ».

On peut même remarquer que l'introduction dans la deuxième édition d'une réfutation spéciale de l'argument de Mendelssohn doit s'interpréter dans le même sens, Mendelssohn, philosophe populaire, ayant voulu compléter et renforcer cet argument célèbre.

Il est vrai que dans les *Prolégomènes* ce second raisonnement (ainsi que le troisième) sont relégués dans l'ombre au profit du premier (substantialité) et du quatrième (idéalité du rapport extérieur), mais c'est que dans cette œuvre

Kant est soucieux surtout de se défendre contre l'accusation d'idéalisme. Et nous ne devons pas perdre de vue que, puisque Kant estimait que la Psychologie, à la différence de la physique, ne pouvait devenir une science, entre autres raisons parce que l'*analyse* ne pouvait y être qu'*idéale* (et non *réelle*), on se rendra compte en se rapportant au texte de la Méthodologie (532, A784-5/B812-3) que la confusion de l'analyse *idéale* sous la forme du *simple dans l'abstraction* et de l'analyse *réelle* sous la forme du *simple dans l'objet* est, de façon *fondamentale*, *typique* du paralogisme que commet la Psychologie rationnelle. Enfin les dernières lignes de conclusion (292, A361) dégagent à la fois ce que ce second raisonnement a, dans sa nature fallacieuse, *de commun* avec les autres raisonnements de la Psychologie rationnelle : nous ne pouvons, *pas plus ici qu'ailleurs*, étendre notre connaissance par simples concepts sans rapport à l'expérience possible, et d'autant moins qu'il ne s'agit en psychologie que de la simple forme subjective de tous nos concepts – et ce qu'il a de *spécifique* et qui fait qu'étant en apparence le plus fort des raisonnements de la Psychologie rationnelle il est en réalité le plus faible ; le concept de *nature simple* est tel qu'il ne peut être trouvé *nulle part* dans l'expérience. Ainsi ce second raisonnement, qui méritait bien d'être initialement qualifié par Kant « d'Achille de tous les raisonnements dialectiques » en ce sens que, aussi célèbre que l'argument de Zénon d'Elée selon lequel Achille ne peut rattraper la tortue, il n'est, d'autre part, pas plus que celui-ci réductible à un simple sophisme, ni réfutable autrement que par la voie de la philosophie critique et transcendantale, mérite encore ce qualificatif en un autre sens : le plus vulnérable des raisonnements de la Psychologie rationnelle se révèle ainsi être le talon d'Achille dans cette dernière.

Plan du texte

Le plan d'ensemble est clairement indiqué par Kant lui-même; deux parties :

I. Le raisonnement dialectique et son examen critique (9 premiers alinéas, 285-289, A351-355);

II. Mise à l'épreuve de la prétendue utilité de la proposition (ce titre est l'expression même de Kant à la fin du 9e alinéa – 288-292, A356). *Conclusion* : alinéa final (292, A361).

A/ *Plan détaillé de la première partie*

1) 1er alinéa : présentation – importance et force apparente de l'argument;

2) 2e alinéa : exposé du raisonnement;

3) 3e et 4e alinéas : la critique de son *nervus probandi* qui n'est :

a) ni analytique

b) ni synthétique *a priori*

c) ni *a posteriori*

4) 5e alinéa : dévoilement des principes de l'apparence;

5) 6e, 7e, 8e alinéas : développement de ce principe :

a) rapprochement de ce principe de celui du paralogisme de la substantialité (alinéa 6);

b) rapprochement de son développement avec le précédent (alinéa 7);

c) formulation précise de la nature de ce deuxième paralogisme :

« La simplicité de la *représentation* du sujet n'est pas une *connaissance* de la simplicité du sujet lui-même » (288, A355);

d) *conclusion* de cette première partie qui fait transition pour passer à la seconde (alinéa 9, 288-289, A355-356);

(En quel sens a-t-on le droit de dire : *je suis une substance simple* ?).

Commentaire

L'argument de la Psychologie rationnelle repose sur l'opposition entre le cas du *mouvement* et celui de la *pensée*. Kant en l'exposant utilise les termes et les définitions dont il était parti dans la première et la deuxième analogie de l'expérience :

> 1) 180 (A186/B229) : « Les déterminations d'une substance qui ne sont autre chose que des modes particuliers de son existence s'appellent *accidents*. [...] lorsqu'on attribue une existence particulière au réel dans la substance (par exemple au mouvement considéré comme un accident de la matière), on appelle cette existence l'*inhérence* pour la distinguer de l'existence de la substance que l'on nomme *subsistance* » –
> 2) 191 (A204/B249) : « La causalité conduit au concept de l'*action*, celle-ci au concept de la force et par là au concept de la *substance*. [...] Là où est l'action, et par suite l'activité et la force, là est aussi la substance, et c'est dans celle-ci qu'il faut chercher le siège des dernières sources fertiles des phénomènes ».

La définition du *composé* comme *agrégat* de simples est celle-là même qu'on trouve dans la thèse 2 de la *Monadologie* de Leibniz (qui par ailleurs *oppose* la pure phénoménalité de l'agrégat à la substantialité du simple). Or, tant qu'il s'agit de phénomènes du sens externe, on peut bien concevoir qu'un effet unique résulte de plusieurs effets concourants. C'est même ce que la *Phoronomie* appelle proprement composition des mouvements :

> (cf. *Premiers Principes* ..., Définition IV : « construire le concept d'un mouvement *composé*, c'est représenter *a priori* dans l'intuition un mouvement en tant qu'il résulte de la réunion dans un mobile de deux ou de plusieurs mouvements donnés » (36) ; – Définition V : « La *composition du mouvement*

est la représentation du mouvement d'un point comme identique à deux ou plusieurs mouvements du même point combinés ensemble (39-40)).

Mais il est tout à fait impossible de retrouver la même chose lorsqu'il s'agit de *pensées* considérées comme accidents de substances pensantes, comme il est facile de le prouver par l'absurde : il est impossible qu'une pensée soit la résultante des accidents de plusieurs substances pensantes composées en agrégat, car il est contradictoire que la pensée soit décomposable en parties. Une composition de plusieurs parties de pensées en une pensée est impensable. Une pluralité de représentations ne peut pas plus rejoindre l'unité d'une pensée que les mots isolés d'un vers répartis entre différents êtres ne peuvent faire un vers. L'inhérence (au sens indiqué 180, A186/B229) d'une pensée à une pluralité de substances en agrégat est donc impossible. Donc il faut que la pensée soit la manifestation d'une *substance simple*.

Du point de vue de la forme, on remarquera qu'il s'agit d'une preuve *apagogique* : le *modus ponens* conclut des conséquences aux principes. C'est-à-dire, comme l'expliquera la Méthodologie (534, A789/B817), que la raison pure enfreint ici la troisième règle de sa discipline par rapport à ses démonstrations, à ses preuves transcendantales. Quel est en effet le *nervus probandi* de l'argument ? C'est qu'il *faut*, pour qu'il y ait une pensée, que la pluralité des représentations soit inhérente à l'unité absolue d'un sujet pensant. Comme il ne s'agit pas d'une connaissance mathématique qui produirait l'évidence en construisant le concept dans l'intuition, mais d'une connaissance philosophique, c'est-à-dire par concepts et selon un usage *discursif* de la raison, et non intuitif (cf. *Méthodologie*, *Discipline de la Raison pure dans l'usage dogmatique* – 493 *sq.*, A712/B740 *sq.*), la question transcendantale est nécessairement posée : *quid juris ?* La première règle de la discipline de la raison pure par rapport à ses démonstrations impose en effet (533, A786/B814) « de ne tenter aucune preuve transcendantale sans avoir auparavant réfléchi et sans s'être rendu compte de la *source* à laquelle on puisera les principes sur lesquels on veut la fonder et du *droit* qui autorise à en attendre un bon résultat dans ses conclusions ». C'est cette règle que Kant met ici en œuvre : il va « demander la déduction des principes qui sont employés dans la preuve » :

1) la proposition qui constitue le *nervus probandi* est-elle *analytique*, auquel cas elle reposerait sur le principe d'*identité*? Il n'en est rien, car lorsqu'on dit qu'une pensée est nécessairement l'effet d'un sujet pensant *absolument un*, rien ne permet d'imposer comme nécessaire ce caractère *absolu* de l'unité du sujet. Cette unité pourrait tout aussi bien être *collective* : à l'unité collective de la pensée composée de plusieurs représentations et considérée comme *effet* rien ne nous empêche, tant qu'on en reste au point de vue des simples concepts, de faire correspondre l'unité *collective également* d'une pluralité de substances. La seule règle de l'identité qui régit les propositions analytiques ne nous permet donc pas de décider entre unité *collective* et unité *absolue*, ni, de ce fait, de conclure à la simplicité de la substance pensante.

2) Il faut donc chercher à faire valoir la proposition comme synthétique *a priori*. Mais ici la philosophie transcendantale nous autorise à prononcer un *non liquet*, au nom du texte de la deuxième section de l'Analytique des Principes (162, 160, A158/B197, A155/B194) qui a établi que le « principe suprême de tous les jugements synthétiques est que tout objet est soumis aux conditions nécessaires de l'unité synthétique du divers de l'intuition dans *une expérience possible* ». Ce

« medium » de l'expérience possible faisant défaut, faute d'objet *donné*, « les concepts restent vides et bien qu'on ait *pensé* par leur moyen, on n'a en réalité rien *connu* par cette pensée, mais on n'a fait que jouer avec des représentations ».

3) À supposer même que la psychologie *rationnelle* consente à devenir *empirique*, cette référence à l'expérience ne lui permettrait nullement d'établir sa conclusion. Elle n'y trouverait en effet ni la *nécessité* qu'elle prétend lui donner (*cf.* l'échec de l'empirisme de Hume à rejoindre la nécessité et l'universalité des propositions scientifiques, spécialement concernant la causalité), ni non plus ce concept *d'unité absolue*, puisque même la transformation de l'unité *distributive* de l'usage expérimental de l'entendement en unité *collective* d'un tout de l'expérience constitue l'illusion dialectique de la théologie rationnelle hypostasiant l'idée de l'ensemble de toute réalité en Dieu (420, A582/B610).

Les trois seules voies possibles où nous pouvions chercher la légitimation de la proposition qui constitue le nerf de la preuve étant ainsi fermées, il reste à découvrir la raison profonde qui a pu conduire à sa formation. Cette recherche, conforme aux exigences de la dénonciation du paralogisme en tant qu'illusion nécessaire, va conduire Kant à rejoindre sa thèse initiale selon laquelle le « je pense » est l'unique texte de la psychologie rationnelle, et du même coup à rapprocher le second paralogisme du premier, ce qui permettra de lui appliquer le même principe de réfutation en le spécifiant. La raison profonde de la proposition qui sous-tend le raisonnement est celle même qui avait précédemment permis (281, A347) à Kant de légitimer la prétention à la rationalité de la Psychologie, d'expliquer comment il se faisait que ne disposant que du seul texte « *je* pense », son dessein pouvait cependant être de poser des conclusions valables pour « *tout ce qui* pense » sans cependant qu'il faille croire qu'elle procédait inductivement du singulier au général, auquel cas elle serait non rationnelle mais empirique. Kant avait alors expliqué que l'*apodicticité* des conclusions supposait que le « je pense » fût pris en un sens *problématique* en mettant en relief le caractère *exceptionnel* de l'objet qui est ici un sujet : comme tel, en tant que pensant, il n'est évidemment pas question qu'il soit donné dans une expérience extérieure de sorte que l'objet ne peut résulter que d'un *transfert* de *ma* conscience à l'*altérité*. Si maintenant nous considérons le cas du raisonnement concluant à la simplicité à la lumière de ce principe général, et en prenant en compte le cas exceptionnel qui constitue le sujet pris comme objet (« ce n'est, dit Kant, le cas dans aucun autre genre de recherches »), nous nous apercevons que le réquisit d'unité *absolue* (et non collective) que nous formulons concernant une pensée reflète la *singularité* du sujet « je » dans le « je pense » qui doit pouvoir accompagner toute représentation pour qu'elle soit possible, puisque ce qui définit celle-ci c'est l'unité d'un divers, laquelle exige un principe d'unification.

Nous savons maintenant où nous avons pris cette proposition sur laquelle repose le raisonnement qui conclut à la simplicité, proposition qui affirme ; *une* pensée ne peut être que l'*effet* de l'unité *absolue* (et non pas simplement collective) de l'être pensant. Et du même coup nous nous apercevons que cet Achille des raisonnements de la Psychologie rationnelle n'est pas constitué autrement que le précédent qui concluait à la substantialité : le « je pense » est bien selon la célèbre formule fondamentale de la p. 279 (A343) « *le texte unique* de la Psychologie rationnelle ». Certes il faut remarquer une fois de plus que si la proposition « je pense » n'est pas une expérience, elle en est bien la *condition* : « elle la précède », elle est bien « la forme de l'aperception inhérente à toute expérience », et par conséquent la psychologie qui s'appuie sur ce texte unique ne peut pas être *empirique* : ce n'est donc pas sa qualification de « rationnelle » qu'il faut lui contester. Mais bien sa prétendue nature de *science*, de *connaissance* : son tort est de prendre pour une condition de possibilité d'une connaissance d'objets ce qui n'est qu'une condition *subjective* de la connaissance possible en général, bref de prendre pour un *concept* un « je pense » qui n'est que le « véhicule de tous les concepts ». Et la preuve qu'il s'agit bien d'une condition subjective vient d'être fournie par la découverte de ce procédé sans lequel nous ne pouvons nous représenter le concept d'être pensant en général et qui consiste à nous transplanter nous-mêmes avec notre conscience à la place de cet autrui que nous voulons connaître comme objet. Ainsi le cas de ce deuxième paralogisme n'est pas différent de celui du premier : pas plus que la substantialité, la simplicité ne peut être légitimement *conclue* du « je pense » comme une *connaissance*, une « *lumière nouvelle* » sur le sujet réel. Elle n'est ni une *nouveauté* ni une *connaissance d'objets* car d'une part elle est *impliquée* dans le « je pense », d'autre part cette inhérence ne peut évidemment concerner qu'un objet *logique*.

L'expression « je suis simple » ne peut être que la formule *logique* développée (ce que Kant appelle à deux reprises : « l'expression immédiate ») du « je pense ». De même que précédemment nous avions pris la permanence du sujet logique de la pensée pour une connaissance du sujet réel de l'inhérence, de même maintenant la *simplicité* à laquelle nous avons affaire est seulement *logique* ; certes, ce n'est pas sans raison que nous excluons l'unité collective au profit de l'unité *absolue* : ce caractère absolu est, pourrait-on dire, doublement fondé : il cumule l'*indivisibilité* de la représentation et la nécessaire *singularité* du sujet pensant.

L'unité individuelle d'une représentation, c'est ce que Kant appellera plus loin (alinéa 16, 292, A360) « *la conscience simple* » – c'est l'unité nécessaire de l'opération, le « je pense » qui doit pouvoir accompagner toutes mes représentations, à propos duquel le § 16 de la deuxième édition de la Déduction expliquera (122, B134) : « ce n'est que parce que je puis saisir en *une seule conscience* le divers des représentations que je les nomme toutes "*mes*" représentations, car sans cela, j'aurais un moi aussi divers et d'autant de couleurs qu'il y a de représentations dont j'ai conscience ».

L'exigence de cette unité indivisible est si essentielle qu'elle entraîne celle d'une irréductible *singularité* du sujet pensant, comme on peut s'en rendre compte en prenant conscience du curieux et cependant nécessaire processus par lequel nous parvenons à nous représenter un sujet pensant : alors que nous concevons sans difficulté la possibilité d'une distribution du tout de la pensée dans une pluralité de sujets pensants, il nous est si parfaitement impossible de concevoir ce même rapport de distribution collective entre un sujet pensant et la pluralité de ses pensées que nous ne pouvons nous représenter un sujet pensant sans nous mettre nous-mêmes à sa place. Pour nous un sujet pensant ce ne peut être qu'un « je », et c'est pour conserver ce « je » quand nous voulons nous représenter un « il » que nous mettons à sa place notre « moi » : pas de pensée sans un penseur qui puisse dire « je pense » et pour que le « il pense » demeure bien irréductible à l'impersonnalité d'un : « il pleut », je ne puis que substituer mon « moi » au « il ». Aussi peut-on remarquer que dans le texte de la seconde édition concernant le deuxième paralogisme, Kant donnera la vedette à cette *singularité* (284, B407) : « le moi dans toute pensée est quelque chose de *singulier* qui ne peut se résoudre en une pluralité de sujets et *par suite* il *désigne* un sujet simplement *logique*; ceci se trouve déjà dans le concept de la pensée et constitue donc une proposition *analytique* ». C'est cette singularité qu'il exprime dans le texte de la première édition (288, A355) par la formule quelque peu bizarre : « l'unité indivisible d'une représentation qui ne fait que *diriger le verbe du côté d'une seule personne* ».

L'illustration de ce que Kant appelle « expression immédiate » (de ce que nous avons appelé : « formule développée ») est fournie de façon incidente par l'exemple de Descartes. Sans prétendre nullement à une confrontation entre le *cogito* cartésien et le « je pense » kantien, l'occasion d'une brève mise au point nous est ici fournie qui nous permettra de redonner un contexte à cette critique incidente et de préparer le commentaire du quatrième paralogisme.

[Détour historique : Descartes et Kant]

Du point de vue historique, on remarque que Kant prête à Descartes une interprétation discursive du cogito : « le prétendu raisonnement de Descartes : *cogito ergo sum* ». Dans le texte de la seconde édition (310 note, B422) il précise : « mon existence ne peut pas être considérée ainsi que l'a cru Descartes, comme *déduite* de cette proposition "je pense", car il faudrait supposer avant elle cette majeure : tout ce qui pense est », ce qui est inacceptable « car alors la propriété de la pensée ferait de tous les êtres qui la possèdent autant d'êtres nécessaires ». Or chacun sait que Descartes a expressément exclu cette interprétation, qui avait été entre autre celle de Gassendi (cinquièmes objections) et des théologiens des secondes objections. À chaque fois Descartes répond qu'il s'agit d'une *intuition*, « d'une chose connue de soi et vue par une simple inspection de l'esprit ». Et il ajoute que la majeure

« tout ce qui pense est », tout aussi bien que « je pense donc je suis », sont toutes deux conditionnées par l'axiome « pour penser il faut être », « notion si simple, que d'elle-même elle ne nous fait avoir la connaissance d'aucune chose qui existe », et qui « n'implique ni négation ni affirmation », mais établit un rapport entre « pensée » et « être » tel que si « être » peut être conçu sans « pensée », « pensée » ne peut être conçu sans « être »[1].

Thèse qui nous met en présence de l'innéisme cartésien supposant que Dieu a mis en nous des « semences de vérité » et qu'il y a « une conscience intérieure qui précède toujours l'acquise »[2]. De plus si la proposition « pour penser il faut être » diffère radicalement de la majeure « tout ce qui pense est » en ce qu'*elle ne contient aucune existence* et que par conséquent on ne saurait en tirer aucune existence par *analyse*, c'est qu'elle est en somme un *principe*. Mais si justement nous la comparons comme telle avec un autre principe comme celui de contradiction, ce que dit Descartes lui-même de ce dernier nous fait saisir toute la différence : « Le principe de contradiction, dit-il à Clerselier, peut généralement servir non pas

1. L. Guillermit associe assez librement des formules provenant successivement de *Secondes Réponses*, AT IXa, 110-111, *Principes de la philosophie*, I, art. 10, et la Lettre servant de réponse aux Instances de Gassendi contre les *Ve Réponses*, AT IXa, 206.

2. « C'est une chose très assurée que personne ne peut être certain s'il pense et s'il existe, si, premièrement, il ne connaît la nature de la pensée et de l'existence. Non que pour cela il soit besoin d'une science réfléchie, ou acquise par une démonstration, et beaucoup moins de la science de cette science, par laquelle il connaisse qu'il sait, et derechef qu'il sait qu'il sait, et ainsi jusqu'à l'infini, étant impossible qu'on en puisse jamais avoir une telle d'aucune chose que ce soit; mais il suffit qu'il sache cela par cette sorte de connaissance intérieure qui précède toujours l'acquise », *Méditations métaphysiques*, Réponses aux sixièmes objections, AT IXa, 225.

proprement à faire connaître l'existence d'aucune chose mais seulement à faire que, lorsqu'on la connaît, on en confirme la vérité par un tel raisonnement : "il est impossible que ce qui est ne soit pas, or je connais que telle chose est, donc je connais qu'il est impossible qu'elle ne soit pas", ce qui est de bien peu d'importance et ne nous rend de rien plus savant »[1]. Ainsi, dans ce cas, le formalisme du principe d'identité nous enferme dans la *tautologie* nous permettant seulement de dire : *je pense donc je pense, je suis donc je suis.* Il y a donc déjà un privilège du principe « pour penser il faut être » qui tient à ce qu'il énonce un lien nécessaire avec l'*être.* Certes, il reste un principe en ce qu'il est incapable en lui-même de donner l'être : à le formuler à part, il ne me dit absolument pas *s'il y* a une pensée ni *s'il y a* un être. Ainsi ne pourra-t-il *s'actualiser*, prendre force et vie que dans l'*actualité* d'une conscience *effective* : « Cette proposition *je suis, j'existe* est nécessairement vraie *toutes les fois* que je la prononce ou que je la conçois en mon esprit [...] seule la pensée ne peut être détachée de moi : *je suis, j'existe*, cela est certain ; mais combien de temps ? à savoir *autant de temps* que je pense ; car peut-être se pourrait-il faire si je cessais de penser que je cesserais d'être ou d'exister »[2]. Il y a là un évènement, on serait tenté de dire avènement, absolument essentiel, irréductible, irremplaçable, qui n'aurait pu être déduit du principe, et qui cependant d'autre

1. Exactement : « On peut dire que *impossibile est idem simul esse et non esse* est un principe, et qu'il peut généralement servir, non pas proprement à faire connaître l'existence d'aucune chose, mais seulement à faire que, lorsqu'on la connaît, on en confirme la vérité par un tel raisonnement : Il est impossible que ce qui est ne soit pas ; or je connais que telle chose est ; donc je connais qu'il est impossible qu'elle ne soit pas. Ce qui est de bien peu d'importance, et ne nous rend de rien plus savants », Lettre à Clerselier de juin-juillet 1646, AT IV, 444.

2. *Méditations métaphysiques*, Méditation seconde, AT IXa, 19.

part grâce au principe ne risque pas de retomber, de déchoir ou, si l'on veut, d'en rester à la plate empiricité contingente et singulière d'un fait qui, comme dit Valéry, « se passe de signification »[1]. Je n'en suis pas réduit à enregistrer et noter sans plus : *chaque fois que je pense, j'existe*, mais j'ai le droit de dire : il suffit qu'une fois je me pense pour que *nécessairement* j'existe, ce qui ne veut pas du tout dire que je pense ou que j'existe nécessairement, mais bien que, si *en fait* je pense, je dois nécessairement exister. Et cela ne nous autorise même pas à essayer de glisser par ce nouveau biais le raisonnement : si en fait je pense, je dois nécessairement exister (car pour penser, il faut être), or je pense donc je suis, en raison de l'entière réciprocité du principe et du fait qui se confèrent l'un à l'autre un statut exceptionnel qu'on pourrait tenter d'exprimer en disant que le principe a quelque chose de *réel* et le fait quelque chose d'*apodictique*. Dans le *cogito* ce que je vois, c'est que je pense, mais en même temps qu'il est impossible que je pense si je ne suis.

Réciproquement, ayant conscience que « pour penser il faut être », la simple formulation de la question : *existe-t-il une pensée ?*, me permet de constater que je pense et procure au principe l'existence qui l'actualise dans la vérité. Ainsi ni le principe, ni le fait, ni leur relation ne sont réductibles aux autres principes, faits, relations entre eux. Il y a dans le *cogito* cartésien une sorte « d'épreuve ontologique » et c'est bien comme tel que Kant va le critiquer comme nous allons voir.

Même s'il ne s'agit en fin de compte que d'un moment provisoire de l'exposé et d'une nécessité de présentation, il y a

1. « Une "Fait" est ce qui se passe de significations », P. Valéry, *Tel quel, Moralités*, dans *Œuvres*, « Bibliothèque de la Pléiade », Paris, Gallimard, 1960, t. II, p. 523.

dans la *Critique* une sorte « d'occasionnalisme » qui s'énonce ainsi dès le début de la Déduction (§ 13, 101, A86/B118) : « par rapport à toute connaissance on peut chercher dans l'expérience sinon le principe de sa possibilité, du moins les *causes* occasionnelles de sa production. Les impressions des sens nous fournissent en effet la première *occasion* de déployer à leur sujet toute notre faculté de connaissance et de constituer l'expérience qui renferme deux éléments très différents : *une matière* de connaissance fournie par les sens, et une certaine *forme* servant à ordonner cette matière et venant de la source intérieure de l'intuition et de la pensée pures qui ne sont mise en exercice et ne produisent des concepts qu'à l'*occasion* de la première (c'est-à-dire de la matière) ». Or cette sorte d'occasionalisme est appliqué par Kant au *cogito* dans la note au texte de la deuxième édition sur les paralogismes dont nous avons déjà parlé (311, B423) : « Bien que j'aie appelé la proposition "je pense" une *proposition empirique*, je ne veux pas dire par là que le moi dans cette proposition soit une *représentation* empirique ; c'est bien plutôt une représentation *purement intellectuelle* puisqu'elle appartient à la pensée en général. Mais sans une représentation empirique qui donne la *matière* à la pensée, l'*acte* "je pense" n'aurait cependant pas lieu et l'élément empirique n'est que la *condition* de l'*application* ou de l'*usage* du pouvoir intellectuel pur ».

Cette distinction entre la pensée et la donnée sensible qui est la cause occasionnelle de sa manifestation entraîne un dédoublement du *cogito* cartésien :

1) en tant qu'il est un « je suis » et qu'il exprime une existence, il est une proposition *empirique* ;

2) en tant qu'il est un « je pense » il est une représentation *intellectuelle*, manifestation de la spontanéité intellectuelle.

Donc le « je suis » est un événement intra-mondain dont la situation est déterminée d'après les lois de la fonction générale de synthèse qui est le « je pense », et c'est la distinction de la temporalité de l'*événement* et de l'intemporalité de l'*acte* qui commande celle de la conscience *empirique* et de la conscience *transcendantale* : précisément cette dernière ne nous fournit aucune *connaissance* de nous-même, car cette connaissance est détermination de notre existence *dans le temps*, et pour que cette détermination ait lieu il faut que j'affecte mon sens interne. Mais dans le *cogito* cartésien l'acte se trouve résorbé dans l'évènement : « toutes les fois que ... juste autant de temps que... ». Si on affranchit le *cogito* de cette situation temporelle, on rétablit comme il convient l'hétérogénéité des termes et on se contente alors de noter des faits sans relations : non seulement le *je pense donc je suis* ne risque plus d'apparaître comme déduit de la majeure « tout ce qui pense est », mais on ne risque même plus d'y voir un jugement, une synthèse qui dépasserait la donnée subjective. On n'y verra plus que la transcription analytique : *je suis pensant, donc je suis*. *Sum cogitans*, c'est la conscience de soi, posée selon la règle de l'identité, strictement une *tautologie*.

*

Ainsi le détour de ce commentaire nous a ramené précisément à la formule qui en avait été le point de départ dans le texte du deuxième paralogisme : « Le *cogito ergo sum* est en réalité tautologique puisque le *cogito* (*sum cogitans*) exprime immédiatement la réalité ». On voit que si Kant a englobé le cogito cartésien dans la critique de la psychologie rationnelle, c'est qu'à ce moment il vise ce qu'il appellera dans la seconde édition (301, B418) l'interprétation analytique des thèses de cette dernière (voir le texte; « Si nous suivons le procédé analytique, où nous prenons pour fondement le « je pense » comme une proposition contenant déjà en soi une existence que nous considérons comme donnée… »). Et ce qu'il dénonce alors c'est l'inévitable stérilité de ce simple redoublement du donné, de cette simple notation de d'intuition empirique indéterminée. C'est exactement dans le même sens qu'au début du texte sur le troisième paralogismes (de la personnalité) Kant dira (293, A362) : « la personnalité de l'âme ne devrait jamais être regardée comme conclue; il faudrait au contraire la considérer comme une proposition de tous points identiques à la conscience de soi-même dans le temps ». On voit que l'abandon de l'innéisme cartésien, entraînant la négation du privilège de l'axiome « pour penser il faut être » par rapport au principe d'identité, a pour conséquence inévitable de destituer le *cogito* de son privilège de fait apodictique non seulement en le ramenant à une empiricité, mais même à une empiricité irréductiblement indéterminée, comme le diront les célèbres formules du § 25 dans la seconde édition de la Déduction (137, et note, B 157) :

> Le « je pense » exprime l'acte qui détermine mon existence. L'existence est donc déjà donnée par là; mais la manière dont je dois la déterminer […] ne l'est pas encore. […] J'ai conscience de moi-même non pas tel que je m'apparais ni tel que je suis en moi-même, mais j'ai seulement conscience que je suis. Cette représentation est une pensée et non une intuition.

Mais si d'autre part nous remarquons que la mise en œuvre du procédé synthétique est justement la source des paralogismes de la Psychologie rationnelle dans sa prétention à être une connaissance qui l'amène à prendre pour une « détermination métaphysique de l'objet » le simple développement logique de la pensée en général, nous avons là une bonne occasion de comprendre que ce que Kant dénonce au fond dans cette psychologie rationnelle, c'est une méprise sur la vraie nature de la pensée qui, loin d'être la simple traduction d'une réalité, est une puissance de construction : « j'existe comme une intelligence qui a simplement conscience de son pouvoir de synthèse » (136, B158-159). Kant s'en tiendra du reste là, niant énergiquement la possibilité de transformer cette conscience en connaissance de l'acte constituant en tant que tel ; il n'ira pas jusqu'à cette « expérience transcendantale » rendue possible, selon Husserl, par la réduction phénoménologique découvrant, sans tomber pour cela dans le psychologisme, une conscience constituante donnée à elle-même dans l'évidence phénoménologique. Pour Kant, il n'y a pas de conscience qui fasse connaître immédiatement le sujet à lui-même comme unité de ses opérations ; le sujet ne peut être unité d'une diversité qu'en tant qu'objet construit et, comme tel, s'intégrant au système des représentations du sujet. L'unité du Moi n'est, selon lui, par conséquent ni l'unité à la fois en soi et pour soi d'une substance à l'égard de ses modes, ni celle d'une puissance à l'égard de ses actes : elle ne peut-être que celle de la construction par le Je-sujet ne recélant en lui aucune diversité ou celle du construit du Moi-objet. Telle est la conséquence du défaut d'intuition intellectuelle en l'homme comme l'indique le § 17 de la Déduction (deuxième édition, 116-117, B138-139) :

> Un entendement qui en prenant conscience de lui-même fournirait en même temps le divers de l'intuition, qui, en se représentant quelque chose, donnerait en même temps l'existence aux objets de cette représentation, n'aurait pas besoin d'un acte particulier de la synthèse du divers pour parvenir à la conscience comme en a besoin l'entendement humain qui pense simplement et n'est pas intuitif.

Voilà pourquoi dans notre huitième alinéa, Kant, se mettant au point de vue qui est celui de la psychologie rationnelle prétendant connaître le sujet comme objet, ne substitue pas son propre point de vue qui serait celui d'un rapport entre principe de représentation et représentation, entre constituant et constitué, mais bien celui d'un rapport de représentation ou plutôt même de « désignation » selon le terme que Kant préfère employer (*cf.* 308, A382) : « le moi n'est si simple que parce que cette représentation n'a point de contenu et par suite point de divers, ce qui fait qu'elle semble représenter ou pour mieux dire, désigner (*idem*, *Prolégomènes* § 46, p. 109) un objet simple ») à représenter celui-ci n'étant plus qu'un objet inconnu dont on ne peut rien dire. Le moi ainsi isolé de la spontanéité du « Je » comme intelligence devient idée, les modes d'activité de la conscience transcendantale n'étant pas connaissables du dedans deviennent de simples modes de représentation du sujet transcendantal = x auquel sont rapportés comme à un point de référence les phénomènes du sens interne, et dont la parfaite simplicité tient seulement à la totale pauvreté, comme Kant l'indiquera lui-même plus loin (323, A400) :

> Quand quelque chose n'est connu comme simple que dans le concept et non dans le phénomène, je n'ai alors réellement par là aucune connaissance de l'objet mais seulement du concept que je me fais de quelque chose en général, qui n'est susceptible d'aucune intuition véritable. Je dis seulement que je pense quelque chose tout simplement (*ganz einfach*) puisque je ne peux réellement rien dire de plus, si ce n'est simplement que c'est quelque chose,

et, comme il l'avait déjà dit précédemment (281, A346/404) :

> par ce « moi », par cet « il » ou par cette chose (*das Ding*) qui pense, on ne se représente rien de plus qu'un sujet transcen-

> dantal des pensées = x et ce n'est que par les pensées qui sont ses prédicats que nous connaissons ce sujet dont nous ne pouvons jamais avoir séparément le moindre concept.

Dès lors le paralogisme que commet la psychologie rationnelle peut être précisément formulé : il consiste à passer indûment de l'identité du mode de représentation de cet objet inconnaissable, de l'identité de la représentation « Je », à l'identité de l'objet qui lui correspond, bref, de l'identité de la désignation à l'identité du désigné : « la simplicité de la représentation du sujet n'est pas une connaissance de la simplicité du sujet lui-même ... concevoir une unité logique ce n'est pas connaître une simplicité réelle ».

L'objet n'étant pas ici un objet de l'expérience, on peut rapprocher étroitement la seconde thèse de la psychologie rationnelle de la première et conclure : j'ai le droit de dire : « je suis une substance simple » pourvu qu'on se souvienne d'une part que la catégorie de substance ne se voyant soumettre en l'occurrence aucune intuition reste de ce fait une simple fonction de synthèse sans objet, d'autre part, que la simplicité dont il s'agit n'est même pas celle d'une représentation, mais celle de la forme de la représentation en général comme condition de la connaissance, à plus forte raison pas la simplicité d'un objet.

Cette précaution étant prise, nous savons déjà (et pour plus de détails nous renvoyons à ce que nous avons dit à ce sujet à la fin du commentaire sur le premier paralogisme) qu'une « récupération », par la psychologie, sera possible de cette idée de substance simple à titre régulateur; cet objet inconnaissable désigné par le « Je » pris comme « foyer imaginaire » permettra à la raison d'inciter l'entendement à réaliser l'unité finale du côté des phénomènes du sens interne : le Moi, substance simple, sera l'idéal rationnel de l'unité des phénomènes psychologiques qu'on cessera désormais d'identifier avec l'objet inconnaissable désigné par le « Je ». Toutefois, pouvons-nous dire que la symétrie sera parfaite entre cette idée psychologique d'une part et les idées cosmologique et théologique de l'autre ? Évidemment non !

Nous avons précédemment (fin du commentaire du premier paralogisme) invoqué le texte de la Préface des *Premiers Principes*, où Kant lui-même accuse la dissymétrie entre une vraie science mathématique de la nature et la simple théorie historique et descriptive de l'âme où, faute de mathématiques, d'expérimentation, d'analyse réelle, on ne se haussera jamais à la science ni même à la théorie expérimentale. Mais il y a autre chose : Kant ne peut réduire tout à fait le « je pense » à cette représentation sur laquelle se méprend la Psychologie rationnelle lorsqu'elle croit y trouver une connaissance, non plus qu'à une simple idée de la raison valable dans sa fonction régulatrice. À côté du problème général de l'unité inconditionnée dans le domaine du sens interne qui constitue le problème rationnel proprement dit, subsiste un problème de l'unité de la conscience qui ne lui est pas réductible, de l'aveu même de Kant. On peut lire en effet dans le texte de la deuxième édition (302, B419) : « Dans la seconde proposition (je pense comme sujet) on ne décide pas si je ne puis exister et être pensé que comme sujet et non comme prédicat d'un autre sujet; le concept d'un sujet est pris ici d'une manière simplement logique et il reste indéterminé s'il faut par là entendre ou non une substance. Mais dans la troisième proposition (je pense comme sujet simple), l'unité absolue de l'aperception, le moi simple, devient par elle-même importante dans la représentation à laquelle se rapporte toute liaison ou séparation qui constitue la pensée, bien que je n'aie encore rien décidé sur l'essence ou la subsistance du sujet. L'aperception est quelque chose de réel et sa simplicité est déjà impliquée dans sa possibilité ». Autrement dit dans la deuxième proposition la pensée du sujet est traitée comme terme de référence; c'est cette pensée qui sera une idée régulatrice, un concept heuristique dans l'usage hypothétique de la raison. Mais dans la troisième proposition il s'agit bien de l'unité immanente de la conscience transcendantale, j'existe comme intelligence qui a conscience de sa spontanéité comme pouvoir de synthèse. Seulement, comme Kant est bien convaincu de l'impossibilité de transformer cette conscience en connaissance, il glisse aussitôt de cette simplicité de la conscience à celle de l'objet du sens interne. Cela est encore très visible dans ce texte des *Vorlesungen* de 1790 dont Delbos a montré l'intérêt (*La Philosophie pratique de Kant*, *op. cit.*, p. 163) et qui concerne justement la simplicité :

> L'unité de la conscience n'est pas un agrégat. Est simple ce qui n'est pas divisible. La conscience nous fait déjà connaître que l'âme est simple. L'objet du sens interne ne peut être représenté que dans le temps et non dans l'espace. Que l'âme est simple nous ne le concluons pas d'une connaissance que nous aurions de sa nature, mais de ce qu'elle est un objet du sens interne.

Ce qui ressort de tout cela c'est que Kant a été contraint par la logique même de son système de conférer à son « Je pense » un statut très paradoxal : c'est en somme un inconnaissable qui n'est pas tout à fait inconnu. Il est par rapport à la Critique un peu dans la situation du Dieu d'Aristote par rapport au monde : son premier moteur immobile et qui lui reste extérieur. Ce moi déterminant n'est pas déterminable, c'est une pensée sans intuition ou une intuition sans concept, bref, serait-on presque tenté de dire, c'est tout ce qu'on voudra (Kant ne va-t-il pas jusqu'à risquer dans les *Prolégomènes* (note du § 46, 109) : « Il n'est rien de plus que le sentiment (*Gefühl*) d'une existence sans le moindre concept »), pourvu qu'il soit entendu qu'il ne peut donner lieu à une connaissance unissant le concept à l'intuition.

*

B/ *[Deuxième paralogisme] – Plan de la seconde partie*

1) Alinéa 10 (289, A356) : Sommaire de ce que Kant se propose de montrer : qu'on ne peut obtenir de la proposition affirmant la *simplicité* de l'âme ce qu'on attend d'elle, c'est à dire la preuve de l'*immortalité* de l'âme.

2) Alinéa 11 : l'objet de notre sens *interne* ne peut être *corporel*, thèse de l'Esthétique.

3) Alinéas 12 et 13 : les hypothèses sur le *substrat*, l'objet transcendantal de l'âme ne permettent pas de distinguer ceux-ci de ceux de la matière.

4) Alinéas 13 à 18 : examen « critique » des trois seules autres hypothèses possibles :

a) si j'entends par âme un être pensant en soi, la question est mal posée ;

b) si nous la comparons avec le fondement intelligible de la matière prise comme phénomène, pas de réponse possible ;

c) si je reviens au point de vue conforme à la doctrine de l'Esthétique transcendantale en comparant les objets du sens externe avec celui du sens interne (point de vue exposé dans l'alinéa 11), je puis bien dire que mon sujet pensant n'est plus corporel, mais non prétendre que je *connais* l'objet transcendantal de mon sens intime, c'est-à-dire mon *âme*, comme simple.

5) *Conclusion* : Effondrement de toute la psychologie rationnelle.

a) impossible d'étendre la connaissance par *simples concepts* ;

b) *a fortiori* par la *forme subjective* des concepts ;

c) *a fortiori* quand il s'agit du concept de nature simple, absolument hyperphysique.

Remarque

Pour bien saisir la structure du texte et suivre la marche de la pensée de Kant, il est essentiel de bien voir que les trois hypothèses finales :

alinéa 14 (291, A360) : « *Si* j'entends par âme ... » ;

alinéa 15 : « *Si* nous comparons ... » ;

alinéa 17 : « *Mais si* dans le seul cas où ce concept ... » ;

ne sont pas du même ordre que celle qui est développée précédemment (alinéas 12, 13 et 14) et marquée par les conditionnels (290, A358-9) : « ce quelque chose *pourrait* en même temps être aussi ... », et 291 : « de cette manière (*i.e.* en *admettant* de ce substratum qu'il est simple en soi) la même chose qui *serait* appelée ... Ainsi *tomberait* l'expression ... il *serait* mieux de dire ... ».

C'est Kant lui même qui souligne le décalage au début de l'alinéa 14 (291) : « Mais sans se permettre des *hypothèses de ce genre*, on peut remarquer que *si* j'entends par âme... ». Nous verrons bien que la première hypothèse est strictement *polémique* alors que les trois autres désignent des *éventualités*.

On remarquera aussi que cette seconde partie du texte concernant le second paralogisme anticipe sur ce qu'examinera le quatrième (en particulier, 302, A372-373 : « l'objet transcendantal [est également inconnu, qu'il s'agisse aussi bien de l'intuition interne que de l'intuition extérieure] » – et 306, A378 : « Si nous prenons les objets extérieurs pour des choses en soi ... »), et que reprendra le texte de la *Réflexion sur l'ensemble de la Psychologie* (à propos du problème de l'union de l'âme et du corps) dans sa 1re partie (en particulier 311-312, A385 : « La matière [ne signifie pas une espèce de substance si complètement différente et si complètement hétérogène de l'objet du sens interne (de l'âme) ... »], – 317-318, A392-394 : « [La fameuse question de ce qui pense et de ce qui est étendu ... Mais à cette question il n'est possible à aucun homme de trouver une réponse ...] un objet transcendantal ... etc. ... »).

Il sera donc très utile de se reporter à ces textes.

1) On se propose dans cette deuxième partie du texte de « mettre à l'épreuve la *prétendue utilité* de la proposition : je suis simple ». À titre d'argument principal de la Psychologie rationnelle cette proposition participe nécessairement au *dessein* général de cette dernière. Or à la question : *quel besoin avons nous d'une psychologie uniquement fondée sur des principes purs de la raison ?*, Kant répondra plus loin (309, A383) : « nous la voulons surtout sans doute en vue de mettre notre moi pensant à l'abri du danger du *matérialisme* ». Aussi est-ce à la composition du *corps* que la mort décompose que nous voulons opposer la *simplicité* de l'âme. La forme courante et populaire de l'argument de la simplicité c'est : l'âme n'est pas corporelle ! C'et *sous ce nouvel aspect* que Kant se propose maintenant d'examiner la thèse de la Psychologie rationnelle. Ne perdons pas de vue en effet que la première partie du texte aboutit à une conclusion exprimée dans l'alinéa 9 (288-289, A356) : il m'est permis de dire que je suis une substance *simple*, si je veux dire par là une substance dont la représentation ne renferme jamais une synthèse de la *diversité*, et si je prends bien garde au fait qu'une telle proposition ne m'apprend strictement rien de moi-même comme objet d'expérience. (Nous avons même vu quel usage *régulateur* légitime une théorie naturelle de l'âme peut espérer faire de cette idée de la raison). Mais il me reste encore à prendre conscience que je

suis, par cette critique, nécessairement dépouillé de la thèse que je croyais pouvoir conclure de la conclusion elle-même de ce raisonnement maintenant dénoncé comme paralogisme : croyant connaître l'âme comme simple, je croyais pouvoir en conclure qu'elle était nécessairement *incorporelle* et, par conséquent, je croyais avoir démontré qu'elle était *incorruptible*.

Et il ne me reste plus en somme, quand j'aurais pris conscience de mon illusion supplémentaire sur ce point, qu'à demander à la philosophie kantienne ce qu'elle fait de cette thèse : l'âme est incorporelle.

Ou, pour présenter les choses autrement, Kant ayant en un premier temps montré que la proposition : l'âme est une substance simple, n'est qu'une *prétendue connaissance*, il lui reste en un second temps à montrer qu'une telle proposition n'a qu'une *prétendue utilité* sur le point où elle se croit la plus utile, celui de l'*immatérialité* de cette âme simple.

Or, si on y réfléchit, on peut s'apercevoir que cette nouvelle démonstration peut être nouée de deux manières :

a) ou bien ressusciter, dans le cadre de la philosophie transcendantale, le projet d'une connaissance de l'immatérialité de l'âme et montrer son échec inévitable si loin qu'on le laisse se développer ;

b) ou bien recenser toutes les voies qu'on peut être tenté de suivre pour parvenir à cette connaissance et montrer que la philosophie transcendantale en fait autant de « sens interdits ».

Kant va suivre successivement ces deux méthodes de démonstration. Il commence par indiquer quel profit il se propose de tirer de l'ensemble : après avoir précédemment montré à quel point était illusoire la prétention de la Psychologie rationnelle à connaître l'âme comme simple, il va lui ôter sa dernière illusion si, sous prétexte qu'il vient de lui concéder qu'il est permis de formuler, uniquement à titre de jugement rationnel, la proposition : *l'âme est simple*, elle était reprise de l'espoir d'en tirer la conclusion que l'âme est hétérogène à la matière. Mais, ce faisant, Kant se propose de donner la démonstration éclatante que, puisqu'on ne peut faire un réel usage objectif de cette simplicité de l'âme, elle *n'*est bien *qu'*une Idée.

2) Il commence par mettre en évidence que la philosophie transcendantale a donné, dès l'Esthétique, la seule démonstration possible du caractère incorporel de l'âme, et il se plaît à souligner qu'elle n'est rien d'autre que la justification de ce que le sens commun a depuis toujours pressenti lorsqu'il a conclu ce caractère incorporel du fait que l'âme, et tout ce qui la concerne, ne donnent lieu à aucune expérience sensible, ne tombent sous aucun de nos sens. Comme le dira Hegel ironisant assez lourdement sur la phrénologie : « Si on dit ordinairement de l'esprit : il est, il a un être, il est une chose, etc. [...] on n'est pas d'avis par là qu'on peut le voir ou le prendre dans la main ou le heurter »[1]. Et de même Alain : « Le premier et suprême paradoxe, c'est que l'esprit n'est point [...] on ne l'a trouvé nulle part ni hors de l'homme, ni dans l'homme, ni dans le vivant, ni au sortir du mort, ni à la bouche des oracles, ni au sanctuaire des guérisons »[2]. Or l'Esthétique transcendantale établissant que les corps ne peuvent pas être des choses en soi, mais seulement des phénomènes, a en outre pris acte que ces

1. Hegel, *La Phénoménologie de l'esprit*. L. Guillermit cite la traduction de J. Hyppolite, Paris, Aubier, 1939, t. I, p. 284 (*cf.* trad. fr. B. Bourgeois, Paris, Vrin, 2007, p. 317).

2. Alain, *Les Dieux* (1934), Livre quatrième, chapitre premier, dans *Les Arts et les Dieux*, « Bibliothèque de la Pléiade », Paris, Gallimard, 1961, p. 1321-1322.

phénomènes ne peuvent apparaître qu'à notre sens *externe*, alors que les phénomènes de l'âme n'apparaissent jamais qu'au sens *interne*, ces deux sens étant irréductibles. Nous avons déjà rencontré ce fait au début du texte sur les Paralogismes (281, A346/B404) : « je ne peux avoir la moindre représentation d'un être pensant par aucune expérience *extérieure* ». Il ne s'agit pas là pour Kant d'une nécessité objective qui se fonderait sur un concept universel de l'être pensant, mais d'une nécessité subjective, d'une facticité. (De la même façon, le fait que notre entendement soit discursif et non intuitif est présenté par la *Critique de la Raison pratique* comme relevant d'une observation empirique et psychologique (p. 147)). Aussi la thèse est-elle dogmatiquement posée dès le début de l'Esthétique : le sens externe et le sens interne sont des « propriétés du *Gemüth* », c'est-à-dire selon la définition donnée dans une lettre à Sömmering (10 août 1795) [1], du « pouvoir qui lie des représentations données et détermine l'unité de l'aperception empirique (*animus*) et pas encore la substance (*anima*) selon sa nature tout à fait distincte de la matière, substance dont on fait en l'occurrence abstraction ».

> Par le sens *externe* nous nous représentons les objets comme hors de nous et placés tous ensemble dans l'espace… Le sens *interne* au moyen duquel l'esprit (*Gemüth*) s'intuitionne lui-même ou intuitionne aussi son état interne ne donne pas sans doute l'intuition de l'âme elle-même comme objet ; c'est pourtant une forme déterminée sous laquelle l'intuition de son état interne devient possible, de sorte que tout ce qui appartient

1. Plus précisément, dans le texte publié par l'édition académique en appendice à cette lettre (AKXII, 31 *sq.*), et qui est un commentaire *Sur l'ouvrage de Sömmering* De l'organe de l'âme (1795). *Cf.* désormais Kant, *Écrits sur le corps et l'esprit*, trad. fr. et présentation G. Chamayou, Paris, GF-Flammarion, 2007, p. 98 note.

> aux déterminations interne est représenté selon les relations du temps. Le temps ne peut être intuitionné extérieurement pas plus que l'espace ne peut l'être comme quelque chose en nous (55, A23/B37 ; *cf.* également 63, A33/B49-50).

Si certains interprètes du kantisme ont pu soutenir que la notion de sens aurait eu besoin d'une déduction transcendantale, il est certain que Kant ne la jugeait pas possible. Il dit en effet à Eberhard en 1790 : « nous ne saurions donner la raison de l'existence en nous d'une sensibilité de telle espèce » (p. 149 ; *cf.* de même *Critique* 68, A44 : « en vertu de notre constitution (*Beschaffenheit*) subjective »), et se contenter de fournir comme critère de discrimination du sens externe et du sens interne le caractère tridimensionnel de l'espace et unidimensionnel du temps : « ce que je me représente comme spatial ne peut être compté au nombre des représentations du sens interne, car la forme de celui-ci est le temps qui n'a qu'une dimension. De même je ne puis faire de ce qui est simple représentation l'objet du sens externe, car la forme de celui-ci est l'espace ». C'est en conséquence de cette irréductibilité que Kant explique à Sömmering que la localisation d'un siège et d'un organe de l'âme est un problème métaphysique insoluble et contradictoire : « l'âme ne peut se percevoir elle-même que par le sens interne, mais elle ne peut percevoir le corps que par le sens externe. Aussi ne peut-elle déterminer pour elle aucune place car il lui faudrait pour cela se faire objet de sa propre intuition externe et se transporter en dehors d'elle même. À celui qui entreprend de trouver la solution on peut donc dire avec Térence : *nihilo plus agas quam si des operam ut cum ratione insanias* » [1].

1. *Cf.* trad. cit., p. 101.

3) Ainsi la seule doctrine de l'Esthétique transcendantale montrant que les corps sont non des choses en soi, mais de simples phénomènes de notre sens externe, ce dernier étant d'autre part irréductible à notre sens interne qui est seul capable de nous donner la représentation de notre sujet pensant comme objet, suffit à établir le caractère non corporel de celui-ci.

Mais, à supposer que notre psychologue rationnel soit converti à cette doctrine, il est probable qu'il sera repris par le démon qui le pousse à étendre sa *connaissance*. Supposons donc que, ne se contentant pas de cette hétérogénéité du corporel et du non-corporel qui se manifeste au niveau des phénomènes dans la dualité des sens externe et interne, il tente de passer par delà pour la retrouver au niveau du *substrat* des phénomènes, et montrons lui que, loin que la simplicité du substrat permette de distinguer matérialité et immatérialité, elle conduit au contraire logiquement à leur identification. En somme, si Kant va dans ce texte « se permettre une hypothèse de ce genre » comme il le dit lui-même, c'est qu'il procède en un sens comme Descartes au début de la seconde partie de la seconde Méditation lorsque, constatant que son esprit se plaît de s'égarer, il lui relâche un peu la bride en le laissant revenir sur le terrain de la connaissance sensible qui lui est familier pour le convaincre sur ce terrain même, par l'analyse du morceau de cire, de la vérité de la thèse impliquée par découverte du *cogito* au début de la Méditation : que l'âme est plus aisée à connaître que le corps.

Ce que Kant appelle lui-même ici « une hypothèse de ce genre » semble bien correspondre à ce qu'il définit dans la Méthodologie (troisième section : « Discipline de la Raison pure par rapport aux hypothèses ») comme hypothèse légitime dans l'usage polémique de la raison, permettant de se défendre non en ajoutant aux preuves, mais en réduisant à néant les raisons apparentes de l'adversaire (527, A776/B804). Et en effet il s'agit bien de ce genre d'hypothèse dans la mesure du moins où les deux adversaires se mettent à spéculer sur une chose en soi qui leur demeure nécessairement inconnue à tous deux. Mais il ne faut pas perdre de vue que cet usage polémique de l'hypothèse s'inscrit dans un contexte dont le commentaire ne doit pas négliger l'originalité : comme le remarque Cohen[1] (*Commentaire de la « Critique de la raison pure de Kant »*, p. 127) : Kant « joue ici un nouvel atout » et la réfutation du paralogisme repose désormais sur la distinction de la chose en soi et du phénomène, et non plus sur celle de l'aperception transcendantale et du sens interne.

Ce qui ouvre la porte à l'hypothèse, c'est cela même que Kant considère dans la Préface à la deuxième édition comme la grande leçon de la Critique qui « nous apprend à prendre l'objet *dans deux sens*, c'est à dire comme phénomène et comme chose en soi » (23, BXXVII), corrélativement « que nous pouvons au moins *penser* les objets comme choses en soi quoique nous ne puissions pas les *connaître* en tant que tels, car autrement, on arriverait à cette proposition absurde qu'un phénomène (*Erscheinung*) existerait sans qu'il y ait rien qui apparaisse (*erscheint*) » (22-23, BXXVII). Or précisément nous venons de dire (alinéa 11) : les corps ne sont pas des choses en soi, mais des phénomènes de notre sens externe. Notre sujet pensant ne peut être que l'objet de notre sens interne et jamais celui de nos sens externes. Considérons maintenant (alinéa 12) ce qui apparaît à notre sens externe : ses prédicats (étendu, impénétrable, composé etc. …) sont exclusifs, du point de vue d'une telle forme d'intuition, des prédicats : sentiment, inclination, volition etc. … ; rien de tel n'apparaît à mon sens

1. Trad. fr. É. Dufour, Paris, Le Cerf, 2000, p. 166.

externe. Mais dire qu'il y a des « phénomènes » pour mon sens externe, c'est nécessairement dire, sous peine d'absurdité, qu'il y a « un quelque chose » (*Etwas*) qui apparaît, et qui fonde (*zum Grunde liegt*) ces phénomènes. Or ce n'est pas une raison parce que ce « quelque chose », lorsqu'il affecte mon sens externe, n'y rend possible que des prédicats tels que étendu, composé etc. ..., à l'exclusion d'autres prédicats de l'ordre de : sentiment, inclination, volition etc. ..., pour que je sois en droit d'affirmer que ces derniers prédicats sont contradictoires, incompatibles avec ce quelque chose, avec ce substrat. Prolongeons le raisonnement de Kant : considérons maintenant les phénomènes qui apparaissent au sens interne et donnent lieu aux prédicats : senti, désiré, voulu etc. ...; ici encore il faut bien que je suppose au fondement de ces phénomènes intérieurs un « quelque chose » qui apparaît, mais n'ayant pas non plus le droit d'affirmer que les prédicats : étendu, impénétrable, composé lui sont contradictoires, ce « quelque chose » sera très évidemment impossible à distinguer du précédent. Bref, il en sera de ces « quelque chose » comme de l'Absolu de Schelling selon Hegel : « C'est la nuit où toutes les vaches sont noires » [1]. Comme le dira Kant à la fin du texte concernant le quatrième paralogisme : le *dualisme* n'a lieu que dans la psychologie; dès qu'il est pris dans le sens transcendantal, il perd son fondement ainsi que le *matérialisme* et le *pneumatisme* qu'on peut être tenté de lui opposer. Il ne faut pas prendre *la différence du mode des représentations* des objets, inconnus dans ce qu'ils sont en soi, pour *une différence des choses elles-mêmes*. L'objet transcendantal qui fonde les phénomènes extérieurs a ceci seulement de commun

1. *Phénoménologie de l'esprit*, Préface, trad. Hyppolite, *op. cit.*, p. 16; trad. Bourgeois, *op. cit.*, p. 68.

avec celui qui fonde l'intuition interne d'être un *principe inconnu* des phénomènes et dont il est dépourvu de sens de dire qu'il est en soi matière ou pensée (306-307, A379-380. *Cf.* également 302, A372).

On remarquera que Kant n'a dans notre texte (307, A379) introduit cette notion *d'objet transcendantal* que dans une parenthèse qui corrige le mot : *noumène*, employé d'abord. Cette correction s'explique si on se reporte au chapitre final de l'Analytique où sont définies les notions de noumène (226, A252), d'objet transcendantal (227, A253) et leur différence (227, A253). La doctrine de l'Esthétique transcendantale y est représentée comme étant à la source des deux notions par la distinction qu'elle impose entre « ce qui apparaît » et « l'en soi », entre notre manière d'intuitionner les objets et leur essence elle même. Si les objets comme phénomènes sont des « êtres des sens » (*Sinnenwesen*) [B 306], on sous-entend par là que lorsqu'ils sont *simplement pensés* ce sont des « êtres de l'entendement » : ce sont ces êtres qu'il convient d'appeler des *noumènes*. Du noumène, il y a une définition *négative* : c'est la chose en tant qu'elle n'est pas un objet de notre intuition sensible (abstraction faite de la manière dont nous l'intuitionnons affectivement), et une définition *positive* encore qu'*hypothétique* : ce serait l'objet d'une intuition intellectuelle, c'est-à-dire d'une intuition telle (pour autant que nous pouvons nous en faire une idée, car nous autres hommes nous en sommes dénués et incapables) qu'elle donnerait l'*existence même* de son objet. Ainsi les noumènes seraient des choses telles qu'elles soient simplement des objets de l'entendement et d'autre part telles qu'elles pourraient être données comme telles à une intuition intellectuelle. Ainsi c'est la doctrine de l'Esthétique qui confère une existence *de jure* à la notion de noumène (*Prolégomènes*, § 59 : « les choses en soi (noumènes), l'entendement doit les admettre *justement parce* qu'il connaît comme simples phénomènes les objets de l'expérience») : que notre sensibilité nous représente quelque chose tel qu'il apparaît, cela implique nécessairement que ce quelque chose soit *aussi* une chose en soi, dont on commencera par dire qu'elle n'est pas l'objet de notre intuition sensible, à quoi on ajoutera qu'elle ne pourrait être l'objet que d'une intuition intellectuelle.

On prendra appui pour dire cela sur une réflexion sur la nature de notre entendement : sa fonction est de *penser* et cette spontanéité est dans son principe indépendante de la réceptivité de notre sensibilité ; il peut donc penser ce qu'il veut pourvu que son concept soit une pensée possible, c'est-à-dire non contradictoire. Il peut donc penser les objets (qui nous apparaissent) comme choses en soi. Mieux même il ne peut faire autrement puisque là où il y a *Erscheinung*, il doit y avoir un « quelque chose » qui apparaît (« si l'on veut éviter un cercle perpétuel », 226, A252).

Mais si maintenant nous considérons l'entendement en tant qu'il *connaît*, nous voyons qu'il ne peut y parvenir que par un usage *empirique* de ses catégories. Or cela consiste pour lui à rapporter nos représentations à un objet, donc à rapporter les phénomènes à quelque chose pris comme objet de notre intuition sensible. C'est ce « quelque chose » en sa qualité d'objet d'une intuition qui est l'*objet transcendantal*. Notre entendement n'ayant d'usage qu'empirique, n'étant pas intuitif, ne peut connaître ce quelque chose = x, mais il s'en sert à titre de corrélatif de l'unité de l'aperception pour unifier le divers de l'intuition sensible dans le concept d'un objet. Ainsi l'objet transcendantal, c'est non pas l'objet de la connaissance en soi, mais la représentation des phénomènes sous le concept d'un objet en général (*überhaupt*), déterminable par le divers des phénomènes (dont il est inséparable, puisqu'autrement il ne resterait plus rien qui servît à le concevoir).

Dès lors la conclusion concernant les rapports du noumène et de l'objet transcendantal se tire d'elle-même. L'objet transcendantal, c'est l'objet auquel se rapporte le phénomène en général; c'est donc la pensée tout à fait indéterminée de quelque chose en général : « Cet objet ne peut pas s'appeler le noumène car je ne sais pas de lui ce qu'il est en soi, et je n'en ai absolument aucun concept sinon simplement celui d'un objet d'une intuition sensible en général qui est par conséquent identique pour tous les phénomènes » (227, A253) Et on comprend à partir de là pourquoi, dans notre texte, Kant a pu écrire « noumène » et corriger en ajoutant : « ou plutôt objet transcendantal »; d'une part il venait dans l'alinéa précédent de rappeler la doctrine de l'Esthétique; or « il suit naturellement du concept d'un phénomène en général que « quelque chose qui n'est pas en soi un phénomène doit lui correspondre », et « de là résulte à la vérité le concept d'un *noumène*, concept qui n'est pas du tout positif et ne signifie pas une connaissance déterminée d'une chose quelconque mais seulement la *pensée de quelque chose en général* où je fais abstraction de toute forme de l'intuition sensible » (226, A252). Et précisément Kant amorçant son hypothèse polémique à l'encontre d'une Psychologie rationnelle croyant pouvoir conclure l'immatérialité de la simplicité, la laisse d'abord faire abstraction de toute forme de l'intuition sensible et déboucher par conséquent sur la pensée de quelque chose en général. Mais comme cette psychologie en tant que science de l'âme ne peut se contenter de « penser » simplement et maintient sa prétention à « connaître » l'objet, il faut rectifier, car comme l'a expressément conclu le chapitre de l'Amphibologie (247, A287/B344) :

> Le concept d'un noumène n'est pas le concept d'un objet, mais le problème inévitablement lié à la limitation de notre sensibilité. [...] L'entendement conçoit bien un objet en soi, mais seulement comme un objet transcendantal, cause du phénomène et qui n'est pas lui-même phénomène. [...] Libre à nous, si nous le voulons, d'appeler cet objet noumène parce que la représentation n'en est pas sensible. Mais comme nous ne pouvons y appliquer aucun des concepts de notre entendement cette représentation demeure vide.

Le raisonnement de Kant est alors le suivant : certes le fait que les phénomènes du sens externe donnent lieu aux prédicats : étendu, impénétrable, composé ..., ne nous oblige ni ne nous autorise à attribuer ces prédicats à leur objet transcendantal. Mais il ne nous permet pas non plus de refuser à ce dernier les prédicats de phénomènes intérieurs dont nous ne pouvons pas davantage dire qu'ils lui sont contradictoires. Par conséquent la simplicité de l'âme ne pourrait la distinguer de façon irrécusable de la matière composée que si nous connaissions cette dernière comme *en soi* composée. Comme il n'en est rien, que je ne la connais que comme phénomène et que j'ignore tout de son substrat, permettons-nous cette hypothèse (pour reprendre les termes qu'emploiera Kant plus loin) qui consiste à admettre qu'il est *simple* (en dépit de l'aspect composé qu'il prend comme phénomène, quand il apparaît à mon sens externe) : il n'est pas contradictoire que cette substance simple soit *aussi* pensante et se manifeste comme telle à son sens interne, encore qu'elle ne se manifeste *à moi* que du point de vue de mon sens externe et à ce titre comme composée, étendue, impénétrable.

C'est du moins ainsi que nous comprenons à la lumière des deux phrases qui suivent et qui terminent l'alinéa (et bien que le sens de la première demeure douteux car sa construction est aussi elliptique dans le texte allemand que dans la traduction). Il semble en résulter que Kant se place au point de vue de quelqu'un qui perçoit un *homme*, c'est à dire un *corps* (manifestation phénoménale au sens externe avec les prédicats : composé, étendu, impénétrable, etc. …) dont on suppose à partir de certains « signes dans le phénomène », c'est-à-dire dans la façon dont il nous apparaît, qu'il pourrait bien s'apparaître à lui-même comme pensant, encore que nous, nous ne puissions pas intuitionner ses pensées, ce qui nous amène à conclure que *le même* substrat simple qui se manifeste à notre sens externe comme composé corporel se manifeste à son sens interne comme pensée incorporelle. On ne pourrait donc plus dire que seules les espèces particulières de substances, qu'on appelle des âmes, pensent.

Une « hypothèse de ce genre » nous a donc permis de voir la complète illusion d'une psychologie rationnelle qui croyait qu'en prouvant la *simplicité* de l'âme, on prouvait du même coup infailliblement son *immatérialité*.

4) Mais sans la poursuivre dans ses ultimes conséquences et en retenant seulement la thèse critique de la nécessaire distinction de tous les objets en phénomènes et noumènes, telle qu'elle ressort des démonstrations de l'Esthétique et de l'Analytique, on pouvait montrer (et c'est ce que fait Kant) que toutes les voies sont fermées aux démonstrations que tente la Psychologie rationnelle.

a) Si elle traite l'âme comme un être pensant *en soi*, elle pose mal la question, car comment pourrait-elle la composer valablement avec la *matière* pour voir si elle en diffère ? Comment pourrait-on comparer une matière « mode de représentation en nous » avec une âme en soi, qui en tant qu'*en soi* est d'une autre nature que tout mode de représentation *en nous* ?

Les deux termes de la comparaison ne sont pas sur le même plan ; étant de nature différente, ils ne sont pas comparables.

b) Concède-t-elle maintenant que la matière est le nom du phénomène externe et cherche-t-elle son point de comparaison dans *le fondement du phénomène*, elle fait encore fausse route car, notre entendement n'étant pas intuitif, cet intelligible est inintelligible. Ne pouvant rien savoir de lui, comment pourrions-nous en faire un terme de comparaison ?

c) Supposons-la enfin engagée par une nouvelle concession dans la bonne voie, consentant enfin à comparer ce qui peut l'être valablement, c'est-à-dire des phénomènes du sens interne avec des phénomènes du sens externe, alors même qu'elle prétendrait savoir que l'objet transcendantal du sens interne, c'est-à-dire l'âme, est simple (et là-dessus nous avons déjà vu que la simplicité de la représentation d'un sujet, la « conception » de son unité logique n'était pas du tout la « connaissance » de sa simplicité réelle), elle resterait en quelque sorte « bloquée » sur cette simplicité dont elle ne pourrait rien tirer.

On complètera utilement l'examen de ce dernier point en se reportant aux textes de l'Amphibologie, spécialement ceux qui critiquent la conception du *simple* dans le monadisme leibnizien (235, 239, A271, 274 et suivantes) et cette conclusion (247, A288-289/B344-345) qui s'applique très exactement à notre texte du second paralogisme :

> L'entendement limite donc la sensibilité sans pour cela étendre son champ propre, et, en l'avertissant de ne pas prétendre s'appliquer à des choses en soi, mais uniquement à des phénomènes, il conçoit un objet en soi mais seulement comme un objet transcendantal qui est la cause du phénomène, mais qui ne peut être conçu ni comme quantité, ni comme réalité ni comme substance, etc. [...] parce que ces concepts exigent toujours des

formes sensibles où ils déterminent un objet. C'est pourquoi nous ne savons pas du tout s'il peut être trouvé en nous ou en dehors de nous, s'il disparaîtrait en même temps que la sensibilité ou si, en admettant que nous la supprimions, il demeurerait encore. Libre à nous, si nous le voulons, d'appeler cet objet noumène parce que la représentation n'en est pas sensible. Mais comme nous ne pouvons y appliquer aucun des concepts de notre entendement, cette représentation demeure pour nous vide et ne sert qu'à indiquer les limites de notre connaissance sensible et à laisser un espace vide que nous ne pouvons combler ni par l'expérience possible ni par l'entendement pur.

C/ *La Réfutation de l'argument de Mendelssohn*

Cette réfutation ne figure que dans le texte de la deuxième édition (294-310, B 413-422) mais le commentaire peut trouver normalement sa place ici puisque dès la première phrase elle est explicitement rattachée par Kant à la thèse de l'âme substance simple et qu'elle se présente donc comme un appendice à la critique du second paralogisme. [Suite du commentaire, voir *infra*, p. 254.]

IV. TROISIÈME PARALOGISME – DE LA PERSONNALITÉ (293-297, A 361-366)

Plan du texte

– Énoncé du paralogisme : il consiste à conclure de la définition de la *personne* comme « ce qui a conscience de l'identité numérique de soi-même en différents temps », que l'âme est dans ce cas.

1) Transcription du syllogisme de la psychologie rationnelle dans le cadre de la philosophie critique, qui en

constitue déjà la critique en ce qu'elle met en évidence que ce prétendu *raisonnement* est en réalité un *jugement analytique* : 1er alinéa.

2) alinéas 2 et 3 : explication du paralogisme – la confusion de la *conscience* et de la *connaissance* – le point de vue du spectateur étranger et les deux temps – l'identité logique et formelle de la conscience limitée à l'homonymie du moi.

3) alinéas 4 et 5 : loin que la personnalité puisse fonder la permanence et de là la substantialité, c'est l'inverse qui devrait avoir lieu si cela était possible.

4) dernier alinéa : valeur du concept de personnalité : il est simplement transcendantal et suffisant pour l'usage pratique.

Remarque :
la 1re partie *amorce* la critique,
que la 2e partie *développe*,
et que la 3e partie *confirme*.

Arrêtons nous d'abord à cette notion de *personne* qui va être ici mise en question. Elle n'est évidemment pas abordée comme Kant le fera plus tard, au point de vue moral, comme lorsque dans les *Fondements* (p. 141) elle sera identifiée à celle d'être raisonnable « que sa nature désigne déjà comme fin en soi, non comme moyen », mais bien au point de vue même où la considérait l'ontologie traditionnelle, c'est-à-dire telle que Leibniz par exemple la faisait intervenir (*Théodicée* I, § 89) pour la lier à l'*immortalité*, distinguée de la simple indestructibilité ; dans cette dernière l'âme subsiste mais non la personne : « en disant que l'âme de l'homme est immortelle on fait subsister *ce qui fait* que c'est la même personne, laquelle garde ses qualités morales en conservant la *conscience* ou le sentiment réflexif interne de ce qu'elle est ». On voit en effet revenir dans la tradition théologique la définition qui remonte à *Boèce* traduisant la notion grecque d'*hypostase*, attribuée aux « personnes de la Trinité », par opposition à l'*ousia*, la *natura*: « *Persona proprie dicitur naturae rationalis individua substantia* » [1].

Ce que liait étroitement la Psychologie rationnelle, c'est évidemment la *conscience* psychologique et l'âme *substantielle*, comme on peut voir dans la *Psychologia* [*rationalis*] de Wolff que Kant connaissait certainement : « Persona dicitur *ens*, quod *memoriam sui* conservat, hoc est, meminit se esse *idem* illud ens, quod ante in hoc vel isto statu fuit » [2]. Et c'est aussi ce que reflète fidèlement la majeure formulée par Kant : « ce qui a conscience de l'identité numérique de soi-même en différents temps » – ou, selon la formule plus concise de la deuxième édition (286, B408) : « la conscience de l'identité de sa propre substance ».

Si on s'attache à la seule expression : « identité numérique dans le temps », on voit très bien comment Kant aurait pu raisonner. Il aurait pu s'appuyer sur les textes du début du chapitre II de l'Analytique des Principes (sections I et II) où il a établi la distinction fondamentale du principe suprême des jugements analytiques et de celui des jugements synthétiques. En particulier il aurait pu rappeler comment il avait été amené à modifier la formule du principe de contradiction pour « lui laisser la valeur universelle et complètement suffisante de principe de toute la connaissance analytique » (158, A151/B191), en le débarrassant « d'une synthèse qu'on y a

1. « Est appelée proprement personne une substance individuelle de nature raisonnable », Boèce, *De duabus naturis et una persona Christi* (Des deux natures et de l'unique personne du Christ, écrit en 513 environ), chap. 3.

2. « Est appelé personne l'être qui conserve la mémoire de soi, c'est-à-dire qui se souvient qu'il est le même être qu'il a antérieurement été dans tel ou tel état », *Psychologia rationalis* (1re éd., Leipzig, 1734), § 741.

glissée par mégarde et tout à fait inutilement » en le formulant ainsi : il est impossible que quelque chose soit et ne soit pas *en même temps* (*zugleich*). « Outre qu'on y ajoute ici d'une manière superflue (par le mot : impossible) la certitude apodictique qui doit d'elle même résulter du principe, *ce principe est affecté par la condition de temps*; il dit en quelque sorte : une chose = A qui est quelque chose = B ne peut pas être *en même temps* non-B mais elle peut parfaitement être l'un et l'autre (B aussi bien que non-B) *successivement* » (par exemple : un homme jeune ne peut pas être vieux maintenant, mais il le sera plus tard).

« Or le principe de contradiction, à titre de principe simplement logique ne doit pas limiter ses prétentions à des rapports de temps; par conséquent une telle formule est entièrement opposée au but de ce principe » (159, A153/B192). Il est du reste assez savoureux de rappeler que Kant lui-même avait commis cette adultération du principe de contradiction au § 15, Corollaire, de sa *Dissertation* de 1770 où l'on trouve les mots : *simul, tempore eodem*[1] – et que c'est … Mendelssohn qui l'avait repris sur ce point dans une lettre du 25 décembre 1770[2] !

Dès lors Kant aurait pu raisonner de la manière suivante : il s'agit de « l'identité numérique de soi en *différents* temps ». Or c'est seulement au moyen du temps que la différenciation est possible, ou alors il ne s'agirait plus que d'une différence *logique* régie par le seul principe de contradiction. Par conséquent les différents temps sont rapportés à la forme de l'intuition pure du temps, laquelle se trouve être la forme de l'intuition intérieure de moi-même. Ainsi les différents temps trouvent

1. *Dissertation de 1770*, corollaire à la fin du § 15, AKII, 406.

2. *Correspondance*, *op. cit.*, p. 87.

déjà leur unité dans le sens interne, et en quoi ai-je donc encore besoin d'une âme personnelle absolue ? L'identité numérique précède bien toute identité, mais elle ne peut ici faire fonction de principe de l'identité, car en tant que *numérique* elle interfère nécessairement avec le problème du *nombre*.

Kant aurait pu alors renvoyer à quelques textes décisifs sur cette question du nombre, en particulier celui de l'Introduction à la Critique où il montre (41, B 15) sur le fameux exemple : 7 + 5 = 12 que le jugement arithmétique n'est pas analytique ni simplement régi par le principe de contradiction, et surtout le texte de l'Amphibologie concernant l'*identité* et la *diversité* (234, A263/B319) sur lequel nous reviendrons sans tarder.

Si, de façon apparemment assez étrange, nous avons commencé par reconstituer ce que Kant aurait pu dire, c'est que nous espérons par là pouvoir éclaircir ce qu'il a effectivement dit, en particulier introduire, par cette réflexion sur la *différence*, au commentaire du mode de présentation qu'il utilise : l'hypothèse du « spectateur étranger », de « l'observateur extérieur » – qui est peut-être un souvenir de la section VI de la quatrième partie du livre I du *Traité de la Nature humaine* de Hume, le fameux chapitre où ce dernier traite de l'*identité personnelle*, où Hume ayant de façon parallèle formulé la définition traditionnelle de la personne, qu'il s'apprête à discuter : « Le Moi ou la personne n'est pas une impression, c'est ce à quoi nos diverses impressions et idées sont censées se rapporter » (trad. Leroy, Paris, Aubier, t. I, p. 343), est ensuite amené à faire cette hypothèse : « Supposez que nous puissions voir clairement dans les pensées d'autrui et observer cette succession de perceptions qui constitue son esprit ou son principe pensant, supposez aussi qu'autrui conserve la mémoire d'une partie considérable de ses perceptions passées etc. … » (p. 353). Mais il faut surtout remarquer que ce procédé a paru à

Kant spécialement bien adapté aux exigences d'une réfutation très probante de ce paralogisme en ce qu'il a de propre et de spécifique : comme l'indique déjà le texte final de la première édition, une « réflexion *d'ensemble* sur la psychologie rationnelle » est possible, et comme l'atteste la présentation de la seconde édition une réfutation *globale* en est possible puisque dans tous ses raisonnements elle procède *per sophisma figurae dictionis* (291, B411). Mais justement la caractéristique de l'exposé de la première édition est dans cet effort que fait Kant pour trouver une présentation de sa réfutation adaptée et adéquate à ce que *chaque* raisonnement peut avoir de propre et d'original. C'est par cette considération que doit s'expliquer, selon nous, l'inscription (sous la forme de l'hypothèse du spectateur étranger) de la réfutation de ce que la notion de personne confère de particulier à ce troisième paralogisme, dans le cadre plus large et plus général du procédé de réfutation commun à tous les paralogismes. Dans tous les cas, il s'agit de montrer que la notion de psychologie rationnelle se détruit du dedans, une connaissance de l'âme en soi par la Raison étant contradictoire de part en part. Partout et toujours il s'agit de montrer l'impossibilité de passer de la conscience de soi à la connaissance de soi, le caractère phénoménal de la connaissance, l'usage uniquement empirique des catégories, l'absence de permanent pouvant fournir un substrat pour la détermination des phénomènes du sens interne, le caractère simplement formel de la conscience qui n'est ni concept ni intuition etc. …

Mais ici, plus spécialement la notion de personne impliquant celle d'une identité numérique de soi dans le temps, exige que soit poussée au premier plan la différence radicale qui sépare l'identité *logique* du Moi et l'identité *numérique* du sujet, ce qui s'appelle la mise en évidence de la différence entre le temps *en moi* forme de ma *conscience* et le temps en *lequel je suis mis* par toute *connaissance* me prenant pour objet.

Nous avons précédemment cité un texte de Kant où il nous invite à distinguer :

1) *La conscience transcendantale* de mon être en général.

2) La conscience de mon être dans le temps, c'est-à-dire de mon être en relation seulement avec mes *propres représentations*, dans la mesure où je me détermine moi-même.

3) *La connaissance* de moi-même comme être *déterminé dans le temps* ; c'est la *connaissance empirique*. Or l'introduction du spectateur étranger est tout à fait propre à signaler le problème posé par le passage de la *conscience empirique* à la *connaissance empirique* de soi et à commenter la célèbre phrase du paralogisme de la seconde édition (282, B406) : « La conscience de soi-même n'est donc *pas encore, il s'en faut*, une connaissance de soi-même ». Ce problème, c'est en somme celui du passage du *subjectif indéterminé* à l'*objectif déterminé*. Si, de façon apparemment paradoxale, Descartes, dans la seconde Méditation, après ne s'être demandé *quel* il était qu'en ayant au préalable découvert *qu*'il était, en tirait la règle inverse prescrivant d'aller toujours du *quid* au *quod*, du connaître à l'être, c'est que le *cogito* en faisant coïncider le sujet et l'objet fait coïncider du même coup l'être et le connaître, et que pour Descartes la connaissance est passion : connaître, c'est voir. Si pour Kant le *cogito* cartésien n'est encore qu'une conscience empirique indéterminée, c'est que pour lui connaître, c'est faire ; le principe cartésien que, du connaître à l'être la conséquence est bonne, c'est celui d'un mathématisme pour lequel la connaissance de l'existence est régie par celle de l'essence, et c'est cela même qui fait que pour Descartes « la psychologie rationnelle apparaît comme la

première et la plus facile des sciences et doit en principe prendre place avant les mathématiques pures » (sur tout ceci *cf.* Martial Gueroult, *Descartes selon l'ordre des raisons*, I, Paris, Aubier, 1953, p. 124-126). Mais pour Kant l'évidence que fait surgir la connaissance mathématique tient à ce qu'elle *construit* le concept dans l'intuition. On trouve l'illustration très frappante de cette conception dynamiste du connaître chez Kant dans un article où il approuve Kästner d'être allé jusqu'à dire qu'Euclide aurait exigé de Wolff soutenant après Leibniz que : « "si Dieu est possible, il est", qu'il fît (*machen*) un Être parfait, qu'il en construisît le concept dans l'intuition » – en ajoutant ce commentaire : « pour démontrer la possibilité d'une chose il ne suffit plus de ne trouver aucune contradiction dans son concept, mais il faut pouvoir *faire* son objet dans l'entendement, soit comme dans la géométrie par le moyen de l'intuition pure, soit comme dans la science de la nature en utilisant la matière et les règles que l'expérience nous fournit »[1].

Dans le même sens et nous ramenant au problème du Moi, ce texte des *Fondements* (p. 180) : « Même l'homme d'après la connaissance qu'il a de lui par impression intérieure, ne peut prétendre se connaître lui-même tel qu'il est en soi, car comme *il ne se produit pas* en quelque sorte lui-même et qu'il acquiert le concept qu'il a de lui non pas *a priori* mais empiriquement, etc. … ». Il s'agit là de l'hypothèse extrême d'une prétention à se connaître tel qu'on est *en soi* ; mais du point de vue qui nous occupe, le problème sera le même dans le cadre de la philosophie critique, car le passage à une *connaissance empirique*

1. *Sur les articles de Kästner*, AKXX, 413-414, trad. fr. M. Fichant dans *Philosophie*, n° 56 (1997), p. 14

du moi implique la constitution d'un objet du sens interne, c'est-à-dire la détermination de la manière dont un Moi quel qu'il soit, dans quelque circonstance que ce soit, apparaît à tout sujet de façon universelle et nécessaire. Certes dans la conscience du soi on peut croire que, dans la mesure où nous observons la succession des phénomènes que nous éprouvons, nous prenons notre moi comme objet. Mais il faut bien voir qu'il ne s'agit là que d'un *pseudo-objet* puisque nous ne sortons nullement de l'attitude subjective. Ce temps qui intervient dans la conscience empirique est un temps déterminé par des phénomènes psychologiques *individuels*; éprouvant ces phénomènes je les rapporte nécessairement à Moi (c'est *toujours Moi* qui pense, doute, veux, imagine, sens etc. ...) et il est inévitable que je m'apparaisse identique relativement au temps dans lequel je situe ces phénomènes dont j'ai conscience. Le paralogisme consistera dès lors en cette méprise qui me ferait prendre ce temps du Moi pour un temps d'Univers, ce temps privé pour un temps « cosmique », mon identité dans le temps subjectif pour une permanence dans le temps objectif.

Si j'évite cette méprise, si, comme il convient, je m'en tiens à ce temps subjectif, simple forme de l'intuition intérieure de moi-même, je puis bien, si l'on veut, parler encore de personnalité, mais à condition de bien voir que celle-ci ne consiste en rien d'autre qu'à se donner le moi « selon la règle de l'identité ». Une telle personnalité n'est pas conclue par le *raisonnement*, elle est *analytiquement* découverte par le *jugement*, il s'agit d'une identité simplement *logique* : *je suis moi*. Ce n'est pas encore *connaissance* d'une identité objective, mais simple affirmation de la conscience : c'est un point sur lequel Kant revient à maintes reprises et à chaque fois presque dans les mêmes termes (« acte logique », « règle de l'identité ») dans l'*Opus Postumum* :

> Tout mon pouvoir de représentation (*facultas repraesentativa*), [qui consiste en intuition et concept,] commence par la conscience de moi-même qui doit être d'abord appelée logique et il est alors purement explicatif selon la règle de l'identité … [AKXXII, 420] ; – Le premier acte du pouvoir de représentation est celui par lequel le sujet se fait objet de ses représentations (*conscientia sui ipsius*) et appartient à la logique, il est une représentation par concepts ou la pensée de l'objet donné, et il est analytique [*ibid.*, 58] ; – La conscience de moi-même est simplement logique et ne détermine aucun objet (*apprehensio simplex*); c'est une simple détermination du sujet d'après la règle de l'identité [*ibid.*, 82] ; – Le premier acte du pouvoir de représentation est le verbe : je suis, la conscience de moi-même. Je suis pour moi-même objet. Cette pensée (*apprehensio simplex*) [n'est pas un jugement (*judicium*), encore moins un raisonnement (*ratiocinum*) : je pense, donc je suis, etc., mais elle] est un acte de la personnalité d'après la règle de l'identité [*ibid.*, 115], etc.

Ainsi la validité *a priori* du jugement affirmant la personnalité sous cette forme de l'identité de la conscience de soi dans le temps, tient précisément à ce que ce jugement analytique ne relève que du seul principe d'identité. Mais c'est précisément ce qui fait qu'on ne saurait se contenter d'une conception aussi pauvre de la personnalité qui nous enferme dans la tautologie :

> Dans tout le temps où j'ai conscience de moi, j'ai conscience de ce temps comme mien – c'est la même chose de dire (*es ist*

einerlei) : tout ce temps est en moi, et : je puis être trouvé dans tout ce temps [1].

Comme Kant lui même commentera ce premier alinéa de notre texte dans une annotation [ajoutée après coup à la Critique] (*Nachträge zur Kritik der reinen Vernunft*, éd. Erdmann, LXXIV) :

> Car cette proposition serait tautologique et vide qui affirmerait mon existence dans tout le temps qui est en moi dans la mesure où je pense, c'est-à-dire la simultanéité de cette existence avec le temps que je pense ou avec sa forme [AK XXIII, 29].

Et cependant quand le philosophe prétend dépasser cette tautologie de la personnalité réduite à l'identité logique exprimée par le jugement analytique, le raisonnement qui le conduit à conclure à l'identité numérique se révèle paralogique. Sous l'étiquette inchangée portant « le titre homonyme de : Moi », c'est aussi bien le changement que la permanence qui pourrait se cacher, et ce n'est pas l'identité, l'unité logique de la conscience de soi qui seraient capable de refuser le panmobilisme héraclitéen. C'est ce qu'est destinée à montrer l'intervention du spectateur étranger. Elle va nous confirmer cette thèse que l'*Opus postumum* exprime avec une précision technique :

> Le premier acte du pouvoir de représentation (*facultas repraesentativa*) est la représentation de soi-même (*apperceptio*) par laquelle le sujet se fait objet (*apprehensio simplex*) ; mais cette

1. Citation complète : « Dans tout le temps où j'ai conscience de moi-même, j'ai conscience de ce temps comme appartenant à l'unité de mon moi, – c'est la même chose de dire (*es ist einerlei*) : tout ce temps est en moi comme dans une unité individuelle, et : je puis être trouvé dans tout ce temps avec une identité numérique » (293-294, A362).

> représentation est une représentation de l'individuel (*repraesentatio singularis*) et non une représentation commune à plusieurs ([*nota, id est repraesentatio*] *pluribus communis*) [AK XXII, 43].

L'observateur extérieur, qui me considère du dehors, est « le premier qui m'examine dans le temps ». Entendons par là qu'il prend le temps comme fondement pour y déterminer le moi comme objet, ce qui n'est pas la même chose que lorsque le sujet se prend comme objet ou plutôt se transforme en objet pour y insérer le temps. Dans ce dernier cas en effet le sujet reste monade sans porte ni fenêtre avec son temps individuel et sa série subjective : l'*apprehensio simplex* étant *repraesentatio singularis*, la communication intermonadique et la constitution d'un univers requièrent nécessairement l'hypothèse de l'harmonie préétablie.

Cette référence au système leibnizien est précisément faite par Kant dans un texte de l'Amphibologie qui importe à notre commentaire par l'importante précision qu'il apporte à la notion d'identité numérique. Ce texte (236, A262/317-318) est une réponse au chapitre 27 du Livre II des *Nouveaux Essais* dont il reprend le titre : *Identité et diversité*, où Leibniz est parti du problème de l'individuation et se trouve naturellement conduit à celui de l'identité personnelle. Kant y montre que le principe leibnizien des indiscernables n'est inattaquable que s'agissant des objets de l'entendement pur : si un tel objet se présente à nous à plusieurs reprises avec les mêmes déterminations intérieures, on peut légitimement parler de sa *numerica identitas*. Mais comme les phénomènes sont des objets de la sensibilité et que l'entendement ne peut avoir par rapport à eux qu'un usage empirique (et non pur), « la pluralité et la diversité numériques sont déjà données par l'espace même comme condition des phénomènes extérieurs, car une partie de l'espace bien que tout à fait semblable et égale à une autre est cependant en dehors et distincte d'elle ». Cette erreur de Leibniz prenant les phénomènes pour des choses en soi, Kant l'avait retrouvée chez ceux qui, comme Mendelssohn, critiquaient la future doctrine de l'Esthétique transcendantale, telle qu'elle s'exposait dans la Dissertation de 1770 : l'idéalité de l'espace et du temps. Or il est remarquable que, dans la lettre où Mendelssohn critique cette doctrine (25 décembre 1770), il montre précisément qu'il ne comprend pas ce qui constitue le nerf de la réfutation kantienne du troisième paralogisme qui nous occupe : « le temps où me place l'observateur n'est pas celui qui se rencontre dans ma propre sensibilité, mais celui qui est dans la sienne ». Voici en effet ce qu'il déclare dans cette lettre : « Que le temps doive être simplement une donnée subjective, je ne puis m'en convaincre pour plusieurs raisons. La succession est une condition nécessaire des représentations qui appartiennent à des esprits finis, mais les esprits finis ne sont pas seulement des sujets; ils sont aussi des objets [des représentations, tant de Dieu que] d'autres esprits. Par conséquent la succession qui est en eux doit [aussi] être considérée comme quelque chose d'objectif » [1].

Or Kant, frappé du fait qu'il n'adoptait pas une conclusion analogue pour l'espace en s'appuyant sur l'argument parallèle : les corps sont réels, or ils ne sont possibles que sous la forme de l'espace, donc l'espace est quelque chose d'objectif et de réel qui est inhérent aux choses mêmes, croit en voir la raison : « C'est que pour les choses extérieures on remarque qu'il est impossible de conclure de la réalité des représentations à celle des objets, tandis que dans le sens interne la pensée et l'existence de ma pensée et de mon moi ne font

1. *Correspondance*, *op. cit.*, p. 86.

qu'un» (Lettre à Marcus Herz du 21 février 1772[1]), et c'est cette thèse qu'il développe au début du § 7 de l'Esthétique transcendantale (65-66, A37-38/B53-54) refusant aux temps la réalité absolue pour ne lui accorder que la réalité empirique subjective de forme de l'intuition intérieure, « laquelle doit être cherchée non pas dans l'objet lui-même, mais dans le sujet auquel l'objet apparaît et qui n'en appartient pas moins réellement et nécessairement au phénomène de cet objet ».

Ceci étant, que se passe-t-il lorsque intervient l'observateur extérieur? Il m'examine dans le temps, et s'il admet bien que la représentation « Moi » accompagne identiquement toutes mes pensées dans ma conscience, il ne peut cependant conclure ma permanence objective. Est-ce à dire que nous devons supposer que Kant sous-entend que la conscience s'écoule dans le monde des phénomènes? On peut être fortement tenté de l'admettre en lisant la note qui termine l'alinéa (295, A364) où intervient cette hypothèse, « admise par analogie » avec la transmission du mouvement d'une boule élastique à une autre par le choc, de l'écoulement et de la transmission des représentations d'une substance à une autre. Il est vrai que nous sommes tout de suite arrêtés sur ce chemin par l'affirmation initiale de l'alinéa suivant où, s'il nous est bien dit que l'unité de la conscience de soi est incapable de réfuter le mobilisme héraclitéen, nous est également rappelé ce qui est acquis depuis l'exposé de la première analogie de l'expérience, à savoir que ce mobilisme n'est plus recevable « dès que l'on admet des substances ».

1. *Correspondance*, *op. cit.*, p. 98 (où la traduction est fautive, alors que celle de Guillermit est exacte, *cf.* AKX134 : « ... *bei den innern Sinn aber ist das Denken oder das existiren des Gedankens und meiner selbst einerlei* »)

Et d'autre part nous ne pouvons pas oublier ce que nous ont exposé les deux premiers paralogismes (281, A347) :

> Il nous faut *a priori* attribuer nécessairement aux choses toutes les propriétés qui constituent les conditions sous lesquelles seules nous les pensons. Or je ne peux avoir la moindre représentation d'un être pensant par aucune expérience extérieure, mais simplement par la conscience de moi-même. De tels objets ne sont donc rien de plus que le transfert de ma conscience à d'autres choses et ce n'est pas par là que je me représente d'autres choses à titre d'êtres pensants, – et 287, A353-354 : Il est évident que quand on veut se représenter un être pensant il faut se mettre soi-même à sa place et substituer donc à l'objet qu'on voudrait examiner son propre sujet (ce qui n'est pas le cas dans un autre genre de recherches) et que, si nous exigeons l'unité absolue du sujet pour une pensée c'est seulement parce que nous ne pouvions pas dire sans cela : je pense (le divers dans une représentation).

Mais justement le rappel de ces textes est bien propre à nous déconcerter quand nous abordons maintenant le point de vue de l'observateur extérieur. Car ce que nous disaient en somme les textes des deux premiers paralogismes que nous venons de rappeler, c'est que le fait de nous représenter autrui ne nous permet pas de nous extérioriser par rapport à notre propre conscience, de nous observer et de nous déterminer du dehors pour percevoir objectivement la nature de l'être pensant. Or nous pourrions croire que cette impossible extériorisation se réalise dans le troisième paralogisme. Mais il semble bien qu'il faille comprendre qu'il n'y s'agit pas de la conscience elle-même mais de son phénomène. L'observateur extérieur ne se met pas au point de vue de ma conscience, il reste au point de vue de la sienne, c'est-à-dire que prenant ma conscience comme objet et se la représentant dans le temps il en fait un phénomène : mes représentations sont pour lui des évènements parmi d'autres et c'est au même titre que, dans la constitution de l'expérience, il doit les rapporter à des objets.

Or si je reviens au point de vue de ma conscience, non seulement j'ai conscience de l'unité de mon Moi déterminant (le Je étant l'identité d'une spontanéité intellectuelle), mais aussi, à l'égard des phénomènes psychologiques qui se succèdent en moi, j'ai conscience d'une unité de mon Moi déterminé : conscience empirique de mon Moi comme objet du sens interne auquel je rapporte mes phénomènes psychologiques successifs. Dès lors tout conspire à faire naître pour moi l'illusion, à susciter « l'apparence » : à me faire prendre cette conscience empirique pour une connaissance empirique, ce pseudo-objet pour un objet véritable, cette identité logique pour une identité numérique, cette identité dans le temps subjectif pour une permanence dans le temps objectif. L'intervention d'un observateur extérieur, et le changement de point de vue auquel m'oblige sa prise en considération, est seule susceptible de m'ouvrir les yeux. Pour essayer de mieux faire comprendre en quel sens : supposons qu'en sa présence je m'endorme et me mette à rêver; mon sommeil et mon rêve signifient en un sens (celui qui est justement désigné par l'expression « perdre conscience »), l'évanouissement de l'activité intellectuelle spontanée (Je constituant) par laquelle je range dans la succession des instants les évènements de ma vie psychique en les rapportant à l'unique sujet : Moi. Il n'y a plus de temps pour moi depuis l'instant où je me suis endormi et je n'en retrouverai qu'à la sortie de mon sommeil, à mon réveil. Mais il y en a toujours pour mon observateur qui continue à me mettre dans le temps comme objet endormi et qui regarde les aiguilles d'une pendule se déplacer. Pendant tout ce temps je n'ai même pas pu dire « Je » rêve (cela aurait signifié que je ne rêvais ni ne dormais). Mais mon observateur peut me dire que pendant tout ce temps il a pu déterminer ma série subjective en rapportant la succession des évènements psychiques à Moi-pris-comme-objet sous la forme : joie, peine, peur, par exemple, puisque j'ai successivement dans mon sommeil ri, pleuré, crié. On voit dès lors où réside le paralogisme : le moi empirique, série des phénomènes psychologiques individuels, vécu par le sujet « privé » dans la durée « privée » de sa conscience, ne peut manquer d'apparaître au sujet comme substrat continu des phénomènes se manifestant à sa conscience. Mais le paralogisme consiste justement à supposer que cette identité subjective, cette permanence dans le temps subjectif vaut objectivement et universellement pour tout observateur extérieur.

Mais si cette interprétation est correcte, il faut alors remarquer que ce paralogisme n'est pas exactement de même nature que celui que nous avions décelé à propos de la simplicité qui consistait, rappelons-le, à transformer la simplicité de l'acte de la conscience transcendantale déterminante en un substrat des représentations qu'elle synthétise, en une substance dont celles-ci seraient les modes ou accidents.

Transformer l'acte en substrat, ce n'est pas la même chose que prendre du subjectif pour de l'objectif.

Mais le troisième paralogisme étant ainsi cerné, les difficultés que peut présenter le texte tant dans l'interprétation de l'intervention de l'observateur extérieur (240, A364) que dans la comparaison avec la transmission du mouvement dans le choc des boules élastiques (note de 240) vont peut-être pouvoir être élucidées : il n'y a pas à croire que l'extériorisation par rapport à notre propre conscience déclarée impossible dans les deux premiers paralogismes s'effectue dans le troisième. En réalité, dans ce dernier texte, Kant nous demande de raisonner par analogie : l'intervention de l'observateur extérieur devant nous rendre évidente notre illusion concernant notre moi-objet, notre moi déterminé qui appartient à l'ordre des phénomènes, doit du même coup, par analogie, nous ouvrir les yeux sur notre illusion tout à fait comparable concernant le moi de l'aperception, le moi déterminant, relativement auquel il nous est aussi impossible de nous extérioriser qu'il est impossible au baron de Münchhausen de s'élever lui-même dans les airs en se tirant par les cheveux. L'hypothèse d'un écoulement de la conscience transcendantale dans le monde phénoménal qui est son œuvre est donc hors de question et ne saurait être prise au sérieux. Et cependant l'hypothèse (qui prend corps dans la note de 240, A363-364) d'une transmission du moi de substance en substance, à la façon dont le choc transmet le mouvement d'une boule élastique à une autre, est exactement l'hypothèse qui s'impose à titre polémique[a] contre un adversaire qui, dès l'instant qu'il prétend s'extérioriser par rapport à la conscience transcendantale pour la prendre comme objet, ne peut se passer du concept d'objet transcendantal et ouvre ainsi la voie (dans les conditions prévues par la troisième section de la Méthodologie – *cf.* en particulier 524, A669/B797) aux hypothèses polémiques du kantien qui a consenti à le suivre jusque sur ce terrain : à la thèse dogmatique de la permanence il opposera polémiquement, à titre d'antithèse ni plus ni moins valable, l'hypothèse de l'écoulement.

Rappelons que nous avons déjà vu Kant, de façon comparable, aller, avec le principe des grandeurs intensives, chercher Mendelssohn sur le terrain où il s'était placé : *cf.* 295-296, B414 seconde édition :

a. Nous avons déjà rencontré dans la deuxième partie du texte concernant le second paralogisme un tel usage *polémique* de l'hypothèse.

> Mais il ne songea point que, même en accordant à l'âme cette nature simple, puisque, en effet, elle ne renferme pas de parties placées les unes en dehors des autres, ni, par suite, de grandeurs extensives, on ne saurait pourtant lui refuser, pas plus qu'à n'importe quel être, une grandeur intensive, c'est-à-dire un degré de réalité relativement à toutes ses facultés, et même, en général, à tout ce qui constitue l'existence ; que ce degré peut décroître de plus en plus indéfiniment et qu'ainsi la prétendue subsistance (la chose, dont la permanence n'est pas d'ailleurs assurée) peut se réduire à rien, sinon par décomposition, du moins par une déperdition graduelle de ses forces…

Et nous pouvons précisément renvoyer au commentaire de ce texte pour éclaircir l'essentiel des trois derniers alinéas concernant le troisième paralogisme (295-296, A364-366), où l'on rapprochera le début : la négation par le mobilisme héraclitéen de toute permanence dans l'univers n'est plus recevable dès qu'on admet des substances, bien qu'elle ne soit plus réfutée par l'unité de la conscience de soi – et la fin : la permanence de la matière comme phénomène peut être observée du fait qu'elle est représentée comme quelque chose d'extérieur. Au contraire, s'agissant du Moi, faute de cette extériorité et de cette permanence, on est nécessairement voué à la tautologie. Entre ce début et cette fin, le 2e alinéa (295, A365 : « Mais il est remarquable etc. … ») développe de son côté les réserves incidentes du texte de la Réfutation de Mendelssohn que nous venons de rappeler (295, B414 : « même en accordant à l'âme cette nature », « la prétendue substance dont la permanence n'est d'ailleurs pas assurée »), en reprenant[a] la démonstration du troisième alinéa concernant le premier paralogisme (283,

a. La dernière phrase y fait une référence explicite (296, A365) : « il nous a été *plus haut* [*i.e.* 283, A349-350] impossible d'y fonder la *substantialité* ».

A349 : « il s'en faut tellement que je puisse conclure ces propriétés de la simple catégorie pure d'une substance qu'au contraire… »). Nous renvoyons donc au commentaire de ce texte en nous contentant de rendre sensible le mouvement de l'argumentation : il tend essentiellement à donner la vedette à la permanence. Sans elle pas de connaissance d'objet puisque, comme l'a établi la première Analogie : « dans tous les phénomènes, le permanent c'est l'objet lui-même ». Si nous avions cette permanence nous aurions la substantialité, et du même coup d'une certaine manière qui serait suffisante la personnalité. Arrêtons nous à ce terme de « suffisant » (« et c'est déjà suffisant pour la personnalité ») : il s'oppose très évidemment à cette conception « insuffisante » de la personnalité, que nous a proposé comme seule légitime cependant le 1er alinéa du texte (293, A362) que nous avons commenté tout à l'heure : nous avons vu qu'on ne pouvait se contenter de cette conception « homonymique et tautologique » de la personnalité, regardée non « comme conclue », mais comme « proposition de tous points identique de la conscience de soi dans le temps ».

Ce dont la permanence nous assurerait, ce ne serait certes pas encore de la réalité d'une durée continue de la conscience (*Fortdauer des Bewußtseins*) mais, du moins, de la possibilité d'une conscience continue (*fortwährendes Bewußtsein*) dans un sujet. Autrement dit, si j'avais la permanence, la personnalité serait suffisamment établie par la simple possibilité qui me serait offerte à tout moment (et quand bien même je n'en userais pas) de transformer ma conscience en connaissance. Il ne faut pas trop demander pour assurer la personnalité : en langage cartésien, il n'est pas nécessaire que j'aie toujours conscience de penser pour que je sois sûr d'être en droit d'affirmer que l'âme pense toujours; selon les termes kantiens, l'interruption momentanée de l'action de la personnalité n'équivaudrait nullement à sa cessation absolue, à sa réelle intermittence, à sa disparition totale, sa discontinuité effective, lesquelles seraient, elles, effectivement ruineuses pour la personnalité, rien ne garantissant qu'après la coupure c'est la même personnalité qui se manifeste (*cf.* l'hypothèse polémique des boules élastiques). Bref, ce serait de façon suffisante, quoique médiate (= par l'intermédiaire de la substantialité), que la permanence nous assurerait de la personnalité. Mais justement nous savons à quoi nous en tenir là-dessus depuis la réfutation du paralogisme de la substantialité : « sans le permanent pas de rapport de temps (qui ne peut être perçu en lui-même) », avait montré la 1re Analogie (179, A183/B226), et « c'est seulement par le permanent que l'existence obtient dans les différentes parties successives de la série du temps (*Zeitreihe*) une quantité que l'on nomme durée » (179, A183/B226. Aussi, loin que je puisse conclure de la seule catégorie de substance que, comme être pensant, je dure par moi-même, si je veux faire un usage correct, c'est-à-dire empirique, de la catégorie, je suis obligé de prendre pour principe la permanence d'un objet tiré de l'expérience (283, A349). Or je ne puis le faire, car je n'ai « dans l'intuition intérieure absolument rien de permanent, le moi n'étant que la conscience de ma pensée » (2e édition 293, B413). C'est donc en quelque sorte *a fortiori* qu'ayant échoué sur la substantialité, j'échoue maintenant sur la personnalité. La chaîne déductive du raisonnement par lequel la psychologie rationnelle prétend conclure la personnalité est la suivante :

1) aperception identique,
2) identité numérique,
3) permanence.

Or, pour être correcte, elle devrait être :

1) aperception,

2) permanence,

3) identité numérique.

Et ce qu'a déjà montré la critique du premier paralogisme, c'est l'absence du second maillon : la permanence.

Enfin pour compléter le tableau de ce commentaire du mot : « suffisant », il faut ajouter que Kant considère le concept transcendantal de personnalité (encore qu'il ne puisse trouver d'usage empirique légitime en l'absence d'un permanent ni de ce fait conduire à une connaissance), interprété comme unité d'un sujet inconnu dont les déterminations sont reliées par l'aperception, comme « nécessaire et *suffisant* pour l'usage pratique »[1].

1. Le cours publié ne comporte pas le commentaire du quatrième paralogisme – de l'idéalité du rapport extérieur.

LES PARALOGISMES DE LA RAISON PURE

II. COMMENTAIRE DU TEXTE DE LA SECONDE ÉDITION DE LA *CRITIQUE*

La disposition typographique traditionnelle[1] morcelant le texte en bas de pages, il nous paraît utile de commencer par en donner le plan d'ensemble :

1) *Remarque générale* :
a) penser et connaître ;
b) moi déterminant et moi déterminable.
2) *Tableau d'ensemble des quatre paralogismes* :
a) le moi qui pense est *sujet* mais cela ne signifie pas qu'il soit, comme *objet*, une *substance* ;
b) le moi est *singulier*, mais non substance *simple* ;
c) l'*identité* du moi n'est pas celle de la *personne* ;
d) le fait que je *me* distingue des *choses* ne prouve pas que je puisse avoir conscience de moi sans celles-ci.

Conclusion : l'analyse de la *conscience* ne conduit pas à une *connaissance* du moi comme objet et le paralogisme

1. Cette remarque vaut pour la présentation typographique de la traduction Tremesaygues et Pacaud, Paris, PUF, 1944, mais ne s'applique pas aux autres traductions françaises actuellement disponibles.

consiste à prendre le développement *logique* de la pensée pour une détermination *métaphysique* de l'objet.

3) *Enjeu de la critique de la psychologie rationnelle*: si celle-ci était vraie, on aurait quitté le monde sensible pour celui des noumènes.

4) *Le paralogisme d'ensemble de la psychologie rationnelle*:

a) que la pensée n'est pas prise dans le même sens dans la majeure et dans la mineure,

b) et que la conclusion est obtenue *per sophisma figurae dictionis*.

5) *Réfutation de l'argument de Mendelssohn.*

6) *Interprétation selon un enchaînement synthétique* des thèses de la psychologie rationnelle à partir de la catégorie de relation : l'écueil de l'idéalisme.

7) *Interprétation selon le procédé analytique*, en partant de la modalité : le double écueil du matérialisme et du spiritualisme.

8) *La psychologie rationnelle n'a pas valeur de doctrine, mais de discipline*.

9) *Le malentendu de la psychologie rationnelle*: l'unité de la conscience est prise pour une intuition du sujet en tant qu'objet. Note : le «je pense» intuition empirique indéterminée.

10) *L'échec de la psychologie spéculative* n'atteint en rien le droit et même la nécessité d'admettre une vie future suivant les principes de l'usage pratique de la raison.

11) *Conclusions*:

a) confusion d'une idée de la raison (intelligence pure) avec un concept indéterminé d'entendement (être pensant) ;

b) confusion d'une abstraction possible avec un isolement réel ;

c) le problème de l'union de l'âme et du corps.

12) *Passage de la psychologie à la cosmologie* : la critique de la psychologie rationnelle n'aboutit pas à la négation de l'âme et de la conscience; le « je pense » comme fonction logique et comme existence; le sujet moral détermine son existence en lui fixant des lois, mais le point de vue pratique reste distinct du point de vue théorique.

Indications pour le commentaire

1/ *Remarque générale*

Elle a pour but de ramener notre attention sur un thème essentiel de la critique, l'abîme qui sépare *denken* et *erkennen*. On pourra se reporter aux trois textes suivants :

a) *Les dernières pages de la préface à la deuxième édition* de la *Critique*, en particulier, alinéa 14 (22, BXXVII), avec la note :

> Nous pouvons *penser* les objets de l'expérience comme choses en soi quoique nous ne puissions pas les *connaître*, en tant que tels.

La note marque l'écart entre la *possibilité logique* reconnaissable à la non-contradiction et la *possibilité réelle* ou *valeur objective* du concept.

> Je puis *penser* ce que je veux pourvu que je ne tombe pas en *contradiction* avec moi-même, c'est-à-dire pourvu que mon concept soit une pensée *possible*, quoique je ne puisse pas répondre que dans l'ensemble de toutes les possibilités un *objet* corresponde ou non à ce concept. Pour *connaître* un objet il faut pouvoir en prouver la possibilité soit par le témoignage de l'expérience de sa réalité, soit *a priori* par la raison.

b) Le début du § 22 (Déduction transcendantale, 2ᵉ édition, B 146), commentaire de la formule souvent citée : « les concepts sans intuition sont vides, les intuitions sans concept sont aveugles ». C'est par le concept qu'un objet en général est *pensé*, par l'intuition qu'il est *donné*. Si l'intuition n'est pas donnée, le concept est bien une pensée quant à la forme, mais « par lui ne serait possible absolument aucune connaissance de n'importe quelle chose parce qu'il n'y *aurait*, que je sache, ni ne *pourrait* y avoir *rien* à quoi ma pensée peut être appliquée ».

Selon l'expression du début de l'Analytique des principes (chap. II, sect. 2, 160, A 155/B 194) : « on n'aurait fait que *jouer* avec des représentations ».

c) Enfin et surtout (car il concerne directement le « je pense ») le § 25 de la Déduction soulignant que la *conscience* de soi n'est pas encore, il s'en faut, une *connaissance* de soi, et introduisant à la distinction qui est ici retenue entre le moi *déterminant* et le moi *déterminable* (voir en particulier la note du § 25, 136, B 156/157).

Sur tout ceci, pour réduire la pensée de Kant à son schéma essentiel, on remarquera que pour lui : connaissance = connaissance physique = connaissance d'objet = *construction* d'objet. En ce sens, Kant ira jusqu'à approuver comme « correcte et éclairante » l'expression que Kästner avait employée à propos de la prétendue démonstration par Wolff de la possibilité d'un être parfait : « Euclide aurait demandé à Wolff de *faire* (*machen*) un être parfait comme lui-même *fait* l'isocaèdre ». Le terme « faire », commente Kant, tout surprenant qu'il soit, est bon et plein de sens : « Pour démontrer la possibilité d'une chose il ne suffit pas de ne trouver aucune contradiction dans l'entendement, soit, comme en géométrie, au moyen de l'intuition pure (dans la construction du concept), soit comme dans la science de la nature, en utilisant la matière et les règles que l'expérience nous fournit »[1].

Et Kant, abordant dans les *Fondements de la Métaphysique des mœurs* (180) l'idée du § 25 précédemment cité : je ne me connais pas tel que je suis, mais tel que je m'apparais à moi-même, reprend l'expression à son compte quand il explique : « car, comme l'homme ne se *produit* pas en quelque sorte lui-même et il acquiert le concept qu'il a de lui, non pas *a priori*, mais empiriquement ... etc. ».

Dès lors, si cette connaissance-construction exige les deux éléments du concept et de l'intuition, on voit qu'il suffit à Kant de montrer que le « Je » du « je pense » n'est ni l'un ni l'autre pour qu'aussitôt le problème de l'existence de l'objet représenté par le « Je » apparaisse comme un faux problème, puisque ce « je » ne représente pas un objet. De sorte que, dans la philosophie kantienne, la conception « constructiviste » de la connaissance, la séparation de l'essence et de l'existence et la négation du privilège de la conscience sont liées. (Voir en ce sens, un texte très net : *Réflexion sur l'ensemble de la psychologie pure*, fin du 1er alinéa, dans le texte de la première édition : pourquoi une connaissance rationnelle pure de la nature d'un être pensant en général est impossible : « le Moi est aussi peu une intuition qu'un concept d'un objet quelconque » (308, A382). Faute d'intuition intellectuelle nous ne pouvons « faire être » l'objet de notre connaissance ni le connaître tel qu'il est en soi; tout ce que nous pouvons faire, c'est poser l'objet en relation avec notre réceptivité sensible qui, en l'accueillant comme existant, nous le fait apparaître. Mais le second postulat de la pensée empirique subordonne notre jugement d'existence à l'accord de l'objet avec les conditions

1. Cf. *supra*, p. 222, note 1.

matérielles de l'expérience, donc avec la perception. Or dans le « je pense » de la conscience transcendantale, dont on prétendrait faire un « je suis », l'existence devrait être saisie *avant* toute référence à une *sensation* du sens interne (« perception = conscience empirique = accompagnée de sensation ») – ce qui n'est pas compatible avec les exigences d'une connaissance d'objet. On peut bien affirmer analytiquement le « Je » du « je pense » comme spontanéité d'un *acte* de pensée, mais ce n'est pas là déterminer son existence comme celle d'un *être* spontané. On peut bien en faire un terme de référence, (un *quid*, un « quelque chose = X ») pour les phénomènes du sens interne, mais dans ce cas non plus nous n'avons pas affaire à un concept du moi.

C'est cette « remarque générale » qui va donner dans tout ce texte de la deuxième édition une valeur structurale essentielle à l'opposition de l'*analytique* et du *synthétique*.

2/ Tableau d'ensemble des paralogismes

Il est tout entier construit sur cette opposition de l'analytique et du synthétique, et peut être considéré comme une reprise d'un leitmotiv des textes de la 1re édition : 1) « … on peut très bien conserver cette proposition : l'âme est une substance… » [284, A350] ; 2) « … de même il n'est permis de dire que je suis une substance simple… » [288-289, A356] ; 3) « … de même aussi peut subsister le concept de la personnalité » [296, A365] ; 4) « … nous avons le droit d'affirmer que seul peut être immédiatement perçu ce qui est en nous-mêmes » [298, A367].

Toutes les propositions de la psychologie rationnelle sont vraies pourvu que, renonçant à sa prétention de leur donner la valeur de connaissances synthétiques *a priori* d'objets, elle veuille bien les réduire à de simples tautologies dont la formule séminale serait : *ich bin ich* :

1) que le « Je » soit *sujet*, c'est par définition nous dira le grammairien ; –

2) qu'il soit *singulier* c'est-à-dire ni pluriel ni pluralisable, de même ; –

3) qu'il demeure *identique* dans la diversité de ses fonctions de sujet, de même encore ; –

4) que « je » ne sois pas « autre chose » de même enfin, car, par définition, l'autre c'est ce qui n'est pas moi. Bref il faudrait que la « psychologie » se fasse « *philologie* », qu'elle destitue toutes ses propositions de leur prétention à être des connaissances métaphysiques d'objet pour se contenter d'être « développement logique de la pensée en général » (287, B409), explicitation analytique des prédicats inhérents au simple concept logique de sujet.

La négation par Kant de l'intuition intellectuelle, que nous avons rappelée plus haut, a en effet pour résultat inévitable de rendre *littérale* l'interprétation de la formule même que Descartes avait utilisée dans le texte de la seconde *Méditation* pour l'exprimer : « je pense, je suis », la virgule qui sépare les deux verbes signifiant désormais qu'aucune relation déterminée ne peut être établie entre ces deux propositions qui deviennent la simple notation de faits. Aussi arrive-t-il à Kant d'exprimer cela en disant que le *cogito* n'est ni un *ratiocinum*, concluant de la majeure universelle : tout ce qui pense est – ni un *judicium*, relation effectivement opérée entre la pensée et l'existence, synthèse qui représenterait un progrès et un enrichissement de la pensée, détermination réelle d'un sujet par un prédicat, bref opération synthétique dépassant la représentation subjective. C'est la simple traduction analytique d'une identité présupposée qu'on pourra écrire : *cogito = sum cogi-*

tans = *sum*; c'est la conscience de soi posée selon la règle de l'identité, une pure *tautologie*. Le texte de la première édition soulignait à maintes reprises la totale stérilité de ces propositions tautologiques de la psychologie rationnelle reconduite à son strict domaine de légitimité : l'interprétation analytique; voir par exemple deuxième paralogisme, (288, A354): la simplicité n'est pas réellement *conclue* du « je pense », c'est elle *au contraire* qui se trouve déjà la première dans toute pensée même. Voir aussi *troisième paralogisme* (293, A362) : « À ce compte, la personnalité de l'âme ne devrait jamais être regardée comme *conclue*; il faudrait *au contraire* la considérer comme une proposition de tous points *identique* de la conscience de soi dans le temps ».

Ainsi présentée, la psychologie rationnelle justifie parfaitement l'expression du début de l'Analytique des principes que nous avons citée plus haut : elle ne fait que « jouer » avec les représentations; tournant dans un cercle perpétuel elle n'est plus qu'un jeu de manège à l'intérieur du « je pense », dont ses quatre propositions nous indiquent au passage les points cardinaux.

Sur cette question de l'*analytique* et du *synthétique*, on pourra se reporter, entre autres, au § 10 (spécialement alinéa 5 : l'affaire de la logique *générale* est de ramener *analytiquement* diverses représentations sous un concept; la logique *transcendantale* enseigne à ramener *à* des concepts non pas les représentations, mais la *synthèse* pure des représentations), et surtout aux §§ 16 et 17 de la Déduction (2e édition) commentant la fameuse expression: « Le "je pense" doit pouvoir accompagner toutes mes représentations ». L'unité *analytique* de l'aperception n'est possible que sous la supposition de quelque unité *synthétique*, car ce n'est qu'à la condition de pouvoir lier dans une conscience un divers de représentations données qu'il m'est possible de me représenter l'identité de la conscience dans ces représentations mêmes. La proposition qui fait de l'unité *synthétique* la condition de toute pensée est elle-même *analytique*, puisqu'elle dit seulement que toutes mes représentations doivent être soumises à la condition sous laquelle je peux seulement les attribuer à mon moi *identique* comme étant *mes* représentations, donc les saisir comme liées toutes ensemble dans une perception sous l'expression générale : « je pense ». D'où on peut formuler ce qu'il y a d'illégitime dans la psychologie rationnelle comme consistant à faire passer d'authentiques *synthèses* pour de simples *analyses* en les présentant sous la forme d'expressions de réalités déjà données. De ce point de vue, son paralogisme consisterait en *une méprise sur la nature de la pensée dont elle ferait la « traduction » d'une réalité au lieu d'y voir, comme il conviendrait, la spontanéité d'un acte, une puissance de construction.* Tel est, croyons-nous, le sens des deux développements qui suivent : le premier nous invite à mesurer la gravité de cette méprise en soulignant que si elle n'en était pas une, cela signifierait que le criticisme a échoué dans sa tentative de révolution copernicienne et qu'il faut revenir au « dogmatisme vermoulu », c'est-à-dire en fait, désespérer de l'avenir de la métaphysique ; le second met en évidence le vice irrécusable d'un raisonnement dont la mise en forme logique fait ressortir un syllogisme à quatre termes.

3/ *Enjeu de la critique de la psychologie rationnelle*

Texte offrant l'ordre d'intérêt de ceux où l'on voit un philosophe jouer le sort de sa philosophie toute entière, à rapprocher de ce point de vue du texte de la Préface de la *Critique de la raison pratique* (p. 9) déclarant que l'œuvre serait ruinée si quelqu'un faisait « cette découverte imprévue qu'il n'y a nulle part et qu'il ne peut y avoir aucune connaissance *a priori*. Mais il n'y a pas de danger : autant prétendre prouver par la raison qu'il n'y a pas de raison ». Dans le texte que nous commentons, ce n'est pas seulement [de la connaissance *a priori*, mais de] la *synthèse a priori* [qu'il s'agit]. En effet la psychologie rationnelle dans son ensemble peut être présentée ainsi (on remarquera que c'est le seul texte où Kant groupe de cette façon les deux premières thèses en faisant des deux dernières leurs conséquences) : elle prétend *prouver a priori* que *tous* les êtres pensants sont *en soi* des substances simples (donc qu'ils comportent la personnalité et qu'ils ont conscience de leur existence séparée de toute matière). Une telle preuve est nécessairement une proposition synthétique *a priori* à un double titre :

1) elle *dépasse* le concept en ajoutant à la pensée en général le *mode d'existence* (comme substance) ;

2) elle *joint* au concept un prédicat (simplicité) qui ne peut être donné dans aucune *expérience*.

Or le problème général de la raison pure (Introduction VI) étant : « comment des jugements synthétiques *a priori* sont-ils possibles ? », la réponse à cette question exigeait :

1) que l'*Esthétique* transcendantale établisse que « la nature des objets *en eux-mêmes* et abstraction faite de toute la réceptivité de notre sensibilité nous demeure tout à fait inconnue » (§ 8, Remarque I, alinéa 2, 68, A42/B59) ;

2) que la *Déduction* transcendantale fasse « comprendre le rapport de l'entendement à la *sensibilité* et au moyen de celle-ci à tous les objets de l'*expérience*, par conséquent la valeur objective de concepts intellectuels purs *a priori* … », car l'entendement pur est « dans les catégories la loi de l'unité synthétique de tous les phénomènes et rend par là tout d'abord

et originairement possible l'expérience quant à la forme» (Déduction, dernier alinéa, 144, A128);

3) que l'*Analytique des principes* établisse que «le principe suprême de tous les jugements synthétiques est que tout objet est soumis aux conditions nécessaires de l'unité synthétique du divers de l'intuition dans une expérience possible», que «la possibilité de l'expérience est ce qui donne une réalité objective à toutes nos connaissances *a priori*» (Deuxième section, «Du principe suprême de tous les jugements synthétiques», 161, A156/B195).

On voit par ce simple bilan rapide que c'est bien l'ensemble de la philosophie critique en ses thèses maîtresses qui se trouverait remise en question si la psychologie rationnelle était légitime et vraie dans ses conclusions. Toute l'Analytique transcendantale ayant eu «ce résultat capital de montrer que l'entendement ne peut jamais plus faire *a priori* qu'anticiper la *forme* d'une expérience possible, en général, et que, ce qui n'est pas un phénomène ne pouvant pas être un objet de l'expérience, il ne peut jamais dépasser les bornes de la sensibilité dans lesquels seules les objets nous sont *donnés*» (222, A246/B303), si vraiment la psychologie rationnelle était parvenue à établir que tout être pensant comme tel est une substance simple, c'est que les propositions synthétiques *a priori*, loin d'être seulement légitimes par rapport à l'expérience possible et à titre de principes de la possibilité de cette expérience elle-même, pourraient aussi se rapporter aux choses en soi. Il faudrait revenir du nouveau sens que Kant propose pour le terme *transcendantal* appliqué à la philosophie: «le terme transcendantal *chez moi* ne signifie jamais un rapport de notre connaissance aux *choses*, mais seulement à la *faculté de connaître*» (*Prolégomènes*, dernières lignes de la Première partie, 59), à l'ancien sens que lui donnait encore Wolff par exemple, qui identifiait métaphysique et ontologie, l'existence n'étant que « le complément de la possibilité »[1]. Bref, serait remis en question le résultat que l'Analytique se flattait d'avoir atteint : « Le titre pompeux d'une *ontologie* qui prétend donner des *choses en général* une connaissance synthétique *a priori* dans une doctrine systématique doit faire place au titre modeste d'une simple *analytique* de l'entendement pur » (chap. III, « Du principe de la distinction de tous les objets en général en phénomènes et en noumènes », 222, A247/B303).

Pour plus de détails,

1) sur le premier point : adjonction synthétique du *mode d'existence* au concept, nous aurons l'occasion de revenir pour voir qu'en fait, par sa prétention même à être exclusivement *rationnelle* et nullement *empirique*, la psychologie rationnelle se prive de ce qui seul rendrait légitime l'usage du principe de substance, c'est-à-dire le schème de la permanence. (Or nous verrons même à ce propos – dans la réfutation de l'argument de Mendelssohn – que la substance n'est possible que dans l'*espace* et comme objet des sens *externes*, et que le passage du jugement de perception au jugement d'expérience, possible lorsqu'il s'agit de la substance dans la *matière* (Physique) se révèlera définitivement impossible lorsqu'il s'agira de l'âme qui, de ce fait, ne pourra jamais donner lieu à une psychologie scientifique, mais seulement à une sorte d'histoire naturelle toute empirique).

2) sur le second point : adjonction au concept du prédicat de *simplicité*, pour la démonstration que ce dernier ne peut être donné dans aucune expérience, on se reportera aux textes

1. Wolff, *Philosophia prima sive Ontologia* (1re éd., Leipzig, 1729), § 174 : « Existentiam definio per complementum possibilitatis ».

suivants : a) le texte étendu de la première édition concernant le second paralogisme ; b) sa reprise schématique dans la *Méthodologie* (« Discipline de la raison pure par rapport à ses démonstrations », 531-532, A784/B812), qui dénonce cette confusion du simple *dans l'abstraction* et du simple *dans l'objet* ; c) l'avant-dernière partie du texte de l'Amphibologie [244-245, A283-284/B339-340].

4/ *Le paralogisme de la psychologie rationnelle*

La *mise en forme* du raisonnement de la psychologie rationnelle fait apparaître un syllogisme que le logicien ne pourra que dénoncer comme non-viable et mal constitué, son vice logique se laissant identifier typiquement comme obtention de la conclusion *per sophisma figurae dictionis* ou *quaternio terminorum*, c'est-à-dire que passant d'une définition conceptuelle dans la majeure à une autre dans la mineure, le moyen terme n'est pas raison, comme Kant nous propose de le comprendre de diverses façons :

a) dans le texte même en soulignant qu'on passe d'un *être* en général dans la majeure à un être-sujet relativement à la pensée et à l'unité de la conscience dans la mineure ;

b) dans la note en indiquant que la *pensée* n'est pas prise dans le même sens dans la majeure et dans la mineure, cette dernière ne l'appliquant plus à un *objet* [291-292, B411-3] ;

c) dans la note encore en disant que dans la majeure il s'agit de *choses* et dans la mineure de la *pensée* ;

d) on rapprochera enfin la présentation que donnait la fin du texte de la 1re édition (alinéas 10 et 11 de sa dernière partie [325, A403]) où il nous était montré qu'on passait d'un usage *transcendantal* de la catégorie dans la majeure à un usage *empirique* dans la mineure.

Dans tous les cas, qu'il s'agisse d'être, de pensée ou de substance, il nous paraît essentiel de comprendre que la logique *formelle* serait tout à fait incapable de détecter la *fausseté* du raisonnement si la logique *transcendantale* n'avait commencé par faire apparaître l'*illégitimité* de l'*usage* du concept. C'est ce qui ressort à l'évidence du commentaire que donne Kant de ces diverses formulations.

A) Dans la majeure l'être dont on parle, c'est l'être *en général*, donc sans restrictions, donc un être dont il n'est pas exclu (puisque le contraire n'est pas explicitement précisé) qu'il puisse être *donné dans l'intuition*. Mais la mineure effectue justement cette exclusion sans le dire : une précision essentielle est « perdue en route », *omise*. C'est de cette *omission* que, de façon technique, tient compte la formule kantienne de la 1re édition en dénonçant le paralogisme comme *subreption* (de la conscience hypostasiée). Le terme d'*obreption* étant à l'ordinaire appliqué au sophisme lorsqu'il résulte d'une pétition de principe : ainsi Leibniz en accuse Descartes lorsqu'il a pris pour accordée l'identité de l'existence nécessaire et de l'existence parfaite [1]. L'être dont il est question dans la mineure étant seulement celui d'un *sujet* de pensée, d'une *unité* de conscience, manque la manifestation intuitive qui pourrait seule le rendre déterminable.

B) Même procédé dans la seconde présentation : la majeure parle d'objet en général ce qui permet de supposer qu'il puisse être donné dans l'intuition, précision essentielle à

1. Dans un projet de lettre de Leibniz à Malebranche en mai 1679 (à propos de l'« Abrégé géométrique » donné par Descartes à la fin des Réponses aux secondes objections sur les *Méditations métaphysiques*) : « Il semble que le dixième axiome pèche pour ainsi dire par obreption, prenant comme pour accordé que l'existence nécessaire et l'existence parfaite ne sont qu'une même chose » (*Philosophische Schriften*, éd. Gerhardt, t. II, p. 338).

la détermination qu'omet la mineure où l'objet disparaît au profit d'une simple représentation d'un rapport à soi comme à un sujet qui n'est que forme de la pensée.

C) La troisième présentation, substituant la notion de *chose* à celle d'objet ou d'être est peut-être la plus directe et la plus dépouillée puisqu'elle fait ressortir le contraste entre la chose-sujet de la majeure et la simple pensée de la mineure ; on croit pouvoir conclure : *je* ne puis *exister* que comme sujet, alors qu'on est seulement en droit de dire que, dans *la pensée de mon existence*, « Je » est nécessairement sujet du jugement, proposition *identique*, tautologique, analytique, où sujet et prédicat représentent un même être.

D) La *subreptio aperceptionis substantiatae* de la conscience transformée en substance hypostasiée, c'est le fait de prendre « l'unité dans la *synthèse* des pensées pour une unité vraiment *perçue* dans le sujet de ces pensées » (325, A402). La subreption apparaît au niveau de la mineure dans l'omission de la condition qui seule rendrait possible l'usage *empirique*, le seul légitime, du concept de substance, c'est-à-dire, la permanence, comme l'a montré la première analogie de l'expérience. On peut remarquer que dans les deux éditions Kant privilégie le deuxième paralogisme, celui de la simplicité, que la première édition appelait « l'Achille de tous les raisonnements dialectiques de la psychologie pure … son *principal* soutien », tenant ainsi compte du fait que, comme nous verrons à propos de l'argument de Mendelssohn, cette « pompeuse ontologie » est de façon tout à fait constante et traditionnelle tombée dans la plus grave des méprises (*Mißverstand*) en voyant dans la *simplicité* l'essence de la substance et en ne faisant plus de sa *permanence* que sa simple manifestation. Mais Kant tient également compte du fait que cette séduction d'un illusoire privilège de la simplicité n'est jamais aussi forte qu'à propos du « Je pense » : « pour que ce concept (d'une chose qui ne peut exister en soi que comme sujet) désigne sous le nom de substance un objet qui puisse être donné pour qu'il devienne une connaissance, il faut qu'il ait pour fondement une intuition *constante* (*beharrliche Anschauung*) comme condition indispensable de la réalité objective du concept, c'est-à-dire comme ce par quoi seulement l'objet est donné (*nämlich das, wodurch allein der Gegenstand gegeben wird*) (B412 [ce dernier membre de phrase est omis dans la traduction Tremesaygues et Pacaud]).

Le fondement d'une intuition constante, permanente, voilà ce qu'il faudrait à la psychologie pure. Or si elle ne l'a pas en fait, il y a néanmoins quelque chose de « naturel et d'inévitable » dans l'illusion où elle tombe de la posséder : l'illusion d'un extraordinaire *privilège* du « je pense » (seul cas où nous puissions atteindre non seulement la substance mais mieux même : le principe substantiel (*das Substantiale*) – illusion dont nous avons vu que Kant gardait au § 6 des *Prolégomènes* le vif souvenir d'y être lui-même longtemps tombé) tient au statut d'*exception* qu'il faut effectivement lui accorder en tenant compte du fait qu'il est à la fois *réquisit nécessaire* et *donnée irrécusable* :

a) qu'il soit réquisit nécessaire, c'est ce qui est montré à l'évidence dans le texte de la *première Déduction transcendantale*, *troisième synthèse*, recognition dans le concept : « La conscience de "soi-même", opérée par les déterminations de notre état dans la perception intérieure, est simplement empirique, *toujours changeante* et elle ne saurait donner un "moi" *fixe et permanent* au milieu de ce *flux* des phénomènes intérieurs. [...] Ce qui *doit* être *nécessairement* représenté comme numériquement identique ne peut être conçu comme tel au moyen de données empiriques. Il *doit* (*muß*) y avoir une condition qui précède toute l'expérience elle-même, laquelle doit rendre valable une telle *supposition transcendantale* » (120, A107);

b) qu'il soit donnée irrécusable, c'est ce que reconnaissent les deux notes, l'une au § 25 de la deuxième déduction, l'autre à la page 310 (B422-423) de notre texte : « le "je pense" exprime l'acte qui détermine mon *existence*. L'existence est donc déjà *donnée* par là [...] » ; « le "je pense" est une *proposition empirique* et renferme la *proposition* : j'*existe* [...] quelque chose de réel est *donné* [...] quelque chose existe *en fait* ». Dès lors, comment ne risquerait-on pas de prendre l'exceptionnel pour du privilégié ? D'oublier que le concept : « je pense » est à ce point « concept » qu'il ne l'est plus ou en tout cas qu'il ne saurait être un concept comme les autres puisqu'il est leur « véhicule » à tous ? D'oublier que l'intuition empirique : « j'existe », fournie par le « je pense » n'est pas une intuition comme une autre puisqu'elle est indéterminée ; perception, certes, mais *précédant* l'expérience qui doit déterminer l'objet de la perception au moyen de la catégorie, par rapport au temps ; existence, certes, mais qui n'est pas encore ici une catégorie puisque la catégorie ne se rapporte pas à un objet d'une manière indéterminée, mais à un objet dont on a un concept ; réel qui est donné, certes, mais seulement par la pensée en général et non par conséquent comme phénomène ni comme chose en soi ; *proposition* empirique, certes, mais non pas *représentation* empirique.

Bref, il suffit que j'oublie que le concept est *véhicule* et l'intuition *indéterminée* pour être persuadé que le « je pense » étant à la fois concept et intuition est connaissance privilégiée du substantiel.

Remarque : les textes auxquels Kant renvoie ici sont 1) la fin du chapitre II ; 2) le chapitre III de l'*Analytique des principes*.

5/ La Réfutation de l'argument de Mendelssohn

Pour ce commentaire, un texte essentiel [est] à consulter : dans les *Premiers Principes métaphysiques de la Science de la Nature*, le scolie du Théorème 2 de la 3e Partie qui concerne la Mécanique, théorème qui énonce la 1re loi de la Mécanique (p. 127-129).

Vue d'ensemble sur le texte

1) Mendelssohn a bien vu que le raisonnement traditionnel : l'âme est simple, donc elle ne risque pas de disparaître par *décomposition*, ne suffisait pas, comme on le croyait, à établir que l'âme est indestructible, car il faudrait encore montrer qu'elle ne peut pas non plus disparaître d'une autre manière que par décomposition, à savoir par *extinction*.

2) Il crut donc pouvoir montrer que la simplicité excluait aussi, outre la décomposition, la diminution progressive jusqu'à l'anéantissement final.

3) Cette démonstration part d'une bonne intention, mais n'est pas valable parce que Mendelssohn a oublié que, même si l'on peut refuser à l'âme supposée simple la grandeur *extensive*, on ne peut lui refuser, pas plus qu'à aucune autre réalité, une grandeur *intensive*, c'est-à-dire un degré de réalité. Or le propre d'un degré est justement de pouvoir décroître jusqu'à annulation. Rien ne prouve donc que l'âme ne puisse s'user progressivement pour disparaître finalement par consomption.

4) *Conclusion*. La permanence de l'âme, même après cet effort subtil de Mendelssohn, n'est toujours pas démontrée. Qu'elle ne soit pas *démontrable* par simple concept, comme l'a cru la Psychologie rationnelle, Kant pense l'avoir établi tant dans l'Analytique que dans la réfutation des paralogismes en montrant que le seul usage légitime des catégories est

empirique. Mais même sans revenir sur ces thèses, Kant croit pouvoir dans une longue note finale (297-300, B416-418) faire ce que la Méthodologie appellera « un usage *polémique* des hypothèses de la raison pure », tout en observant la discipline de celle-ci qui lui commande de n'en jamais faire un usage *dogmatique*. Aux hypothèses de l'adversaire il est légitime d'opposer d'autres hypothèses qui affaiblissent les siennes (voir précisément sur cette même question de l'âme les exemples d'hypothèses que Kant propose, 509-510; A741/B769-A742/B770).

Commentaire

On peut trouver un des centres d'intérêt de ce texte dans l'examen de l'affrontement qu'il représente entre deux « *Modernisierungen* » d'une thèse platonicienne. Tel était en effet le sous-titre que Mendelssohn lui-même avait donné à son *Phédon* en 1767[1], où il prétendait, en prenant la place de Platon lui-même, donner la réponse d'un moderne à l'ultime objection que Cébès fait à Socrate, celle qui assure au dialogue un rebondissement décisif et oblige Socrate à « sortir son grand jeu », à faire le « détour essentiel », à s'attaquer, après avoir retracé dans un texte fameux sa biographie intellectuelle, au problème général de la Physique, à traiter de la théorie des trois idées et du problème des contraires pour finalement mettre en place le dernier et décisif argument du dialogue : l'argument ontologique[2]. Sous sa forme extrême l'objection de Cébès est la suivante : de même qu'un tisserand use dans sa

1. Le titre complet est en effet *Phaedon oder über die Unsterblichkeit der Seele* : « Phédon, ou à propos de l'immortalité de l'âme ».

2. Selon la dénomination qui lui a été donnée par L. Robin, dans sa traduction du *Phédon*, « Budé », Paris, Les Belles Lettres, 1952, p. 82, note 1.

vie plusieurs des vêtements qu'il tisse et que néanmoins celui qu'il porte lorsqu'il meurt lui survit, de même on peut concevoir qu'une âme, qui use plusieurs corps, ne s'en use pas moins elle-même et disparaît à la fin avec le dernier qu'elle a usé. Il veut que Socrate lui prouve non seulement qu'elle est plus solide que le corps, ce qu'il admet, et plus durable que lui, mais qu'elle est absolument indestructible et éternelle [87c *sq.*] [a]. Ce qui va obliger Socrate à faire le détour essentiel dans sa réponse, c'est qu'il ne peut s'en tirer en revenant aux arguments qu'il a précédemment prouvés : il ne peut pas répondre à Cébès comme il a répondu à Simmias en le renvoyant à l'argument de la *réminiscence* et il ne peut pas non plus le renvoyer à l'argument de la *simplicité*, précisément parce Cébès a bien vu que l'âme, si elle est simple, ne peut se désagréger, se décomposer, mais qu'elle peut fort bien néanmoins *s'user*. Il y a là un mode d'anéantissement que la simplicité n'exclut pas.

Que la disparition par évanouissement progressif ou extinction diffère de la décomposition, c'est ce que Mendelssohn, « philosophe pénétrant » dit Kant, a fort bien compris. Mais il a cru pourtant que l'argument de la simplicité bien explicité pouvait donner une réponse satisfaisante à l'objection de Cébès. C'est sur ce point que Kant va se montrer meilleur platonicien que lui, donnant comme Socrate tout son poids à l'objection de Cébès, d'accord avec Socrate pour penser qu'on ne peut pas y répondre par un simple retour à l'argument de la simplicité. Allons plus loin : Socrate disait à cet endroit (95c) : « Ce n'est pas une mince affaire, Cébès, que ton problème ! Quelle est d'*une façon générale* (*holôs*) la cause de

a. Comparer l'exégèse de Cébès et celle de Glaucon demandant à Socrate au début de la *République* (Livre II) de faire l'éloge de la justice pour elle-même.

la génération et de la corruption, voilà en effet la question qu'il nous faut traiter à fond ». Bref, c'est à un problème général de physique qu'il faut s'attaquer. Tel est bien aussi l'avis de Kant, comme on le remarquera en relevant quelques unes de ses expressions : « on ne saurait refuser à l'âme *pas plus qu'à n'importe quel être* une grandeur intensive relativement à toutes ses facultés *et même en général à tout ce qui constitue l'existence* » (295-296, B414). Aussi est-ce, en fin de compte, Kant qui effectue l'authentique modernisation du *Phédon* en relayant Socrate grâce aux ressources nouvelles que le XVIIIe siècle vient de mettre à sa disposition : d'une part l'invention mathématique du calcul infinitésimal (Leibniz : la *Nova methodus pro maximis et minimis* est de 1684 ; – Newton : le *Tractatus de quadratura curvarum* est de 1704 ; – dans les deux cas la découverte est sensiblement antérieure à la publication) ; d'autre part les premiers travaux de Photométrie (en 1729 l'*Essai sur la gradation optique de la lumière* de Bouguer et en 1760 la *Photometria* de Lambert). Sur ce dernier point voir Jules Vuillemin : *Physique et Métaphysique kantiennes*, chap. 5.

La critique de Mendelssohn dans les deux dernières parties du texte reprend en effet les thèses exposées dans l'Analytique des Principes sous les titres d'*Anticipation de la perception* et de la *Première analogie de l'expérience* (principe de permanence ou de substance), qui élaborent la philosophie transcendantale de ces deux aspects de la science du XVIIIe siècle. On remarquera qu'à première vue il peut sembler que la première moitié de la critique (selon le plan indiqué, 3e partie 295-296, B414) renvoie au principe des grandeurs intensives, et la seconde (4e partie, conclusion, 297, B415) au principe de la permanence. En fait les deux choses sont étroitement liées et mêlées, car pour réfuter Mendelssohn Kant est obligé d'aller le chercher sur le terrain où il s'est placé et de se mettre à son point de vue, comme le révèlent clairement les deux expressions : « Mais il ne songea point que, *même en accordant à l'âme cette nature simple*... » et surtout, plus nettement encore : « ainsi *la prétendue substance (la chose, dont la permanence n'est pas d'ailleurs assurée)* peut se réduire à rien... ». Il faut comprendre en effet que dans la perspective strictement kantienne le principe des grandeurs intensives, en tant qu'il est transcendantalement distinct du principe des grandeurs *extensives* (axiomes de l'intuition), est celui qui assure le passage du *jugement* de *perception* au jugement d'*expérience*. (Voir par exemple le Scolie du Théorème 5 de la Dynamique, p. 73 : « Il est donc clair que la première application à la matière de nos concepts de grandeurs – application qui seule rend pour nous possible de transformer nos *perceptions* externes en un concept d'*expérience* d'une matière comme objet en général [n'est fondée que sur la propriété qui lui permet de remplir un espace, propriété qui, grâce au sens du toucher, nous fournit la grandeur et la forme d'un objet étendu, par suite le concept d'un objet déterminé dans l'espace, et ce concept constitue le fondement de tout ce qu'oin peut dire de plus sur cet objet] »).

Or ce passage, qui est possible lorsqu'il s'agit de la substance dans la *matière*, se révèle impossible lorsqu'il s'agit de l'âme comme l'indiquent les premières lignes de la démonstration du théorème 2 de la Mécanique (*Premiers Principes*, p. 127[1]), et comme le développe le scolie qui suit : « Dans cette démonstration il s'agit d'une *substance* qui n'est possible que *dans l'espace* et en se conformant

1. « En toute matière l'élément mobile dans l'espace est le dernier sujet de tous les accidents inhérents à la matière et la quantité de ces mobiles, les uns extérieurs aux autres, est la quantité de la substance ».

à ses conditions, par suite comme objet des sens *externes* seulement » (p. 128).

Telle est en effet la grande originalité de la conception kantienne de la substance qui confère une place tout à fait à part à la première Analogie de l'expérience : la substance n'est pas un mode du temps parmi d'autres, elle en est le *fondement* ; succession et simultanéité ne sont pas deux autres modes, mais justement des *accidents* de la substance. Comme Kant le répète à maintes reprises (*cf.* par exemple p. 174, 178, 179, 181, etc. –, A 182/B 225) le temps lui-même ne peut être perçu, étant pure succession, et nous ne pourrions pas penser si nous ne rapportions à la substance la succession de notre appréhension du temps qui ne peut être saisi directement : « Notre appréhension du divers des phénomènes est toujours successive et par conséquent toujours changeante. Nous ne pouvons, par conséquent, jamais *déterminer* par elle seule si ce divers, comme *objet de l'expérience* est simultané ou successif à moins qu'elle n'ait pour fondement quelque chose qui demeure toujours, c'est-à-dire quelque chose de *durable et de permanent* dont tout changement et toute simultanéité ne sont pour le permanent qu'autant de manières d'exister (modes du temps) … le permanent est le substrat de la représentation empirique du temps même, substrat qui rend seule possible toute détermination de temps » (178, A182/B225). La nécessité de supposer dans le phénomène quelque chose de permanent, de trouver des invariants, s'impose donc si je veux donner aux objets une situation temporelle. L'idée kantienne de *substantia phenomenon*, c'est donc celle d'invariant physique qui rend possible la mesure du temps et l'établissement des rapports objectifs dans le temps. Et en effet la tâche d'une physique mathématique consiste à rapporter des changements à un invariant et à exprimer ce rapport sous forme de fonction. Mais comme en fait le choix de l'invariant est relatif au système dont elle entreprend l'étude, Kant était très logiquement conduit à admettre la *pluralité* et la *relativité* des substances. La substance unique, c'est le monde dans sa totalité, qui n'est qu'une idée de la raison.

On peut voir par là, où réside la nouveauté radicale de la conception kantienne de la substance par rapport à celle à laquelle l'ontologie de Mendelssohn reste attachée. Cette dernière s'inscrit dans la tradition chrétienne qui par l'idée de création et de fin du monde rendait insoluble le problème de la substance en condamnant la conception de ses rapports avec le temps à demeurer tout à fait hypothétique et arbitraire (songer aux difficultés que les cartésiens[a] éprouvèrent sur ce point, leur fascination par le problème de la transsubstantiation, les trésors de subtilité prodigués par Leibniz à propos de l'indestructibilité des âmes etc. ...) (181, A186/B229). Pour cette ontologie traditionnelle l'essence de la substance c'est la simplicité et la permanence n'en est que la manifestation à nos yeux. Kant au contraire restant attaché jusqu'au bout à la pratique effective de la science opère un renversement complet sur ce point de vue théologique et revient à l'humanisme antique : la connaissance n'étant à ses yeux que *physique*, la substance ne pouvait relever que d'une *métaphysique de la nature*.

> Rien ne peut naître de rien ni retourner au néant, c'étaient là deux propositions que *les Anciens* liaient inséparablement et que l'on sépare quelquefois aujourd'hui par mésintelligence ...

a. Descartes, sur la remarque de Mersenne, remplace dans le titre des *Méditations* l'expression : « démonstration de l'immortalité de l'âme » par la preuve de sa réelle distinction d'avec le corps, car lui explique-t-il (lettre de décembre 1640, [AT III, 265-266]), « je ne saurais pas démontrer que Dieu ne la puisse annihiler ».

> *il n'est ici question que de phénomène* dans *le champ de l'expérience* dont l'unité ne serait jamais possible si nous voulions admettre qu'il se produisit des choses nouvelles (quant à la substance)... *La permanence n'est rien de plus que la manière dont nous nous représentons l'existence des choses dans le phénomène* (180, A 185/B 228).

C'est cette conception de la substance qui rend celle-ci inapplicable à l'âme. Aux yeux du métaphysicien de la nature toujours dirigés sur ce que fait le physicien, loin que la substance soit monade, c'est-à-dire simple, elle est nécessairement relative et spatiale, *divisible comme l'espace*, sans que cette division la condamne à disparaître et contredise nullement à sa permanence.

D'une part le physicien est amené à découper dans le monde des systèmes partiels, choisissant chaque fois des invariants, pluralisant ainsi la substance, d'autre part la quantité de matière ou masse n'en reste pas moins nécessairement pour lui l'invariant physique ultime. Mais si de cette façon une physique mathématique est possible, en revanche une psychologie scientifique qui prétendrait suivre une voie parallèle est impossible. C'est justement parce qu'ils n'ont pas su concevoir en physiciens la substance que Descartes et Malebranche en particulier ont cru pouvoir appliquer à une âme dont ils admettaient cependant qu'elle ne comportait pas d'*extériorité* le principe de la *conservation de substance* en affirmant la conservation de la quantité de pensée. Il est vrai qu'on peut mettre en parallèle perception interne et perception externe; l'une et l'autre comportent une *intensité*. Mais le degré de la première n'est évidemment pas mesurable. Si la perception externe est mesurable, objectivable, c'est parce que, sa *spatialité* et son *extériorité* rendant possible l'application du concept de substance, elle peut devenir objet d'un *jugement d'expérience*.

C'est ce que Kant veut dire lorsqu'il déclare que « la pensée du Moi n'est pas un concept : elle n'est qu'une perception interne » (*Premiers Principes*, p. 76). Que le Moi demeure une perception immédiate à raison de son intériorité, que le concept se trouve ainsi rapproché de l'extériorité, que l'espace soit la nécessaire médiation de l'objectif, ce sont autant de conceptions capitales sur lesquelles le commentaire du 4e paralogisme nous amènera à revenir[a].

Remarque : La deuxième note attachée à ce texte : « Ceux qui pour mettre en avant une nouvelle possibilité ... etc. » [297, B415-8] formule une hypothèse du type de celles que la Méthodologie (section II et III) montrera être conformes à la discipline de la raison pure dans son usage *polémique* (*cf.* en particulier : section III alinéas 9 à 12). On la rapprochera de celle qui est faite dans la note à l'alinéa 3 du troisième paralogisme dans la 1re édition (analogie avec les boules élastiques) [294, A363-4]. Il ne s'agit nullement d'établir une thèse (*cf.* « Je suis très éloigné d'accorder la moindre importance à ces rêveries... »), mais d'affaiblir celle de l'adversaire en opposant à la sienne l'hypothèse contraire.

*

La double interprétation *synthétique* et *analytique* des thèses de la psychologie rationnelle qui constitue les parties 6 et 7 de notre découpage du texte nous paraît devoir être

a. Signalons que Hegel dans la *Wissenschaft der Logik* (Livre I, 2e section, chap. 2, note 2 – éd. Lasson, Meiner, Hambourg, 1967, p. 220) consacre une note à cette « application par Kant de la détermination de degré à l'existence de l'âme ».

appréciée comme constituant la *grande originalité et la pièce maîtresse de l'exposé de la 2ᵉ édition.* (Mais s'il est vrai, comme l'avoue Kant aux dernières pages des *Prolégomènes*, que dans le texte de la 1ʳᵉ édition « la longueur du développement faisait tort à la clarté », on peut bien dire qu'ici l'extrême concision en fait la difficulté). Assurément cette distinction du point de vue *synthétique* et du point de vue *analytique* n'était pas absente du texte de la 1ʳᵉ édition. Comment aurait-elle pu l'être, s'il est vrai que la méprise de la psychologie rationnelle consiste globalement à prétendre conférer la portée d'une synthèse effective accroissant effectivement la connaissance à des thèses qui ne sauraient avoir d'autre sens que celui d'une élucidation analytique ? (Voir les textes déjà cités de la 1ʳᵉ édition : 2ᵉ paralogisme, alinéa 7 ; 3ᵉ paralogisme, fin de l'alinéa 1). On ne peut même pas dire non plus que les conclusions auxquelles conduit cette présentation (exclusion de l'idéalisme, du matérialisme et du spiritualisme) représentent une innovation par rapport à la 1ʳᵉ édition : le 4ᵉ paralogisme excluait bien l'idéalisme, le matérialisme et le pneumatisme – voir en particulier l'alinéa 14 [306-307, A378-380]. Mais cette distinction des points de vue synthétique et analytique prend dans cette édition une valeur architectonique exceptionnelle : en germe dans la remarque générale du début du texte soulignant la distinction du *denken* et de l'*erkennen*, elle commande la rédaction du tableau d'ensemble des paralogismes (deuxième partie), elle s'expose systématiquement dans ces parties 6 et 7 dont nous abordons le commentaire et dont vont sortir les parties 8, 10 et 12 transformant la prétention théorétique (usurpée) de la psychologie rationnelle à être *doctrine* en une authentique valeur de *discipline*, c'est-à-dire montrant que le *nosce teipsum* relève d'un usage *pratique* et non *théorique* de la psychologie rationnelle : le paradoxe d'une *proposition empirique* qui se trouve être une *représentation intellectuelle* découvre les raisons de l'apparence dialectique. L'interprétation synthétique et analytique de l'ensemble des thèses de la psychologie pure, permettant d'une part d'aller chercher la source du paralogisme au cœur même du statut du « je pense » et d'autre part de détourner l'effort spéculatif de la psychologie rationnelle vers la philosophie pratique, nous paraît constituer authentiquement le *Leitfaden* de tout ce texte de la 2e édition. De cette mise en vedette il y a sans doute deux raisons principales.

1) D'une part le « je pense » n'est plus seulement ce qu'il était avant tout pour Kant dans le texte de la 1re édition, c'est-à-dire la « supposition transcendantale » (*Voraussetzung*) héritée de l'Analytique, Kant ayant entre temps (et en partie sous la pression des accusations d'idéalisme selon lesquelles la Critique aurait « réduit l'âme à un sujet logique, c'est-à-dire apparent, à un flux de représentations, venu on ne sait d'où, s'écoulant on ne sait pour qui ni vers quoi ») pris conscience de l'importance du fait que le « je pense » est aussi une *proposition empirique* (*Satz*).

2) D'autre part la constitution, entre les deux éditions, d'une philosophie pratique que la 1re édition de la Critique non seulement ne prévoyait pas, mais excluait, donne un relief et une portée tout nouveaux aux simples indications dont se contentait à diverses reprises la 1re édition selon lesquelles « on pouvait très bien conserver » les propositions de la psychologie rationnelle : l'âme est substance, simple etc., … pourvu qu'on ne leur accorde pas la prétention de constituer une connaissance de l'être de l'âme après la mort (*cf.* les mots déjà cités : fin du 1er paralogisme, 3e paralogisme, alinéa 6 etc. …). La philosophie pratique élaborée depuis (les *Fondements* ont paru en 1785 et la *Critique de la raison*

pratique paraîtra en 1788, quelques mois après la 2e édition de la *Critique de la raison pure*) permet maintenant à Kant de donner tout son sens à la substitution de la psychologie rationnelle comme discipline à cette psychologie comme *doctrine*, illustration désormais capitale de l'œuvre critique en tant qu'elle « supprime le savoir pour faire place à la croyance », comme on en trouve la parfaite prise de conscience au dernier alinéa du § 89 de la *Critique du Jugement*.

6/ *L'interprétation selon l'enchaînement synthétique*

C'est celle que revendique le système de la psychologie rationnelle en tant qu'elle prétend faire *progresser* la connaissance à partir de son texte unique : le « Je pense » ; en fait, passer de la substance *en idée* à la substance *en réalité*, concluant à la durée constante de l'âme dans tous ses changements et même après la mort, passer de la *simplicité* de la conscience à la connaissance de la *nature simple* du sujet (*cf.* textes : fin du 1er paralogisme ; 2e paralogisme, alinéa 16 dans la 1re édition) ; passer de l'identité logique du moi à la *réelle* continuité ininterrompue de la personne (*ibid.*, 3e paralogisme alinéa 5-6) et même – bien qu'il apparaisse que le 4e paralogisme n'est pas tout à fait sur le même plan que les trois précédents – opposer la réalité du moi immédiatement *perçue* à l'idéalité d'un monde extérieur dont l'existence peut seulement être *conclue*. C'est tout cela que Kant résume en disant ici que la psychologie prétend poser ses conclusions « comme valables pour tous les êtres pensants », se plaçant ainsi *au point de vue* du projet de connaissance apodictique et absolue. C'est ce qu'il avait déjà fait au début du chapitre (alinéa 8). Il est vrai que ce rapprochement peut paraître d'abord assez troublant puisque nous avons vu qu'à cet endroit Kant *défendait* la psychologie *rationnelle* contre ceux qui auraient voulu la disqualifier au départ comme *empirique* (passant inductivement de l'expérience interne du sujet singulier: Moi à des conclusions valables pour tous les êtres pensants). Il est vrai que de cette défense même suivait immédiatement la *condamnation* : certes cette psychologie est bien rationnelle en ce sens que le « je pense » dont elle part, loin d'être une expérience, est pris *problématiquement*, mais c'est bien ce qui est inquiétant, car comment pourrait-on légitimement tirer de cette prémisse *logique* des conclusions ayant valeur *ontologique* (alinéa 10)? Mais justement c'est en ce sens plus strict que Kant s'attache maintenant, nous semble-t-il, au « point de départ » de l'entreprise : il veut souligner que c'est dès le début que le ver est dans le fruit, que c'est dès son premier pas et précisément dans la mesure où cette psychologie se veut effectivement *rationnelle* qu'elle fait une synthèse en donnant au *sum* un sens transcendantal, ou plutôt, selon l'expression de la note [de la p. 310, B422-3] sur le « je pense », en faisant « de l'existence une catégorie ». Ce premier pas est donc déjà un faux-pas, mais comme nous avons déjà vu, il est bien difficile de s'en rendre compte, « l'illusion a quelque chose de naturel et d'inévitable ». Kant, pour le *démontrer*, va donc faire quelque chose de comparable à ce que fait Descartes dans la seconde partie de la deuxième *Méditation* pour montrer par la contre-épreuve de l'analyse du morceau de cire que l'âme est plus aisée à connaître que le corps: l'esprit se plaisant à s'égarer, on lui relâche un peu la bride pour mieux la retirer à point nommé. Kant va ainsi laisser la psychologie rationnelle parcourir la table des catégories où elle s'engage en partant de celle de *relation* pour mieux la dénoncer au niveau de celle où elle fait éclater le scandale de l'idéalisme : la catégorie de *modalité*.

En effet, au départ, le chemin est engageant et on s'explique que la raison s'y engage allègrement: « Dans la conscience que nous avons de nous-même, dans le sujet pensant, dira le § 46 de *Prolégomènes*, il semble que nous tenions le substantiel, et certes dans une intuition immédiate ». C'est cela même qui avait amené Kant au début du chapitre (alinéa 5) à remanier l'ordre de la table des catégories pour dresser la topique de la psychologie rationnelle. À ce départ, la subreption de la conscience hypostasiée passe complètement inaperçue au regard d'une raison qui ne s'est pas « purifiée » au tribunal de la critique, car le propre du concept de substance, c'est d'être « le fondement de toute détermination de l'existence en tant que concept de la chose elle-même » (*Prolégomènes*, § 25) – et de même que dans l'ordre logique « les jugements catégoriques sont le fondement de tous les concepts de choses réelles » (note du § 39). Ainsi, à partir de la substance (catégorie de relation), nous poursuivrons sans encombre notre chemin dans la table des catégories, la *qualité* nous donnant la simplicité, la quantité l'*unité* – jusqu'à ce que, arrivant à la *modalité*, les choses se gâtent avec l'apparition d'un idéalisme inacceptable. En effet la modalité nous met au point de vue de la possibilité, de l'existence et de la nécessité (cf. *Postulats de la pensée empirique*, 1ers alinéas). Quelle attitude la psychologie rationnelle va-t-elle prendre de ce point de vue à l'égard des êtres pensants ? Comme on peut s'y attendre, forte de son illusion de « tenir le substantiel dans une intuition immédiate, le sujet lui-même », elle va se montrer très exigeante et présomptueuse :

1) elle va croire que le privilège de ces être pensants par rapport aux choses extérieures, c'est qu'alors que la conscience leur permet de se percevoir immédiatement comme existants, l'existence des choses extérieures ne peut être posée que médiatement, c'est-à-dire *conclue*. Et c'est ce qui définit proprement l'idéalisme *problématique* de *Descartes* (voir par

exemple le début du texte de la deuxième édition : *Réfutation de l'idéalisme*, et dans la première édition, le début du texte concernant le 4ᵉ paralogisme) ;

2) elle risque même d'aller plus loin, jusqu'à cet *idéalisme absolu* dont Leibniz fournirait l'exemple. En effet dans cette interprétation synthétique, l'illusion majeure de cette psychologie rationnelle est de croire qu'elle peut user du principe de substance, donc qu'elle peut *se donner* – Kant dit : « les êtres pensants peuvent *déterminer par eux-mêmes* » – ce qui rend cet usage légitime, c'est-à-dire la *permanence*. Et de fait il est parfaitement possible de trouver le commentaire rigoureux de l'expression de Kant dans une lecture strictement enchaînée des quinze premières thèses de la *Monadologie* : la substance ayant été initialement (thèses 1 à 3) définie par la *simplicité* (monade), on ouvre tout de suite (thèses 4 à 6) les parenthèses de sa création et de son annihilation par Dieu pour y mettre la *permanence*. On la coupe de toute extériorité (thèse 7 : « pas de fenêtres »), en lui accordant la qualification *intrinsèque* (thèses 8 et 9), et puisqu'un être créé est sujet au changement (thèse 10), il faut : et que le *principe* de changement (thèse 11) – et que le détail de ce qui change (thèses 12-13) relèvent d'un principe interne. D'où l'on conclut dans les thèses 14 et 15 à la définition complète de la monade par la *perception* : « expression de la multiplicité dans l'unité » et l'*appétition* : « action du principe interne qui fait le changement ou le passage d'une perception à une autre ». Leibniz n'est pas ici nommé, mais il l'est dans de nombreux textes, *cf.* par exemple la réponse à Eberhard (148, AK VIII, 249) : « Peut-on croire que *Leibniz* ait entendu son harmonie pré-établie entre l'âme et le corps dans le sens d'une correspondance entre deux êtres tout à fait indépendants ? … Voilà qui aurait directement annoncé l'*idéalisme*, car pourquoi devrait-on admettre d'un façon générale

qu'il y a des corps si l'on était autorisé à considérer tout ce qui se passe dans l'âme comme un effet de ses propres forces, celles-ci pouvant en outre être exercées par elle dans un complet isolement ? ». Et encore : « L'harmonie pré-établie de *Leibniz* entraîne nécessairement l'*idéalisme*, car chacun des deux sujets se transforme sans l'influence de l'autre, chacun est également inutile pour déterminer l'existence et les états de l'autre. Mais en réalité les changements internes eux-mêmes ne peuvent être conçus sans quelque chose d'extérieur qui fonde leur possibilité » (AKXVIII, 619[1]).

1. *Réflexion* 6315. Voir la traduction complète de cette Réflexion dans P. Lachièze-Rey, *L'idéalisme kantien*, 3e éd., Paris, Vrin, 1972, p. 218, note.

INDEX DES NOMS

TABLE DES MATIÈRES

LOUIS GUILLERMIT

LEÇONS SUR LA *CRITIQUE DE LA RAISON PURE*

ACHEVÉ D'IMPRIMER
EN FÉVRIER 2008
PAR L'IMPRIMERIE
DE LA MANUTENTION
A MAYENNE
FRANCE
N° 47-08

Dépôt légal : 1e trimestre 2008